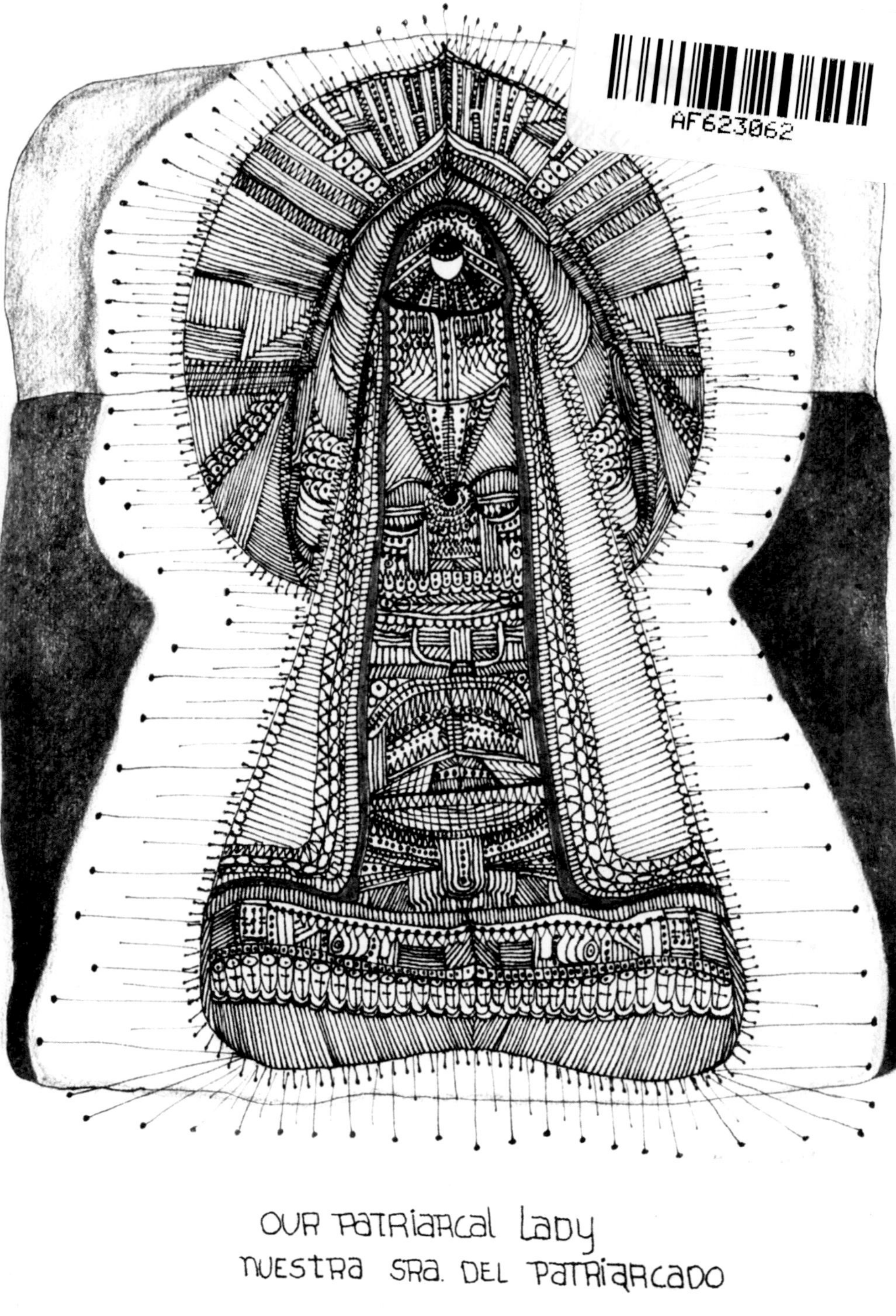

Mónica Mayer, *Nuestra señora del patriarcado—Our Patriarcal Lady.*
De la serie *Nuestra señora*—From the series *Our Lady*, 1977-1978 [Cat. 22]

Publicado con motivo de la exposición *Si tiene dudas… pregunte: Una exposición retrocolectiva de Mónica Mayer* (6 de febrero al 31 de julio de 2016) MUAC, Museo Universitario Arte Contemporáneo. UNAM, Universidad Nacional Autónoma de México, México D.F.

—

Published on occasion of the exhibition *When in Doubt… Ask: A Retrocollective Exhibit of Mónica Mayer* (February 6 to July 31, 2016) MUAC, Museo Universitario Arte Contemporáneo. UNAM, Universidad Nacional Autónoma de México, Mexico City.

Textos—Texts
Karen Cordero Reiman
Andrea Giunta
Amelia G. Jones
Pablo Helguera
Sol Henaro · MUAC
Mónica Mayer
Erin L. McCutcheon
Griselda Pollock
María Laura Rosa

Traducción—Translation
Christopher Michael Fraga
Jaime Soler Frost

Coordinador editorial—Editor
Ekaterina Álvarez Romero · MUAC

Asistente editorial—Editorial Assistant
Ana Xanic López · MUAC

Corrección—Proofreading
Ekaterina Álvarez Romero · MUAC
Ana Xanic López · MUAC
Christopher Michael Fraga
Jaime Soler Frost

Diseño—Design
Cristina Paoli · Periferia Taller Gráfico

Asistente de formación—Layout Assistant
Sarah-Louise Deazley

Primera edición 2016—First edition 2016

Río Pánuco 141, colonia Cuauhtémoc, 06500, México D.F.

C/Loreto 13-15 Local B, 08029, Barcelona, España
www.editorialrm.com
#267

ISBN de la colección 978-607-02-5175-7
ISBN 978-607-02-7598-2
ISBN RM VERLAG 978-84-16282-56-2

Impreso y hecho en México—Printed and made in Mexico

MÓNICA MAYER

SI TIENE DUDAS... PREGUNTE:
UNA EXPOSICIÓN RETROCOLECTIVA

WHEN IN DOUBT... ASK:
A RETROCOLLECTIVE EXHIBIT

MUAC · Museo Universitario Arte Contemporáneo, UNAM
Fundación Alumnos47

Introducción: Tendiendo redes

—

Introduction: Setting Up Networks

PERFORMANCE PARÁSITO
—
PARASITE PERFORMANCE

2005-a la fecha—to present

Mayer se acerca a donde otros realizan performance, y conversa con el público, incitando su participación dialógica y reflexiva con el arte. También ha presentado esta acción con Víctor Lerma, ha autorizado a otras personas a realizarla y ha derivado en objetos que forman parte de *Del archivo a tu casa* de Pinto mi Raya.

—

Mayer approaches a place where others are carrying out a performance and converses with the public, inciting their dialogical and reflexive participation with art. This action has also been presented with Víctor Lerma. She has authorized other people to carry it out and it has resulted in objects that have become part of Pinto mi Raya's *Del archivo a tu casa* [*From the Archive to Your Home*].

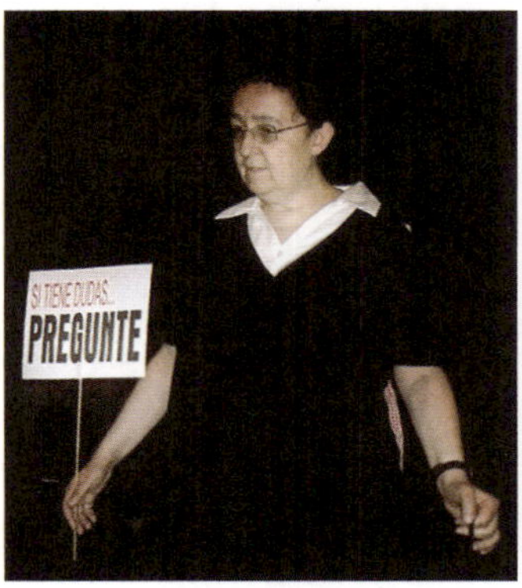

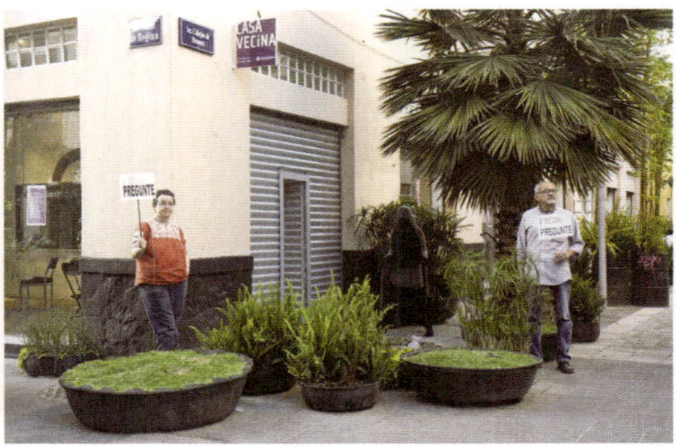

Mónica Mayer, *Performance parásito—Parasite Performance*, 2005-a la fecha—to present [Cat. 5]

EL TENDEDERO
—
THE CLOTHESLINE

1978, 1979, 2009, 2016

Esta pieza fue presentada por primera vez en una exposición colectiva en el Museo de Arte Moderno de la ciudad de México. Utiliza un soporte que alude a una actividad cotidiana femenina, e invita a mujeres de distintos ámbitos a completar en papelitos rosas la frase: "Como mujer lo que más detesto de la ciudad es…", para abrir un diálogo sobre la violencia que viven las mujeres en el espacio público. Una segunda versión se realizó en Los Ángeles en 1979 dentro del proyecto visual *Making it Safe* de Suzanne Lacy. La pieza ha sido reactivada en otros contextos, con preguntas relativas a las problemáticas en ellos, como en la exposición *Sin centenario ni bicentenario: revoluciones alternas* en la Universidad Iberoamericana en 2009.

—

This piece was first presented in a group exhibition at the Museo de Arte Moderno in Mexico City. Its material format alludes to an everyday feminine activity, and invites women from different backgrounds to fill out little pieces of pink paper, completing the phrase "As a woman what I most detest about the city is…," in order to propitiate a dialogue about the violence experienced by women in public spaces. In 1979 a second version was carried out in Los Angeles as part of Suzanne Lacy's visual project *Making It Safe*. The piece has been reactivated in other contexts, taking up issues related to the particular sites in question, as in the exhibition *Sin centenario ni bicentenario: revoluciones alternas* [*With Neither a Centennial nor a Bicentennial: Alternate Revolutions*] at the Universidad Iberoamericana in 2009.

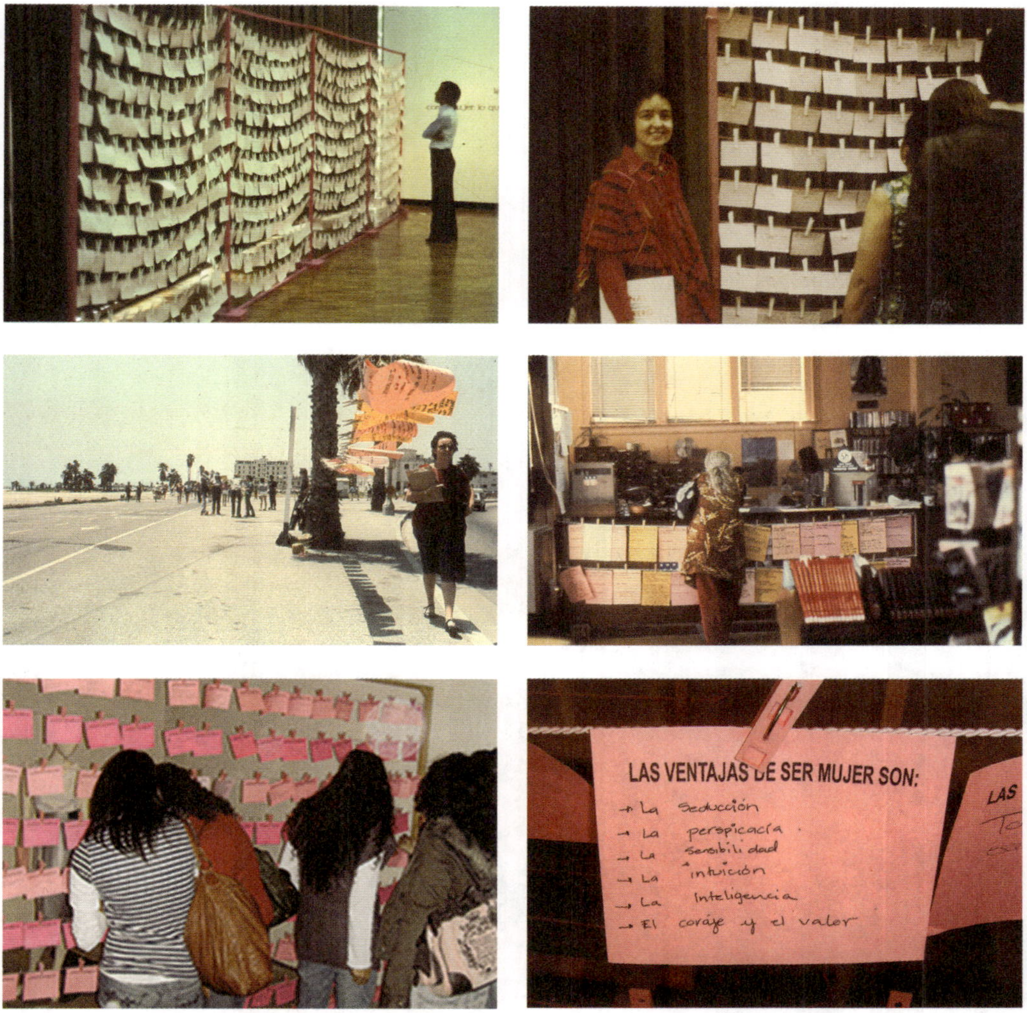

Mónica Mayer, *El tendedero—The Clothesline,* arriba—above: en la exposición—in the exhibition *Salón* 77-78. *Nuevas tendencias,* Museo de Arte Moderno, ciudad de México—Mexico City, 1978; en medio—middle: Proyecto—Project *Making It Safe* de—by Suzanne Lacy, Los Ángeles, 1979; abajo—below: exposición *Sin centenario ni bicentenario: revoluciones alternas,* Universidad Iberoamericana, ciudad de México—Mexico City, 2009 [Cat. 1-3]

Retrocolectiva de una imparable: Mónica Mayer

SOL HENARO

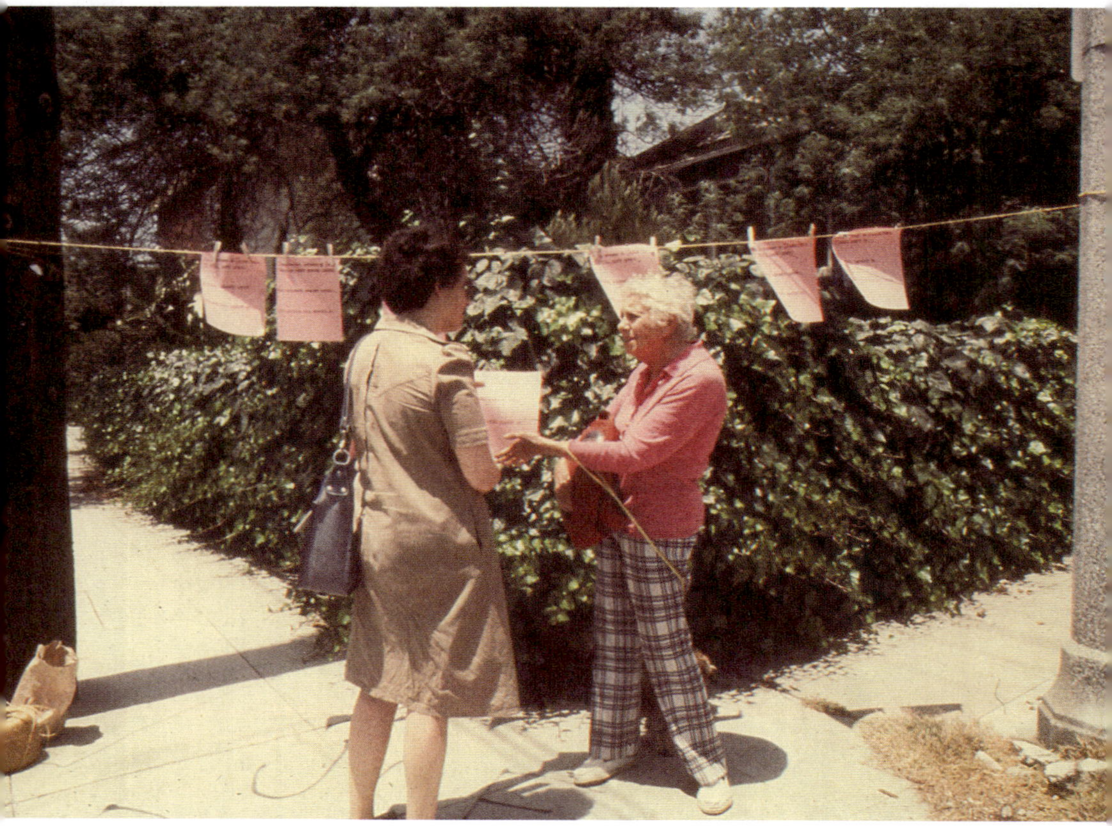

Mónica Mayer, *El tendedero—The Clothesline*. Proyecto—Project *Making It Safe* de—by Suzanne Lacy, Los Ángeles, 1979 [Cat. 2]

Todo me lleva al arte, a la vida y al feminismo…[1]

La exposición *Si tiene dudas… pregunte: una exposición retrocolectiva de Mónica Mayer* se suma a los proyectos de carácter retrospectivo del Museo Universitario Arte Contemporáneo (MUAC) en su interés por generar relatos curatoriales sobre artistas medulares de la práctica artística en México. Reunir y ordenar para hacer legibles los más de cuarenta años de actividad artística de Mónica Mayer (México, 1954), ha supuesto un reto. Si bien la dificultad no radicó en entender los denominadores comunes de sus estímulos, dado que ha logrado mantener y renovar sus diversos intereses, el desafío operó en decidir con qué obras y documentos del gran caudal de posibilidades se generaría la narrativa para condensar la potencia de su práctica artística.

Con la investigación a cargo de Karen Cordero Reiman, la exposición permite al espectador conocer y re-conocer tanto las producciones tempranas de Mayer como las más recientes, aquellas hechas en solitario, pero también aquellas orquestadas con una multiplicidad de voces. De ahí que el título conlleve en sí mismo un quiebre en las lógicas comunes, ya que no recurre a la categoría de "retrospectiva" para calificar esta revisión crítica, y opta en cambio por la noción de "retrocolectiva" con la finalidad de convocar a la pluralidad de iniciativas, complicidades y colaboraciones que Mayer ha puesto en marcha a lo largo de los años. La publicación recoge la estructura curatorial planteada por Cordero y permite conocer diversas perspectivas en torno a Mónica Mayer en ensayos académicos, entrevistas, correspondencias y textos cortos que componen una diversidad de capas de lectura. Este coro detalla sus antecedentes más tempranos, su relación con Suzanne Lacy, Leslie Labowitz y la impronta decisiva del Woman's Building de Los Ángeles; las acciones estético-políticas que llevó a cabo como integrante del colectivo Tlacuilas y Retrateras, y también

—

1— María Laura Rosa, "Fragmentos de correspondencias. Intercambios entre María Laura Rosa y Mónica Mayer sobre feminismo, cotidianidad y creación", en este mismo libro, p. 178.

las célebres acciones con Polvo de Gallina Negra,[2] así como su deseo e insistencia por "lubricar el sistema artístico" con Pinto mi Raya,[3] su preocupación por la generación de memoria y archivos, así como otras latencias pertinentes.

Esta primera revisión integral de la obra de Mayer supuso también preguntas a meditar y resolver por parte de los colaboradores del proyecto expositivo, no sólo por la complejidad de generar una visión compacta pero potente de dicha singularidad, sino porque exigió —como ha sucedido con otros proyectos de recuperación de artistas y grupos que son re-leídos recientemente— deliberar sobre los dispositivos museográficos para comunicar y, a la vez dar nombre a producciones efímeras o experimentales que escapan frecuentemente del calificativo absoluto (arte-acción, performance, eventos efímeros, conferencias performanceadas, instalaciones participativas, etc.) al tiempo de sopesar modos creativos y actuales para reactivar algunas de las obras desde los programas públicos, académicos, de enlace y mediación del museo. A propósito de esto, Mónica Mayer indica que "lo complicado de estas piezas, como de cualquier performance, es después meterlas a un espacio museístico. Es como tratar de meter el pie en un zapato cuatro números más chico. ¿Cómo reflejar experiencias personales y procesos de aprendizaje sobre un muro? ¿Se evoca una pieza en base a su documentación, se reactiva a partir de su esencia aunque tome otra forma, se reinterpreta o se presentan sus vestigios?"[4]

Considerada parte primordial de una generación que impulsó y defendió la práctica performática en México y que posibilitó tanto la ruptura como la renovación de lógicas instaladas en el modo de producir y circular la "obra artística", Mónica Mayer es una de las artistas que se inserta en

—

2— Tlacuilas y Retrateras lo originaron en 1983 Ana Victoria Jiménez, Mónica Mayer, Karen Cordero Reiman, Nicola Coleby, Patricia Torres, Elizabeth Valenzuela, Lorena Loaiza y Ruth Albores; mientras que Polvo de Gallina Negra, inicialmente fundado por Maris Bustamante, Mónica Mayer y Herminia Dosal (quien se separó al poco tiempo), sostuvo una práctica colaborativa de manera activa de 1983 a 1993.

3— Mayer y Víctor Lerma fundaron Pinto mi Raya en 1989; el proyecto continúa activo.

4— Rosa, *op. cit.*, p. 13.

las “formas insubordinadas del arte mexicano”,[5] forma parte de quienes han abonado al enriquecimiento de la escena artística de dicho contexto geopolítico. Sus aportes y agenciamientos no se limitan a sus piezas objetuales; también se proyectan en las discusiones y críticas desde la columna que sostuvo durante veinte años en un diario de circulación nacional, desde su empoderamiento en conferencias performanceadas, las propuestas participativas y en los proyectos “vigilantes” de las dinámicas institucionales en boga que observa (y señala), ya sea como individuo o como integrante de Pinto mi Raya.

Sin embargo, el camino no siempre fue amable. Varios momentos desfavorables ha atravesado Mónica Mayer como productora de subjetividades debido a su defensa sistemática de prácticas y posiciones no convencionales como han sido el feminismo, las artes no objetuales y el diálogo que mantienen sus producciones directamente con el activismo. Las resistencias varias que supusieron estos quiebres de lógica, vinculados con cierta normalización de la historiografía que incluyen las prácticas, las disciplinas y los machismos introyectados en la propia estructura del sistema artístico afectaron y empoderaron a otros agentes contemporáneos de Mayer que fueron y han sido importantes dialogantes, entre ellas: Helen Escobedo, Alaíde Foppa, Maris Bustamante, Magali Lara, Carla Stellweg, Sylvia Pandolfi y Ana Victoria Jiménez o Lorena Wolffer y Julia Antivilo, por citar un par de ejemplos de generaciones más recientes.

Reconocida como una referencia clave en casi cualquier esfuerzo por articular una historiografía del feminismo en México, Mónica Mayer ha concebido diversos proyectos que encaran problemáticas de género desde perspectivas heterogéneas.

Un aspecto que resulta inquietante en varias de sus producciones es la vigencia de aquello que interpelaron en su momento inicial de circulación. Así resulta visible en la obra *El tendedero* (1978), que invitaba, mediante la instalación participativa, a completar o apropiarse de la frase: “lo

—

5— Andrea Giunta, “Feminismos y emancipación. Mónica Mayer: estética radical y simultaneidades latinoamericanas”, en este mismo libro, p. 68.

que más detesto de la ciudad es…”, cuyas respuestas en los años setenta se volcaron mayoritariamente en enunciar y denunciar situaciones de acoso… Penosamente, muchas de las respuestas hoy siguen siendo las mismas. El hostigamiento sexual en los medios de transporte público pareciera estar al margen de las temporalidades, al grado de operar como materia de trabajo, como hicieron recientemente con la campaña contra el acoso a raíz del taller “Apropiaciones del espacio público ante el acoso sexual en el transporte público”, impartido por Habitajes A.C. y CoHabita D.F., al que Mónica Mayer se integró como alumna para seguir con el ejercicio de complicidades necesarias. La actualidad de sus alzamientos de voz está presente en muchas de sus producciones y queda manifiesto tanto en la exhibición como en esta publicación. Basta recordar la obra *Justicia y democracia*, que realizó en 1995 como Pinto mi Raya (con Víctor Lerma), cuya vigencia y urgencia nos permiten reactivarla como parte de esta retrocolectiva para preguntarnos en el 2016: *Hoy, en este México resquebrajado por la crisis y el escepticismo, ¿qué acción concreta tomarías para llegar a esta utopía…?*

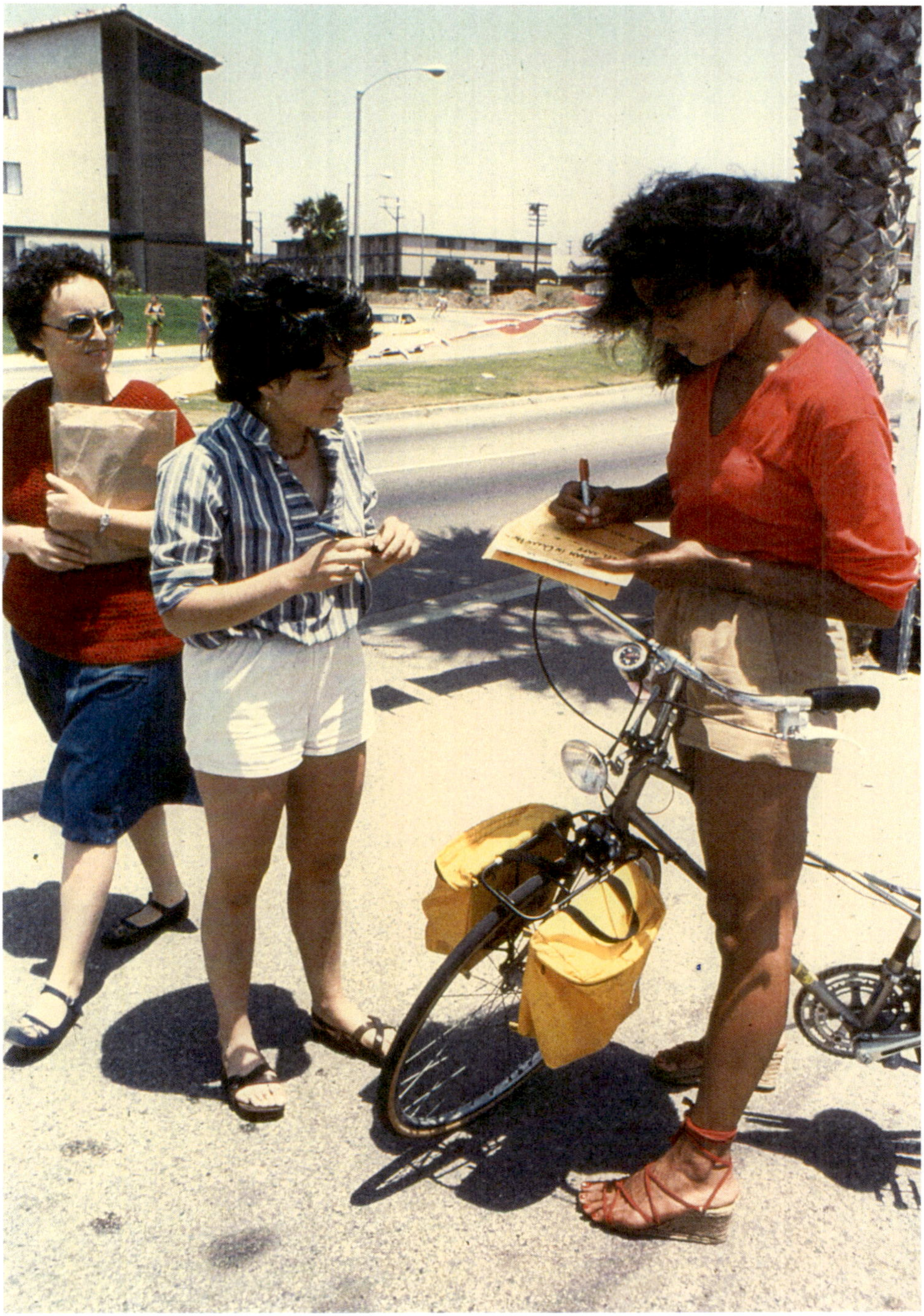

Mónica Mayer, *El tendedero—The Clothesline*. Proyecto—Project *Making It Safe* de—by Suzanne Lacy, Los Ángeles, 1979 [Cat. 2]

Retrocollective of an Unstoppable Woman: Mónica Mayer

SOL HENARO

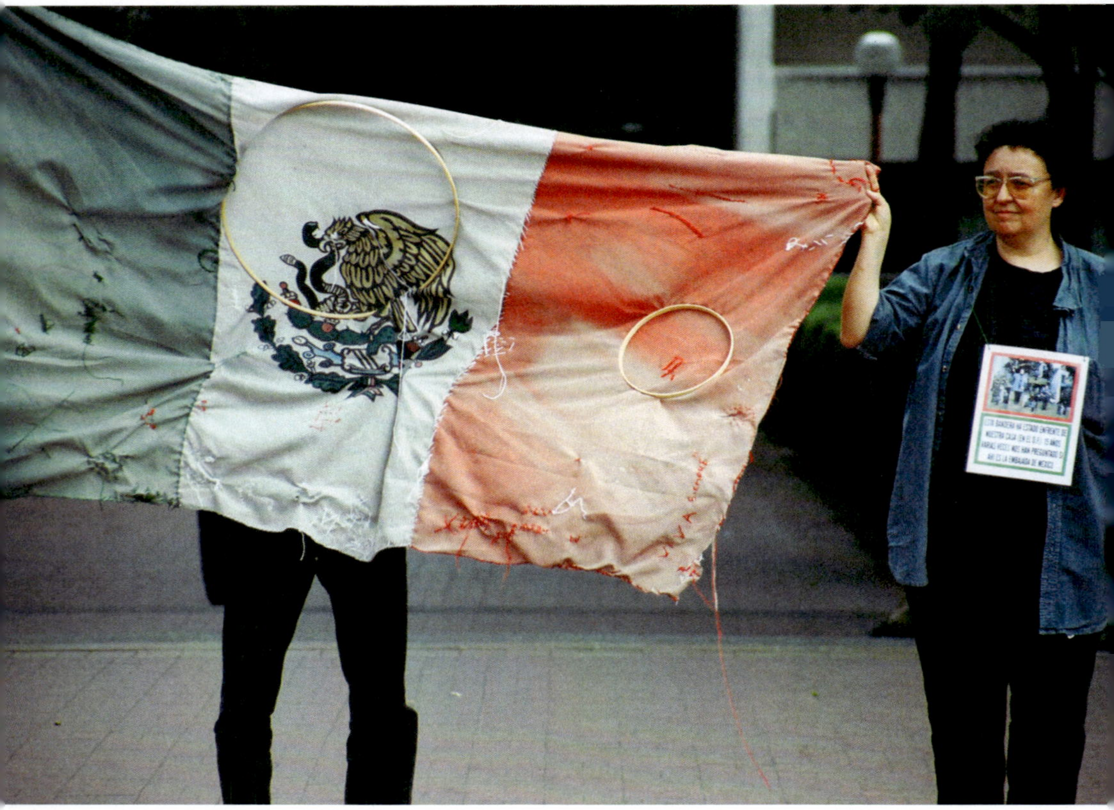

Pinto mi Raya (Víctor Lerma y—and **Mónica Mayer en colaboración con**—in collaboration with **Antonio Juárez, fotógrafo**—photographer)**,** *Nuestras banderas—Our Flags*, 2015 [Cat. 65]

Everything brings me to art, to life, and to feminism...[1]

The exhibition *When in Doubt... Ask: A Retrocollective Exhibit of Mónica Mayer* joins the list of the Museo Universitario Arte Contemporáneo's (MUAC) retrospective projects, as part of its interest in generating curatorial narratives about artists who have been central to artistic practice in Mexico. It has been a challenge to bring together, organize, and make legible the forty-plus years during which Mónica Mayer (Mexico City, 1954) has been active as an artist. The difficulty lay not in understanding the common denominators of her stimuli, given that she has succeeded in sustaining and renewing her diverse interests, but rather in deciding which works and documents from among the enormous number of possibilities could generate the narrative that would condense the potency of her artistic practice.

Researched by Karen Cordero Reiman, the exhibition allows spectators to get to know [*conocer*] and re-acquaint themselves [*re-conocer*] with Mayer's early productions as well as the more recent ones, those done on her own, and also those orchestrated with a multiplicity of voices. The title thus entails a breakdown in conventional logic, since it does not make use of the category of the "retrospective" in order to qualify this critical survey. It opts instead for the notion of a "retrocollective," with the aim of calling up the plurality of initiatives, ties of mutual understanding and collaborations that Mayer has set in motion over the course of many years. The publication reprises the curatorial strategy laid out by Cordero, and makes it possible to learn of diverse perspectives about Mónica Mayer in academic essays, interviews, correspondence, and short interpretive texts that constitute a variety of layers of readings. This chorus details her earliest precursors, her relationships with Suzanne Lacy and Leslie Labowitz, and the decisive impression left by the Woman's Building in Los Angeles, the aesthetico-political actions that she carried out as a member of Tlacuilas y Retrateras, and also the celebrated actions with Polvo de

—

1— María Laura Rosa, "Fragments of a Correspondence: Exchanges between María Laura Rosa and Mónica Mayer on Feminism, the Everyday, and Creation" in this volume, p. 190.

Gallina Negra,[2] as well as her desire for and insistence on "lubricating the art system" with Pinto mi Raya,[3] her concern for the creation of memory and archives, as well as other relevant latencies.

For those who have collaborated on this first comprehensive survey of Mayer's work, the exhibition has also generated questions to be meditated upon and resolved, not only because of the complexity of generating a compact but potent vision of said singularity, but because it demanded—as has been the case with other recent projects involving the re-reading of artists and groups—that we reflect on the apparatuses with which museums communicate, and that we consider how to name ephemeral or experimental productions, precisions that frequently escape absolute description (action-art, performance, ephemeral events, performance lectures [*conferencias performanceadas*], participatory installations, etc.) while at the same time considering creative and contemporary ways of reactivating some of the works through the museum's various public programs, academic events and mediation strategies. In this regard, Mónica Mayer has pointed out that "the complicated thing with these pieces, as with any performance, is putting them into a museum space afterwards. It's like trying to put your foot in a shoe that's four sizes too small. How do you reflect personal experiences and learning processes on a wall? Do you evoke a piece by basing yourself on its documentation? Do you reactivate it by seeking its essence, even though it might take on another form? Do you reinterpret it or present its vestiges?"[4]

Regarded as a fundamental member of a generation that promoted and defended performance-based practice in Mexico and that made possible both the rupture and renewal of the logic involved in the mode of producing and circulating

—

2— Tlacuilas y Retrateras originated in 1983 with Ana Victoria Jiménez, Mónica Mayer, Karen Cordero Reiman, Nicola Coleby, Patricia Torres, Elizabeth Valenzuela, Lorena Loaiza, and Ruth Albores; while Polvo de Gallina Negra, initially founded by Maris Bustamante, Mónica Mayer and Herminia Dosal (who left the group after a short time), collaborated actively from 1983 to 1993.

3— Mayer and Víctor Lerma founded Pinto mi Raya in 1989. The project is still active.

4— Rosa, op. cit., p. 13.

"art work," Mónica Mayer is one of the artists who is clearly identified with the "insubordinate forms of Mexican art"[5] and has contributed to the enrichment of the artistic scene of her geopolitical context. Her contributions and impact are not limited to her object-based pieces; they are also projected in the discussions and critiques in the newspaper column that she sustained for twenty years, in their empowerment through performance lectures [*conferencias performanceadas*], in participatory projects and in the projects that "monitor" the institutional dynamics in vogue, which she observes (and exposes) both on her own and as a member of Pinto mi Raya.

Nevertheless, this path has not always been an easy one. As a producer of subjectivities, Mónica Mayer has come up against numerous obstacles, owing to her systematic defense of unconventional practices and positions, such as feminism, non-object-based art, and the direct dialogue between her production and her activism. The various resistances catalyzed by the confrontation of the logic linked to a certain normalization of historiography, including practices, disciplines, and introjected machismos in the very structure of the art system, affected and empowered some of Mayer's contemporaries, who were and continue to be important interlocutors, including: Helen Escobedo, Alaíde Foppa, Maris Bustamante, Magali Lara, Carla Stellweg, Sylvia Pandolfi, and Ana Victoria Jiménez, or to cite a pair of examples from more recent generations, Lorena Wolffer and Julia Antivilo.

Recognized as a key point of reference in almost any effort to articulate a historiography of feminism in Mexico, Mónica Mayer has conceived diverse projects that challenge gender problematics from heterogeneous perspectives.

One troubling aspect of several of her productions is the continued relevance of the issues they interpellated at the time of their initial circulation. For example, *The Clothesline* (1978), which invited, by means of a participatory installation, the completion or appropriation of the phrase "What I detest most about the city is..." In the 1970s, the responses to this prompt hinged mostly around enunciating and

—

5— Andrea Giunta, "Feminisms and Emancipation: Mónica Mayer: Radical Aesthetics and Latin American Simultaneities," in this volume, p. 84.

denouncing situations of harassment. Painfully, many of the responses today have not changed. Sexual harassment on public transportation has resisted the passage of time and continues to provide work material for activism, as was recently evident in the anti-harassment campaign that came out of the workshop "Appropriations of Public Space in the Face of Sexual Harassment on Public Transportation," organized by Habitajes A.C. and CoHabita D.F., which Mónica Mayer joined as a student in order to continue building necessary alliances and networks. The contemporary relevance of raising one's voice is underlined by her work, and is manifest in both the exhibition and this publication. It suffices to recall the work *Justicia y democracia*, which she produced in 1995 as Pinto mi Raya (with Víctor Lerma), whose continued pertinence and urgency enable us to reactivate it as part of this retrocollective, in order to ask ourselves collectively in 2016: *Today, in this Mexico undermined by crisis and skepticism, what concrete action would you take in order to reach this utopia...?*

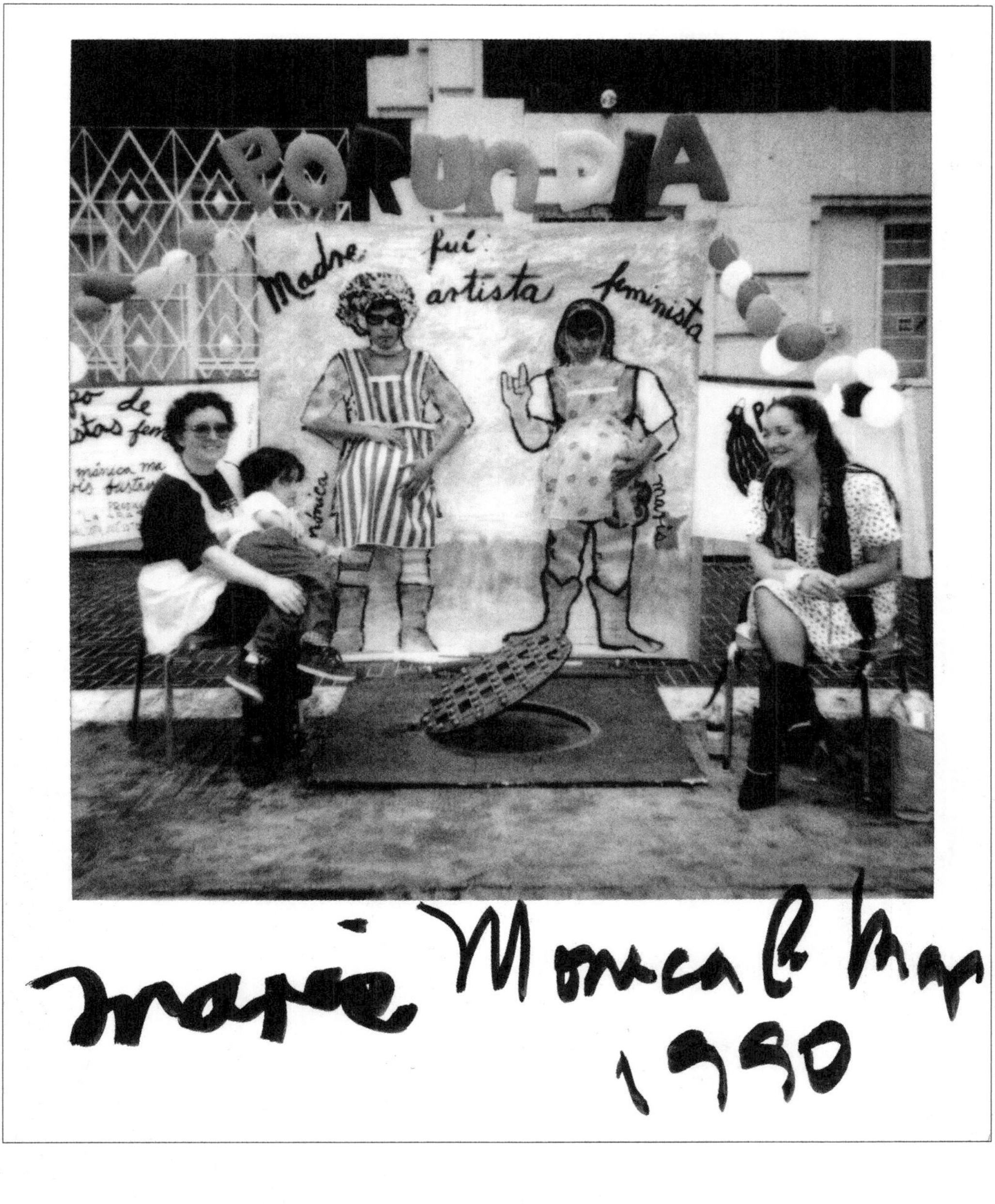

Polvo de Gallina Negra (Maris Bustamante y—and Mónica Mayer), *Tres madres para un desmadre*, del proyecto—from the project *¡MADRES!*, 1990. Foto—Photo: Víctor Lerma [Cat. 19]

Si tiene dudas... pregunte: la propuesta artística de Mónica Mayer

KAREN CORDERO REIMAN

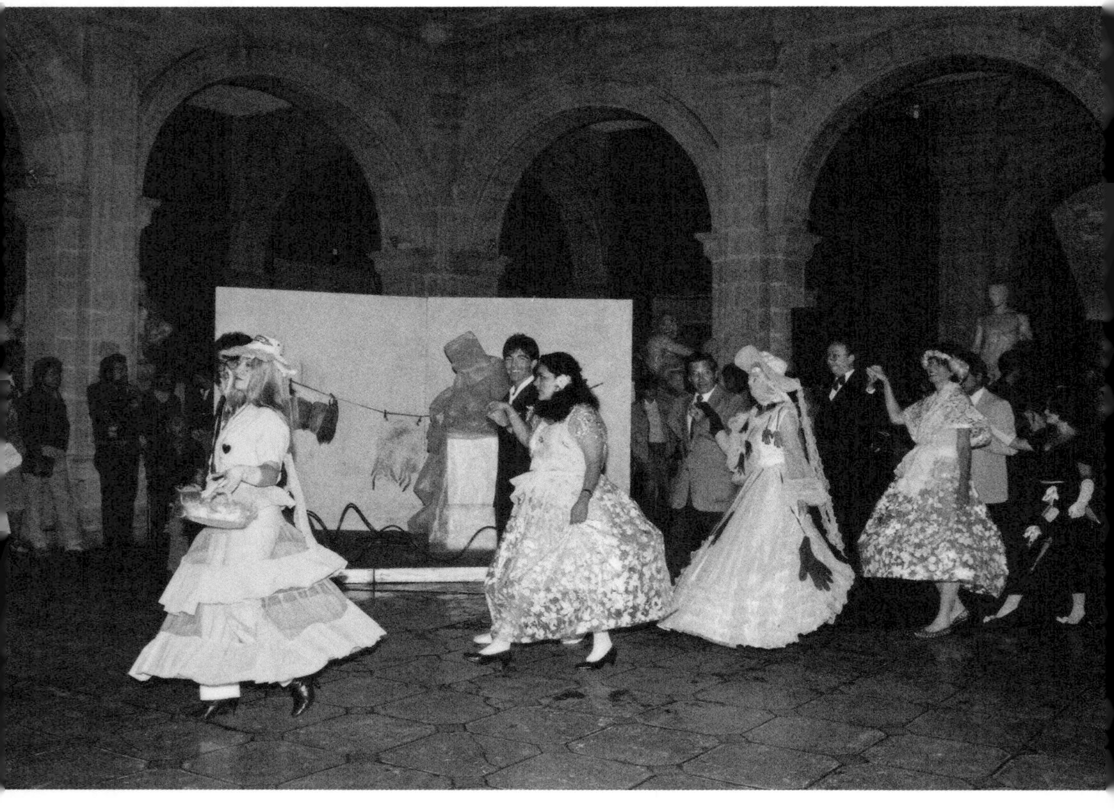

Tlacuilas y Retrateras (Ruth Albores, Consuelo Almeida, Nicola Coleby, Karen Cordero Reiman, Ana Victoria Jiménez, Lorena Loaiza, Mónica Mayer, Marcela Ramírez, Patricia Torres y—and Elizabeth Valenzuela), *La fiesta de XV años—The Quinceañera Party*, 1984. Foto—Photo: Yolanda Andrade [Cat. 16]

> Que si el álbum, el ropón, la foto, la anécdota... Pienso que es un trabajo esencial, un trabajo íntimo, ni reconocido, ni remunerado, femenino. También pienso que ese trabajo lo podemos utilizar para celebrarnos a nosotras mismas...
> MÓNICA MAYER en *Celebración*. Película Super 8 de acciones como regalo para Magali Lara, 1980-1981[1]

Esta exposición es la primera retrospectiva del trabajo artístico de Mónica Mayer (ciudad de México, 1954), cuya producción y acción como creadora, crítica, docente y activista la han ubicado en los ámbitos nacional e internacional como la referente más clara y consistente en el arte feminista mexicano desde la década de 1970.[2] Presenta la obra de Mayer como un fenómeno integral y multidisciplinario, que se plantea en un movimiento constante entre el trabajo individual y colectivo, y en diálogo reflexivo con su contexto personal y social, configurando un modelo alterno al sistema artístico hegemónico y a la vez incidiendo como presencia insistente en el campo del arte contemporáneo mexicano.

Asimismo, busca plantear un guión museológico que difiere de las narrativas egocéntricas y a menudo hagiográficas que suelen caracterizar a las retrospectivas, abriendo la posibilidad de involucrar al público en un proceso narrativo e interpretativo que toma en cuenta planteamientos conceptuales de la teoría, el arte y la literatura feministas, resaltando el modo en que la trayectoria de Mayer supone la construcción no sólo de obra sino de una vida en el arte que constituye una alternativa con respecto al sistema artístico tradicional. El concepto de "retrocolectiva" para describir la muestra fue sugerido por la historiadora del

—

1— En las acciones de la película, concebida por Mayer y filmada por Maris Bustamante, colaboran también Carmen Boullosa, Lourdes Grobet, Rita Eder, Ana Lara, Rowena Morales, Carolia Paniagua y Jesusa Rodríguez.

2— Obras individuales de Mayer, como *El tendedero* (1978), y obras creadas por el colectivo Polvo de Gallina Negra (con Maris Bustamante), como *¡MADRES!* (1983-1990), han sido de las pocas obras de artistas feministas mexicanas que han tenido una persistente visibilidad, formando parte por ejemplo de la exposición antológica *Wack! Art and the Feminist Revolution* iniciada en el Museum of Contemporary Art de Los Ángeles en 2007. Mayer también es la única artista mexicana incluida en el Feminist Art Base del Elizabeth Sackler Center for Feminist Art del Brooklyn Museum.

arte argentina María Laura Rosa, para hacer referencia desde el título a esta integración de trabajo individual y colectivo, público y privado en la trayectoria de Mayer.

La exposición incorpora una amplia gama de producción, tanto individual como en colaboración con otros artistas y diversos públicos, y replantea aspectos medulares de la lectura del arte contemporáneo mexicano a partir de su consideración. Abarca obra bidimensional (pintura, dibujo, gráfica, medios mixtos), obra tridimensional y conceptual (instalaciones interactivas, objetos que forman parte o son producto de actividades de performance y acción social), fotografía, video, obra sonora, artefactos, documentos y publicaciones. También plantea la reactivación de algunas piezas conceptuales, subrayando su continuada pertinencia, así como la realización de actividades performativas en las salas del museo durante la muestra.

Así, el título de la exposición, *Si tiene dudas... pregunte*, apuesta a una muestra abierta, que se activa por medio de la participación intelectual reflexiva y crítica, pero también corporal-física, afectiva, de las personas que la visitan. Remite a la obra *Performance parásito*, realizada en diversas ocasiones desde 2005 por Mónica Mayer y en conjunto con Víctor Lerma; en la que, se acercan a los lugares donde otros realizan performance y entablan conversaciones con el público, incitando así a su participación dialógica con el arte. La obra de Mayer, como se ejemplifica por medio de la actualización de esta propuesta a lo largo de la exposición, toma el cuerpo humano sensible y multisensorial, subjetivo y social, como condición básica para su producción, y como eje para el desarrollo de un discurso del que ni ella ni su espectador-participante pueden distanciarse. En este sentido es eminentemente político, pero se aparta claramente de los referentes retóricos que a menudo se asocian con esta modalidad.

De hecho, la obra de Mónica Mayer incorpora en múltiples sentidos el postulado básico del feminismo: lo personal es político. La coincidencia de su formación como artista, en la Escuela Nacional de Artes Plásticas de la ciudad de México, entre 1972 y 1976, con la consolidación del movimiento feminista mexicano será fundamental para el devenir de su obra, ya que a la par de su integración al movimiento como activista, reconcibe su vocación y producción artística a la luz del feminismo, al cuestionar no sólo la forma y el contenido de su obra sino la estructura del sistema artístico. De estas fechas data el diseño de un cartel para una de las primeras mesas redondas sobre arte feminista (denominada "charla entrevista") registrada en la Academia de San Carlos, en la que participa al lado de los historiadores de arte Juana Gutiérrez Haces y Armando Torres Michúa, y cuyo diseño —un puño agarrando un pincel en el centro del símbolo gráfico de la mujer— hace eco de las viñetas que realiza en el mismo periodo para el periódico *Cihuat: Voz de la Coalición de Mujeres*, en ambos casos de producción anónima como integrante de un proyecto colectivo.

Asimismo, la documentación fotográfica de su participación en manifestaciones a favor del aborto libre y gratuito en los años setenta —a menudo al lado de su madre, Lilia Lucido— en fotografías tomadas por la activista, fotógrafa y editora Ana Victoria Jiménez, por su hermano Antonio Mayer o por su pareja, Víctor Lerma, se incorpora a tempranas obras bidimensionales como *Primero de diciembre 77* (1977) y *Genealogías* (1979), con lo que inaugura un proceso que continúa a lo largo de su obra gráfica y conceptual de imbricar, retrabajar y resignificar elementos de su archivo de vida (literales y performados, fotografiados o fotocopiados) en su obra —incorporándolos por medio del dibujo, el *collage* y elementos cosidos o entretejidos, y más tarde por medio de la gráfica digital, la escritura en blogs y conferencias performanceadas, en un ir y venir fluido que constituye no sólo una metáfora del carácter integral de su vida y obra, sino una proposición plástica en este sentido.[3]

Este elocuente manejo de lo entretejido, que además invita a un acercamiento íntimo y táctil con la materia, como una extensión del cuerpo, se expresa de manera ejemplar en la serie *Tapices* (1978), de acuarela sobre papel, que son de las pocas obras de Mayer que podríamos denominar

—

3— Otro ejemplo elocuente de esta práctica es la serie *Docucuentos* de 2001, que crea una relación intertextual entre material del proyecto *¡MADRES!* (1983-1990) de Polvo de Gallina Negra y los dibujos de la serie *Casitas* de 1998. Esta resemantización de la obra propia en distintos momentos me recuerda los procedimientos artísticos de Kati Horna, quien fue maestra de Mónica Mayer en la ENAP, en sus fotomontajes.

abstractas, pero que tienen títulos muy concretos que remiten a diversas dinámicas del encuentro sexual: *Tapiz para un amante*, *Tapiz para un seductor*, *Tapiz para un violador*.[4] Al igual que las obras de la serie *Collage íntimo* del año anterior, ponen de relieve la manera en que la inquietud de introducir en el ámbito público una reflexión sobre la experiencia del cuerpo femenino, que no separa sus dimensiones personales y sociales, da lugar a innovaciones formales y conceptuales, constituyendo una especie de "escritura femenina", enunciada desde el cuerpo, como plantean las feministas francesas Hélène Cixous y Luce Irigaray. Asimismo, en obras como *Lo normal* (1978), compuesta de una serie de tarjetas que constituye una encuesta lúdica sobre el deseo, introduce los componentes de humor e ironía que serán elementos esenciales de su discurso plástico y verbal, haciendo eco de una de las características distintivas de la participación en manifestaciones feministas de grupos como La Revuelta, con sus montajes satíricos utilizando las figuras de iconos del patriarcado (el policía, el médico, el sacerdote, etcétera).[5]

La fortaleza del manejo experimental del dibujo y la gráfica, así como la escritura y la narración oral, como vehículos para consolidar una voz propia a partir de su experiencia como mujer, también constituye uno de los ejes principales de trabajo de Mayer a lo largo de los años, aunque cobra una intensidad particular en los años ochenta.[6] Las dimensiones a menudo desmedidas de los dibujos

—

4— Estas obras y la referencia al tejido también pueden relacionarse productivamente con un taller de tapices en el que Mayer participó con otros colegas feministas en estos años, así como con la formación de su madre en la Escuela de Diseño y Artesanías, y —más ampliamente— con la práctica de arte textil de la artista mexicana Marta Palau (n. 1934) en estos años.

5— Una amplia documentación fotográfica de estos aspectos "proto-performáticos" en el movimiento feminista mexicano se encuentra en el Archivo Ana Victoria Jiménez, Biblioteca Francisco Xavier Clavigero, Universidad Iberoamericana, ciudad de México.

6— Esto podría cotejarse en términos biográficos con el nacimiento y temprana crianza de sus hijos, así como con la muerte de su madre en este periodo; en todo caso es una década de gran creatividad, como se refleja tanto en la obra exhibida en el Museo Carrillo Gil en la exposición individual *Novela rosa o me agarró el arquetipo* (1987), como en su productividad como docente (que da lugar a la formación del grupo Tlacuilas y Retrateras) y como integrante de los grupos artísticos Polvo de Gallina Negra y Pinto mi Raya.

de Mónica Mayer de este periodo —en contraste con la intimidad que suele asociarse con el medio dibujístico—, junto con su asombrosa productividad en estos años, plantean un escenario del dibujo como insistencia en dar voz e imagen a la subjetividad y la cotidianidad, como un medio de supervivencia que habla de la necesidad imperante del "espacio propio", tan elocuentemente caracterizado por Virginia Woolf en *A Room of One's Own* [Una habitación propia]. La insistencia también en la palabra escrita, haciendo un eco irónico y subversivo del castigo de primaria convencional en que los alumnos tenían que llenar el pizarrón con su reiterada declaración de conformidad, se manifiesta en obras como *Puta* (1987), *Mi vientre* (1987), *Príncipe* (1986) y *Derrumbe* (1986), en la repetición de los nombres de los objetos o de los fantasmas y estereotipos que rondan en el universo simbólico de Mónica Mayer. Aquí una letra cursiva, a la vez controlada y suelta, invade obsesivamente el espacio de los dibujos, adquiriendo una fuerza poética enigmática por su separación de una función descriptiva. Enlaza las series de obras,[7] adquiere la función de un extraño mantra que se repite de manera aparentemente infinita, a veces aludiendo a actividades que se escapan del control del tiempo calendárico, y a veces a recuerdos.[8]

La sensación que comunica la serie *Diario de las violencias cotidianas* (1984) de que asumir el papel de madre transforma todo —tan poderosamente evocada y analizada en el texto de 1974 de Adrienne Rich *Of Woman Born* [Nacemos de mujer]— se recrea magistralmente en estas obras sobre papel de gran tamaño, y la sensación de fragmentación que transmiten se refuerza y se reitera en el manejo de los materiales y procesos: *collage*, cortar y pegar, y a veces coser. La presencia también reiterada de una serpiente rayada envuelta sobre sí misma como madeja (en la serie *Serpientes* de 1986), junto con el manejo del negro del grafito y los tonos incendiarios de amarillo, naranja

—

7— Las series *Diario de las violencias cotidianas*, *La última*, *Serpientes*, *Reina y príncipe* y *Mapas*, entre otras.

8— En este manejo de imagen y palabra en su obra, Mayer coincide tanto con la pionera del arte feminista norteamericano Judy Chicago, como con la colega de su generación de artistas en México, Magali Lara.

y rojo, sugiere claramente un componente de erotismo inquietante e imponente en la ecuación simbólica de estas obras, aun cuando su apariencia se aleja de los estereotipos del arte erótico canónico. Y a la vez, las obras de las series *Los naufragios del cuerpo* y *Algo como el agua* de 1990 dislocan nuestras expectativas compositivas. Perder piso... inestabilidad... son sensaciones corporales que emergen con fuerza innegable, contundente. Son obras llenas de cosas, líneas, texturas, objetos, imágenes, y sin embargo nos remiten inexorablemente al vacío, a la inseguridad y al deseo.

Otro aspecto esencial del trabajo de Mónica Mayer, que atraviesa toda su producción, es el manejo de lo que podríamos llamar una pedagogía feminista, que además de partir de una concepción de la interacción tanto personal como política, supone una dinámica de horizontalidad, diálogo y participación, que se nutre por medio del trabajo en pequeños grupos. El interés en crear una obra dinámica que incorpora distintas voces, partiendo de experiencias propias, aparece de manera intuitiva en *El tendedero* (1978) en el Museo de Arte Moderno de la ciudad de México, en la que invita a mujeres a colgar papelitos que completan la frase "Como mujer lo que más detesto de la ciudad es...", y se nutre formalmente en los años subsecuentes cuando viaja a Los Ángeles a estudiar en el Feminist Studio Workshop y el Woman's Building, semilleros del naciente arte feminista estadounidense, donde entra en contacto con figuras claves como Judy Chicago, Suzanne Lacy, Arlene Raven, Ruth Iskin y Sheila de Bretteville, entre otras. De ahí, el trabajo en grupos ha sido un elemento constante de la trayectoria de Mayer, más evidente en su trabajo con Maris Bustamente en el colectivo Polvo de Gallina Negra (1983-1993) y con Víctor Lerma en Pinto mi Raya (de 1989 a la fecha), pero también presente en una infinidad de instancias de trabajo en talleres y grupos, muchos generados por ella, en las que se propician sinergias creativas y se experimenta con la autoría colectiva. Es el caso del taller La Mujer y el Arte (1982-1984) en la Escuela Nacional de Artes Plásticas de la UNAM, del que surge el grupo Tlacuilas y Retrateras, y el proyecto *La fiesta de XV años* (1984), y del Taller de Arte y Activismo Feminista en Pinto mi Raya que concibió el proyecto *No a las maternidades secuestradas* (2012), para mencionar sólo dos entre los múltiples ejemplos posibles.

El inicio de la incursión de Mayer en esta línea coincide con el auge de una serie de iniciativas conceptuales colectivas en México, que se han registrado como el fenómeno artístico de Los Grupos, pero curiosamente los grupos feministas no se han tomado en cuenta en esta narrativa, como tampoco se ha incluido a Pinto mi Raya en la historia de los denominados "espacios alternativos" de los años noventa.[9]

A la vez, el aspecto dialógico del trabajo de Mayer trasciende en los múltiples formatos que propician intercambios comunicativos y afectivos que forman parte de su práctica artística, individual y colectiva, desde su insistencia en el manejo de un lenguaje claro, directo, sencillo y lúdico, un tono conversacional, en su trabajo como crítica (durante veinte años en el periódico *El Universal*) y en sus conferencias performanceadas (desde "Las mujeres artistas mexicanas o se solicita esposa" de Polvo de Gallina Negra en 1984, hasta sus recientes presentaciones de *Archiva: obras maestras de arte feminista en México* en 2013-2014), así como en los programas de radio y televisión creados por Pinto mi Raya (*Pinto mi Raya, un espacio donde las artes visuales suenan*, 2001-2002, y *Por amor al arte* en Canal 22, 2002).

Asimismo, el intercambio de cartas como parte de su obra, que remite a una larga tradición femenina en este sentido, está presente desde su tesis de maestría basada en la obra *Traducciones: diálogo internacional de mujeres artistas* (1979), en el proyecto *¡MADRES!* de Polvo de Gallina Negra (1983-1990), y también se ha integrado como soporte de varios de los textos de este catálogo. También, la conversación (como en *Performance parásito*) y el permutar la narración de cuentos y recuerdos por expresiones de afecto y solidaridad física (en *Pieformance*, 1990 en adelante, y en *Abrazos* de Pinto mi Raya, 2008) son elementos medulares de su práctica performática. El manejo de un diario, documento en esencia íntimo, y su inclusión como parte de instalaciones tan diversas como *Huesitos* (1992-1995) —que constituye una reflexión sobre la vejez, la muerte y la fragilidad de la memoria— y *Justicia y democracia* (Pinto mi Raya, 1995) —que invita a la reflexión colectiva sobre estrategias para superar la injusticia y la corrupción— subraya la efectividad de

—

9— Véase por ejemplo Olivier Debroise, ed., *La era de la discrepancia: arte y cultura visual en México, 1968-1997*, México: UNAM, 2007.

hacerse vulnerable, contribuyendo así a la apertura del otro y a la implicación de lo personal con lo social.[10]

En cuanto al replanteamiento de estructuras sociales y culturales que hace Mayer, no puedo dejar de mencionar —aunque podría parecer obvio— que la crítica y desestabilización de iconos estereotípicos de la feminidad y de las instituciones que los sostienen subyace en las mismas bases de su obra, a partir de un feminismo radical que cuestiona las instancias fundamentales del patriarcado en México, como es el caso de la institución *matrimonio* (deconstruida en las diversas acciones que conforman el proyecto *Las bodas y el divorcio* de Pinto mi Raya, 1980-2015), la fiesta de XV años (en la obra homónima realizada con Tlacuilas y Retrateras en 1984), y la institución maternidad (abordada en obras gráficas como la serie *Diario de las violencias cotidianas* de 1984 y por supuesto en *¡MADRES!* de Polvo de Gallina Negra). Sin embargo, es notable que ella misma pone su cuerpo y rostro en todas estas obras, para subrayar, como indica en su ensayo "De la vida y el arte como feminista": "No quiero dejar de mencionar [...] que para mí la lucha feminista más canija ha sido la que libro contra mi propia educación todos los días."[11]

Las implicaciones del feminismo para una crítica más amplia al culto nacionalista a la guerra, que implícitamente valida y fomenta la violencia social, también se desarrollan en obras procesuales participativas emblemáticas de Pinto mi Raya, como son *Nuestra bandera* y *Yo no celebro ni conmemoro guerras*, dos obras que se ponen en diálogo en esta exposición, a partir de la unión entre los dos proyectos que propuso el mismo colectivo en la activación más reciente de la pieza en Casa del Lago de la ciudad de México en 2015. Asimismo, tanto el trabajo personal de Mónica Mayer como la persistente trayectoria de Pinto mi Raya constituyen un admirable testimonio conjunto y un alentador ejemplo de la

—

10— Ruth Behar, en *The Vulnerable Observer: Anthropology That Breaks Your Heart* (Boston: Beacon Press, 1996), trata de manera precisa y profunda este tema desde su perspectiva como antropóloga y escritora.

11— Mónica Mayer, "De la vida y el arte como feminista", en Karen Cordero Reiman e Inda Sáenz, eds., *Crítica feminista en la teoría y la historia del arte* (México: Universidad Iberoamericana/PUEG-UNAM/Fonca/Conaculta/CURARE, 2007), p. 412.

viabilidad y vitalidad de planteamientos alternos al sistema artístico mercantilizado e institucionalizado (galerías, ferias, bienales y crítica comercial, entre otros), no porque lo rechazan ni se distancian deliberadamente de él, sino porque han forjado y sostenido un sistema independiente de investigación, producción, acción y difusión del arte que propone y activa relaciones de poder distintas basadas en una postura ética feminista e humanista. En este sentido, el trabajo de Mayer plantea una dinámica política y artística alternativa, que se hermana con los esfuerzos de diversos grupos de arte y activismo, pero a la vez con un sinfín de colaboradores intencionales y accidentales.

Desarrollada en cercana colaboración con la artista, mediante un planteamiento conceptual y espacial que activa dispositivos museológicos tanto sincrónicos como diacrónicos, *Si tiene dudas... pregunte: una exposición retrocolectiva de Mónica Mayer*, busca captar las pautas principales de su trabajo, resalta sus cambios y continuidades, así como el resurgimiento de temas, imágenes y procesos, que contribuyen a una activación crítica del campo cultural. Estructurada por medio de una introducción y tres núcleos principales, la muestra aborda los planteamientos del arte feminista, la vinculación de lo personal con lo político y lo estético en la obra de Mayer, y el planteamiento de la obra de manera dialógica en relación con distintos públicos y contextos socio-políticos.[12] Asimismo, el programa de interpretación y mediación se ha concebido como un aspecto integral de la exposición, dada su coincidencia con los objetivos y modos de trabajo propios de la obra de Mayer. En este mismo sentido, la publicación que acompaña la muestra pretende, a la vez, documentar este planteamiento y articular nuevos diálogos con el trabajo por medio de su contenido escrito y visual al hacer eco del papel fundamental del archivo y su activación en la trayectoria de Mayer.

Así que, invitamos a su exploración y, si tiene dudas... pregunte.

—

12— La sección introductoria, titulada "Tendiendo redes", pone en diálogo tres versiones de la obra *El tendedero* en distintos contextos geográficos y temporales, y una nueva versión de la pieza creada *ex profeso* para esta exposición. Los núcleos siguientes se titulan "Feminismo y formación", "Hacia otra erótica: arte, vida, afecto" y "Lo personal es político, performativo y público".

When in Doubt... Ask: Mónica Mayer's Artistic Project

KAREN CORDERO REIMAN

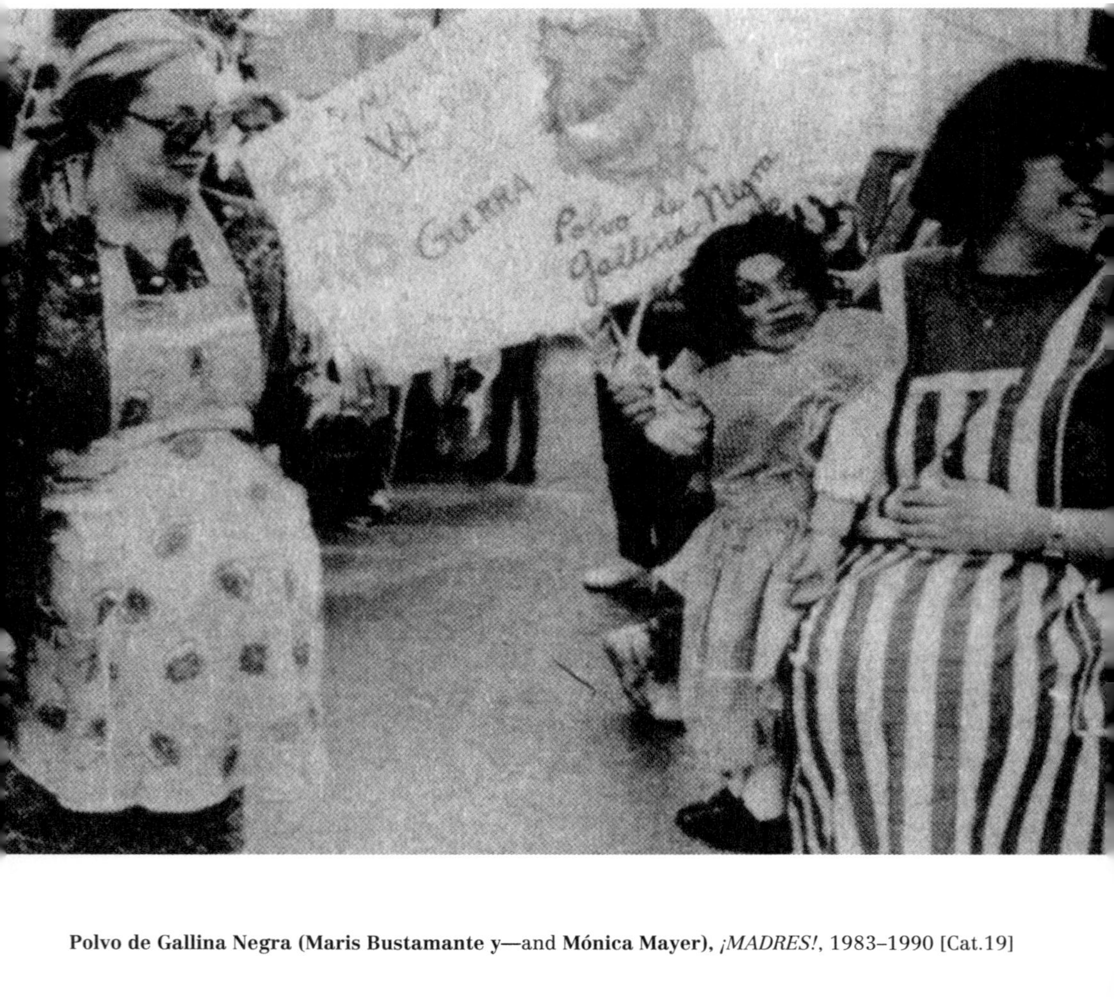

Polvo de Gallina Negra (Maris Bustamante y—and Mónica Mayer), *¡MADRES!*, 1983–1990 [Cat.19]

> Whether it is an album, a baptismal robe, a photo or an anecdote... I think it is an essential activity, an intimate, feminine activity and one that is neither recognized nor remunerated. I also think that we women can use this activity to celebrate ourselves...
> MÓNICA MAYER in *Celebración*, a Super 8 movie of actions made as a present for Magali Lara, 1980-1981[1]

This exhibition is the first retrospective of the work of Mónica Mayer (Mexico City, 1954), whose creative production as an artist, critic, teacher and activist has positioned her on a national and international level as the clearest and most consistent referent in Mexican feminist art since the 1970s.[2] It presents Mayer's oeuvre as a holistic, multidisciplinary phenomenon that is located in a constant movement between individual and collective work, and in a reflexive dialogue with her personal and social context, configuring an alternative model to the hegemonic art system and at the same time constituting a key presence in the field of contemporary Mexican art.

In addition, it proposes an exhibition script that differs from the egocentric and often hagiographic narratives that tend to characterize retrospectives, opening up the possibility of the public's involvement in the process of narration and interpretation in ways that take into account the conceptual approaches of feminist theory, art and literature, highlighting the ways in which Mayer's trajectory implies the construction not only of a body of work but of a life in art that constitutes an alternative with respect to the traditional art system. The idea of calling the exhibition a "retrocollective" was suggested by Argentinian art historian María Laura

—

1— The actions in the movie, which was conceived by Mayer and filmed by Maris Bustamante, feature Carmen Boullosa, Lourdes Grobet, Rita Eder, Ana Lara, Rowena Morales, Carolia Paniagua and Jesusa Rodríguez.

2— Individual pieces by Mayer, such as *The Clothesline* (1978), and works created by the Polvo de Gallina Negra collective (with Maris Bustamante), like *¡MADRES!* (1983-1990), have been among the few works by feminist Mexican artists that have had a persistent visibility, as part, for example, of the anthological exhibition *Wack! Art and the Feminist Revolution*, inaugurated at the Museum of Contemporary Art, Los Angeles, in 2007. Mayer is also the only Mexican artist included in the Feminist Art Base maintained by the Brooklyn Museum's Elizabeth Sackler Center for Feminist Art.

Rosa, in order to underline the integration of individual and collective work, and the public and private spheres, in Mayer's production.

The exhibition incorporates a broad range of work, both individual and in collaboration with other artists and diverse audiences, and reorients central aspects of the narrative of contemporary Mexican art on the basis of its consideration. It encompasses two-dimensional work (painting, drawing, graphic art, mixed media), three-dimensional and conceptual work (interactive installations, objects that are a part or a product of performance activities and social action), photography, video, sound works, artifacts, documents and publications. It also includes the reactivation of some conceptual pieces, underscoring their continued relevance, as well as the realization of performance activities in the Museum's galleries during the show.

In consequence, the title, *When in Doubt... Ask*, heralds an open exhibition, activated by means of the reflexive, critical and intellectual but also the corporeal and affective participation of the people who visit it. It refers to the piece *Performance Parásito* [*Parasite Performance*], carried out on various occasions since 2005 by Mónica Mayer together with Víctor Lerma, in which they approach places where others are doing performances and start up conversations with the public, thereby inciting their dialogical participation with the artwork. Mayer's production, as exemplified by the activation of this proposal over the course of the exhibition, takes the human body—sensitive and multi-sensory, subjective and social—as a basic condition for its creation, and as a central lineament for the development of a discourse from which neither she nor the spectator-participants can distance themselves. In this sense it is eminently political, but it clearly sets itself apart from the rhetorical referents that are often associated with political art.

In fact, Mónica Mayer's work incorporates—in multiple senses—the basic postulate of feminism: the personal is political. The coincidence of her training as an artist at the Escuela Nacional de Artes Plásticas in Mexico City from 1972 to 1976 with the consolidation of the feminist movement in Mexico was fundamental for the development of her work, since, in parallel with her integration into the movement as an activist, she reconceived her vocation and artistic production in light of feminism, questioning not only the form and content of her work, but also the structure of the art system. During these years she designed a poster for one of the first roundtables on feminist art (called an *interview-talk*) that took place at the Academia de San Carlos, and in which she participated alongside art historians Juana Gutiérrez Haces and Armando Torres Michúa. The design of the poster —a fist sustaining a paintbrush in the middle of the graphic symbol for women—echoes the vignettes that she was drawing at the same time for the newspaper *Cihuat: Voz de la Coalición de Mujeres*, both anonymous participations as a member of a collective project.

Similarly, the photographic documentation of her participation at protests in favor of free, legal abortion in the 1970s—often accompanied by her mother, Lilia Lucido—in images taken by the activist, photographer and editor Ana Victoria Jiménez, by her brother, Antonio Mayer, or by her partner, Víctor Lerma, is incorporated into early two-dimensional works like *Primero de diciembre 77* [*December 1, 1977*] (1977) and *Genealogías* [*Genealogies*] (1979). With these pieces she inaugurated a process that she has continued throughout her graphic and conceptual work of imbricating, reworking and resignifying elements from her vital archive (literal or performed, photographed or photocopied) in her work—incorporating them by means of drawing, collage, stitching or weaving, and later on through digital graphics, writing in blogs and what she calls *conferencias performanceadas*—[*performance lectures*]—in a fluid *modus operandi* that constitutes not only a metaphor for the holistic character of her life and work, but also an artistic proposition in itself.[3]

This eloquent handling of interweaving, which also invites an intimate and tactile approach to materials, as an extension of the body, is expressed in an exemplary way in the series of watercolors on paper titled *Tapices* [*Tapestries*]

—

3— Another eloquent example of this practice is the 2001 series *Docucuentos* [*Docustories*], which creates an intertextual relationship between material from the Polvo de Gallina Negra project *¡MADRES!* (1983-1990) and the drawings from the 1998 series *Casitas* [*Little Houses*]. Mayer's resignification of her own work at different moments in time recalls the artistic procedures of Kati Horna—one of her teachers at the ENAP—in her photomontages.

(1978). These are among the few works by Mayer that we could call abstract, but they have very concrete titles that refer to diverse dynamics of sexual encounter: *Tapiz para un amante* [*Tapestry for a Lover*], *Tapiz para un seductor* [*Tapestry for a Seducer*], *Tapiz para un violador* [*Tapestry for a Rapist*].[4] Like the works from the previous year's series *Collage íntimo* [*Intimate Collage*], they highlight the way in which the concern with introducing into the public sphere a reflection on the experience of the female body, without separating its personal and social dimensions, generates formal and conceptual innovations that can be understood as an example of "feminine writing," enunciated from the body, as suggested by the French feminists Hélène Cixous and Luce Irigaray. Likewise, in works like *Lo normal* [*On Normality*] (1978), made up of a series of cards that constitute a playful survey about desire, Mayer introduces the components of humor and irony that would come to be essential elements of her visual and verbal discourse, echoing one of the distinctive characteristics of the feminist protests of groups like La Revuelta, with their satirical presentations using images of patriarchal icons (policeman, doctor, priest, etc.).[5]

Mayer's forceful and experimental handling of drawing and graphic art, as well as writing and oral narration, as vehicles for consolidating her own voice on the basis of her experience as a woman, also constitutes one of the main thrusts of her work over the years, although it took on a special intensity in the 1980s.[6] The often excessive dimensions

—

4— These works and the reference to weaving can also be productively related to a tapestry workshop in which Mayer participated with other feminist colleagues during these years, as well as to her mother's training at the Escuela de Diseño y Artesanías, and—more broadly—with the Mexican artist Marta Palau's (b. 1934) practice of textile art at the time.

5— Extensive photographic documentation of these "proto-performance" aspects in the Mexican feminist movement can be found in the Archivo Ana Victoria Jiménez at the Biblioteca Francisco Xavier Clavigero of the Universidad Iberoamericana in Mexico City.

6— This can be related in biographical terms with the birth and early childhood of her children, as well as with the death of her mother during this period. In any case, it was a decade of great creativity, as is reflected both in the work shown in her individual exhibition *Novela rosa, o me agarró el arquetipo* (1987) at the Museo Carrillo Gil, in her productivity as an educator (which gave rise to of Mónica Mayer's drawings from this period—by contrast to the intimacy that tends to be associated with the medium of drawing, and together with her amazing productivity in these years—suggest a scenario where drawing is used persistently to express and represent the overwhelming subjective experience of everyday life, and as a means of survival that speaks with urgency of the need for "personal space," so eloquently characterized by Virginia Woolf in *A Room of One's Own*. A further insistence on the written word, ironically and subversively echoing the conventional grade school punishment in which students had to fill the chalkboard with reiterated declarations of good behavior, manifests itself in works like *Puta* [*Whore*] (1987), *Mi vientre* [*My Womb*] (1987), *Príncipe* [*Prince*] (1986) and *Derrumbe* [*Collapse*] (1986), and in the repetition of the names of objects or of the ghosts and stereotypes that haunt Mónica Mayer's symbolic universe. Cursive script, at once both controlled and relaxed, obsessively invades the space of the drawings, acquiring an enigmatic poetic force through its separation from a descriptive function. It interrelates the series of works,[7] taking on the role of a strange mantra that is repeated apparently *ad infinitum*, sometimes alluding to activities that escape the control of calendric time, and sometimes to memories.[8]

The sensation conveyed by the series *Diario de las violencias cotidianas* [*Diary of Everyday Acts of Violence*] (1984) that taking on motherhood transforms everything—so powerfully evoked and analyzed in the 1974 text by Adrienne Rich, *Of Woman Born*—is masterfully recreated in these large-scale works on paper, and the sensation of fragmentation that they transmit is reinforced and reiterated in Mayer's handing of materials and processes: collage, cutting, pasting, and sometimes sewing. The reiterated presence of

—

the formation of the Tlacuilas y Retrateras group), and in her work as a member of the artists' groups Polvo de Gallina Negra and Pinto mi Raya.

7— The series *Diario de las violencias cotidianas*, *La última*, *Serpientes*, *Reina y príncipe*, and *Mapas*, among others.

8— In the treatment of word and image in her oeuvre, Mayer coincides with both the pioneer of Anglo-American feminist art, Judy Chicago, and one of her colleagues from her own generation of artists in Mexico, Magali Lara.

a striped serpent coiled up like a skein (in the 1986 series *Serpientes* [*Serpents*]), combined with the contrast of black graffito and fiery tones of yellow, orange and red, introduces a component of imposing and unsettling eroticism into the symbolic equation of these works, even though their appearance distances them from the stereotypes of canonical erotic art. At the same time, works from the 1990 series *Los naufragios del cuerpo* [*The Body's Shipwrecks*] and *Algo como el agua* [*Something Like Water*] dislocate our compositional expectations. Losing one's footing, instability: these are the bodily sensations that emerge with undeniable, overwhelming force. These works are full of things: lines, textures, objects, images, and nevertheless they remit us inexorably to the void, to insecurity and to desire.

Another essential aspect of Mónica Mayer's work, that pervades all of her production, is what we could call a feminist pedagogy, which, in addition to being based on a conception of both personal and political interaction, supposes a dynamics of horizontality, dialogue and participation, nourished by means of work in small groups. Mayer's interest in creating a dynamic oeuvre that incorporates different voices, and expresses diverse personal experiences, appeared intuitively in *The Clothesline* (1978) at the Museo de Arte Moderno in Mexico City. In this work, she invited women to hang up little sheets of paper on which they had completed the phrase "As a woman, the thing I detest most about the city is..." This interest was then formally nourished in subsequent years when she traveled to Los Angeles to study at the Feminist Studio Workshop and The Woman's Building, seedbeds of the feminist art that was then nascent in the US, where she came into contact with key figures like Judy Chicago, Suzanne Lacy, Arlene Raven, Ruth Iskin, and Sheila de Bretteville. Since then, collaboration has been a constant element in Mayer's trajectory, most clearly in her work with Maris Bustamante in the collective Polvo de Gallina Negra (1983-1993) and with Víctor Lerma in Pinto mi Raya (1989 to the present), but also in innumerable instances of workshops and groups, many of them generated by Mayer herself, where creative synergies and collective authorship are fomented. This was the case with the Taller La Mujer y el Arte [Women and Art Workshop, 1982-1984] at the UNAM's Escuela Nacional de Artes Plásticas, out of which the Tlacuilas y Retrateras group and its project *La fiesta de XV años* [*The Quinceañera Party*] (1984) emerged, and the Taller de Arte y Activismo Feminista [*Art and Feminist Activism Workshop*] at Pinto mi Raya, which conceived the project *No a las maternidades secuestradas* [*No to Abducted Maternities*] (2012), to mention just two out of the many possible examples. The beginning of Mayer's incursion along this line coincides with the rise of a series of collective conceptual initiatives in Mexico City, which have been documented as the artistic phenomenon known as "Los Grupos." Curiously, however, this narrative has not taken the feminist groups into account, just as Pinto mi Raya has not been included in the history of the so-called "alternative spaces" of the 1990s.[9]

At the same time, the dialogical aspect of Mayer's work is manifest in the many formats favoring communicative and affective interchange that are part of her artistic practice, both individual or collective; in her insistence on using clear, direct, simple, playful language, and a conversational tone, in her work as a critic (for twenty years at the newspaper *El Universal*); and in her *conferencias performanceadas* (ranging from Polvo de Gallina Negra's "Las mujeres artistas mexicanas o se solicita esposa" [*Mexican Women Artists, or, In Search of a Wife*] in 1984 to her recent presentations of *Archiva: obras maestras de arte feminista en México* [*Archiva: Masterpieces of Feminist Art in Mexico*] in 2013-2014, as well as in the radio and television programs created by Pinto mi Raya —*Pinto mi Raya, donde las artes visuales suenan* [*Pinto mi Raya, Where the Visual Arts Resonate*] (2001-2002) and *Por amor al arte* [*For Art's Sake*] (2002) on Channel 22. Similarly, the exchange of letters, which refers to a long feminine tradition in this respect, is present in her work from the time of her Master's thesis, based on the work *Traducciones: diálogo internacional de mujeres artistas* [*Translations: An International Dialogue of Women Artists*] (1979), and in the Polvo de Gallina Negra project *¡MADRES!* (1983-1990). It has also been integrated as a medium for several of the texts in this catalog. Conversation,

—

9— See for example Olivier Debroise, ed., *The Age of Discrepancies: Art and Visual Culture in Mexico, 1968-1997*, Mexico City: UNAM, 2007.

too, (as in *Performance parásito*) and trading the narration of stories and memories for expressions of affect and physical solidarity—in *Pieformance*, from 1990 onward, and in Pinto mi Raya's *Abrazos* [*Hugs*] (2008)—are central elements of her performance practice. The repeated use of the diary, an essentially intimate document, and its inclusion in such diverse installations as *Huesitos* [*Little Bones*] (1992-1995)—a reflection on aging, death and the fragility of memory—and *Justicia y democracia* [*Justice and Democracy*] (1995) by Pinto mi Raya—which invites collective reflection on strategies for overcoming injustice and corruption—underscores the efficacy of exposing one's own vulnerability, thereby contributing to the openness of the other and to the implication of the personal in the social.[10]

With regard to Mayer's reconfiguration of social and cultural structures in her work, I cannot fail to mention—even though it may seem obvious—that the critique and destabilization of stereotypical icons of femininity and of the institutions that sustain it lies at the foundation of her work, which is based on a radical feminism that questions the fundamental instances of the patriarchy in Mexico, as is the case of the institution of marriage—deconstructed in the diverse actions that make up Pinto mi Raya's project *Las bodas y el divorcio* [*The Weddings and the Divorce*] (1980-2015)—, the *quinceañera* party (in the homonymous work carried out by Tlacuilas y Retrateras in 1984), and the institution of motherhood (addressed in graphic works like the series *Diario de las violencias cotidianas* [*Diary of Everyday Acts of Violence*] (1984) and of course in Polvo de Gallina Negra's *¡MADRES!*). It is also worth noting that she implicates her own body and visage in all of these works, underlining—as she indicates in her essay *De la vida y el arte como feminista* [*On Life and Art as a Feminist*]—: "I don't want to fail to mention [...] that for me the most difficult feminist struggle has been the one that I fight every day, as I confront my own education."[11]

—

10— In *The Vulnerable Observer: Anthropology that Breaks Your Heart* (Boston: Beacon Press, 1996), Ruth Behar addresses this theme precisely and profoundly from her perspective as an anthropologist and writer.

11—Mónica Mayer, "De la vida y el arte como feminista," in Karen Cordero Reiman and Inda Sáenz, eds., *Crítica feminista en la teoría y la historia del arte*

The implications of feminism for a broader critique of the nationalist cult of war, which implicitly validates and encourages social violence, are also developed in emblematic participatory and process-based works of Pinto mi Raya, such as *Nuestra bandera* [*Our Flag*] (2015) and *Yo no celebro ni conmemoro guerras* [*I Don't Celebrate or Commemorate Wars*], two works that are put into dialogue in this exhibition, following the linkage of these two projects proposed by the collective itself, in their recent reactivation at Casa del Lago in Mexico City in 2015. Together, Mónica Mayer's personal work and the persistent trajectory of Pinto mi Raya constitute an admirable testimony and a heartening example of the viability and vitality of alternative approaches to the commodified and institutionalized art system (galleries, fairs, biennials, and commercial criticism, among others); this is not because they reject or deliberately distance themselves from these instances, but because they have forged and sustained an independent system of research, production, circulation and activation of art that proposes and puts into play different power relations, based on a feminist, humanist ethical posture. In this sense, Mayer's work posits an alternative political and artistic dynamic, which joins forces with the efforts of diverse groups of art and activism, and at the same time with an endless group of intentional and accidental collaborators.

Developed in close collaboration with the artist, and with a conceptual and spatial approach that activates both synchronic and diachronic museological strategies, *When in Doubt... Ask: A Retrocollective Exhibit of Mónica Mayer* seeks to communicate the main lineaments of Mayer's oeuvre and to articulate its changes and continuities, as well as the resurgence of themes, images and processes that contribute to a critical activation of the cultural field. Structured by means of an introduction and three main sections, the show addresses the strategies of feminist art, the linkage of the personal with politics and aesthetics in Mayer's work, and the dialogical conception of the oeuvre in relation to different

—

(Mexico City: Universidad Iberoamericana / PUEG-UNAM / Fonca / Conaculta / Curare, 2007), p. 412.

publics and socio-political contexts.[12] Similarly, the program of interpretation and mediation has been conceived as an integral aspect of the exhibition, given its coincidence with Mayer's objectives and modes of work. In this same sense, the publication that accompanies the show simultaneously attempts to document this approach and to articulate new dialogues with the work through its written and visual content, echoing the fundamental role of the archive and its activation in Mayer's trajectory.

We invite you to explore all this, and when in doubt… ask.

—

12— The introductory section, entitled "Setting up Networks," presents a dialogue between three versions of the piece *The Clothesline* in different geographical and temporal contexts, and a new version of the piece created expressly for this exhibition. The following sections are called *Feminism and Formation, Toward Another Erotics: Art, Life, Affect* and *The Personal Is Political, Performative and Public*.

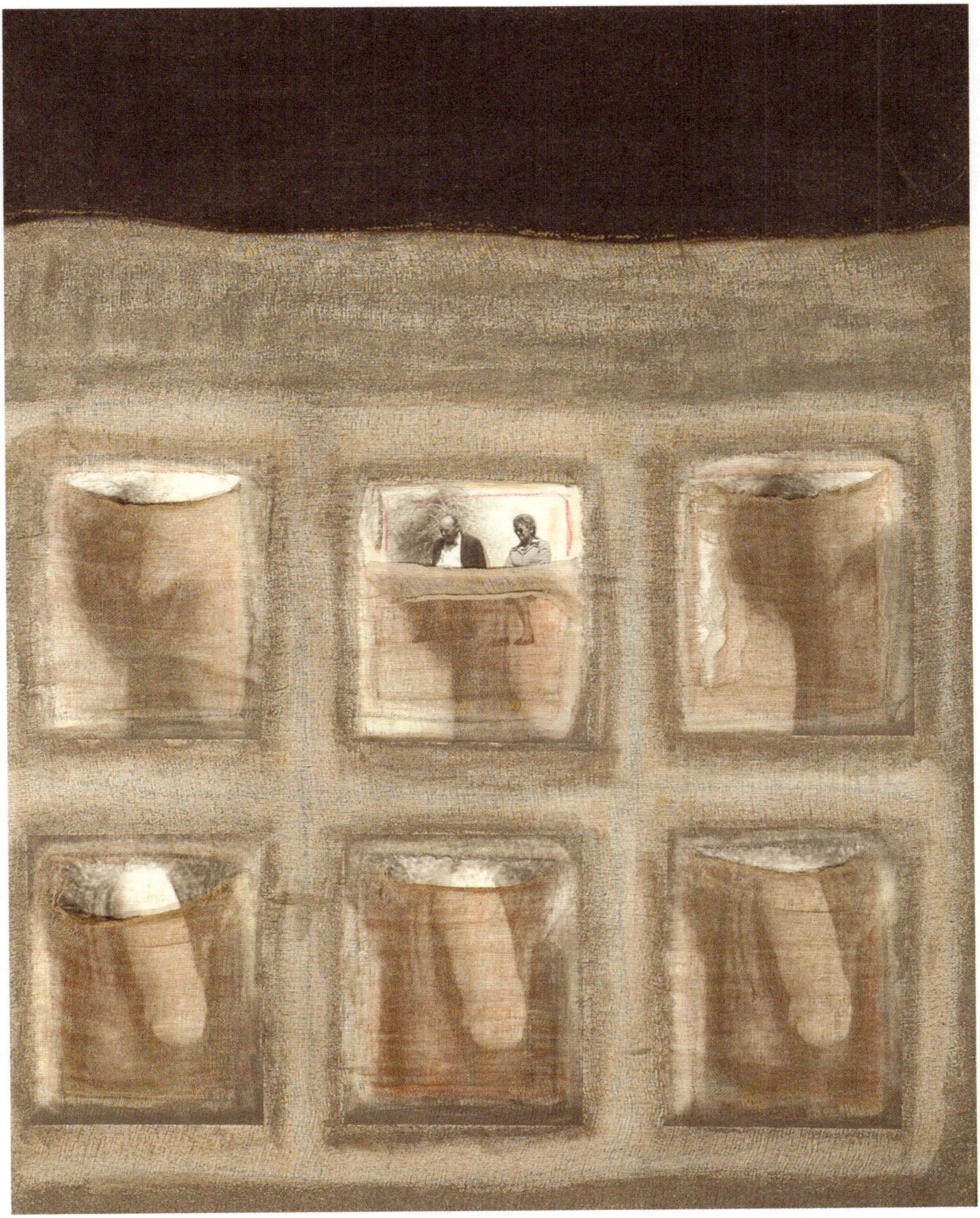

Mónica Mayer, *Pareja—Couple*. Del proyecto *Collage íntimo—*
From the project *Intimate Collage*, 1977 [Cat. 25]

Núcleo I: Feminismo y formación

—

Section I: Feminism and Formation

CARTEL PARA MESA REDONDA SOBRE ARTE FEMINISTA

—

POSTER FOR A ROUNDTABLE ON FEMINIST ART

1976

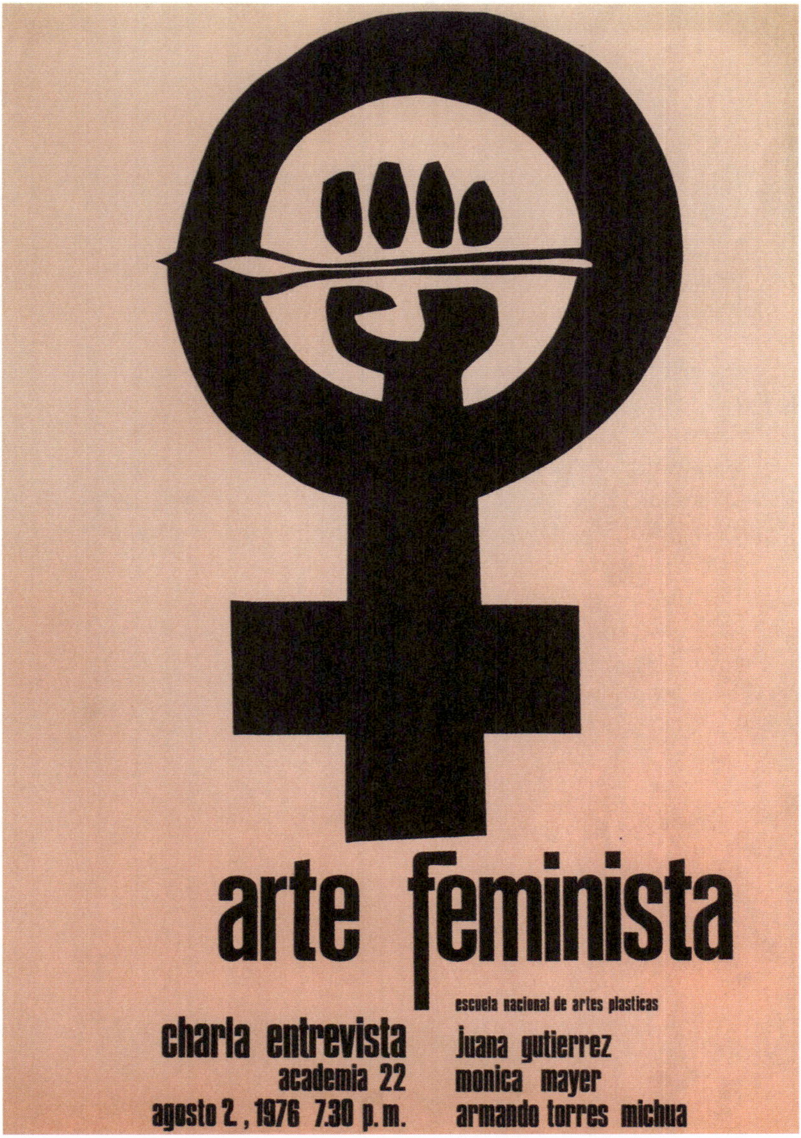

Mónica Mayer, *Cartel para mesa redonda sobre arte feminista— Poster for a Roundtable on Feminist Art*, 1976 [Cat. 8]

ARCHIVA: OBRAS MAESTRAS DEL ARTE FEMINISTA EN MÉXICO
—
ARCHIVA: MASTERPIECES OF FEMINIST ART IN MEXICO

2013-2014

Archiva reúne las fichas de 76 obras seleccionadas por Mayer como "obras maestras del arte feminista en México" para cuestionar los cánones y mecanismos de legitimación establecidos, y los procesos de invisibilización del arte de las mujeres y el arte feminista en particular. La selección abarca varias generaciones e incluye artistas que Mayer considera feministas en su práctica, por su contenido y el contexto en que presentan su obra, aunque no sean militantes ni planteen su trabajo como feminista. Durante el Noveno Encuentro Feminista en Guadalajara en 2013, presentó *Archiva* con un performance durante los tres días del Encuentro.

—

Archiva brings together the informative texts on 76 works selected by Mayer as "masterpieces of feminist art in Mexico" in order to question established canons and mechanisms of legitimization, and the processes by which women's art and feminist art in particular are made invisible. The selection spans various generations and includes artists that Mayer considers to be feminist in their practice, because of their content and the context in which they present their work, even if they are not activists or do not frame their own work as feminist. During the Ninth Encuentro Feminista [Feminist Conference] in Guadalajara in 2013, she presented *Archiva* through with a performance over the course of the three days of the Conference.

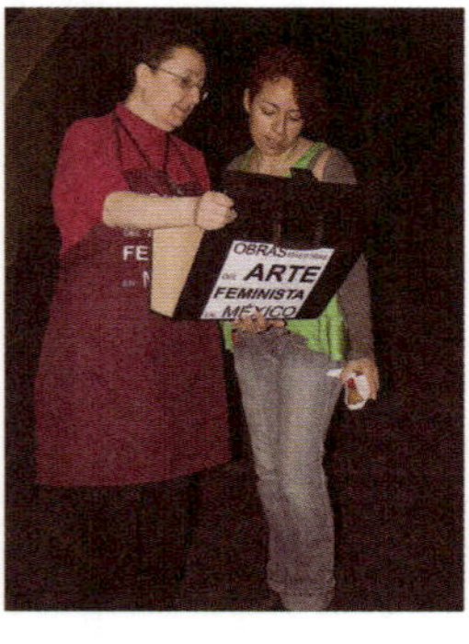

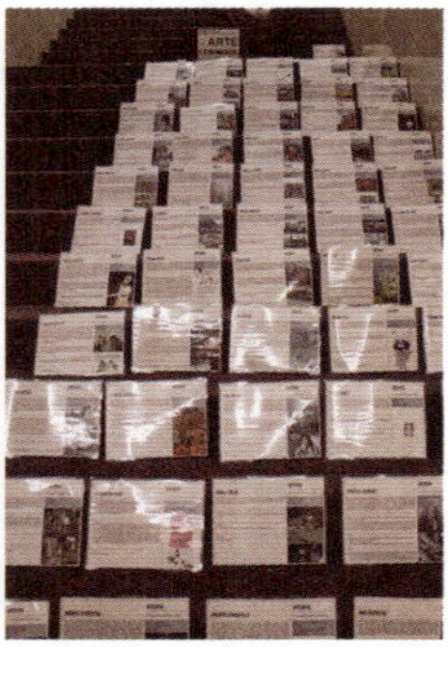

Mónica Mayer, *Archiva: obras maestras del arte feminista en México—Archiva: Masterpieces of Feminist Art in Mexico*, 2013-2014. Foto—Photo: Yuruen Lerma [Cat. 7]

PRIMERO DE DICIEMBRE DE 1977

—

DECEMBER 1, 1977

1977

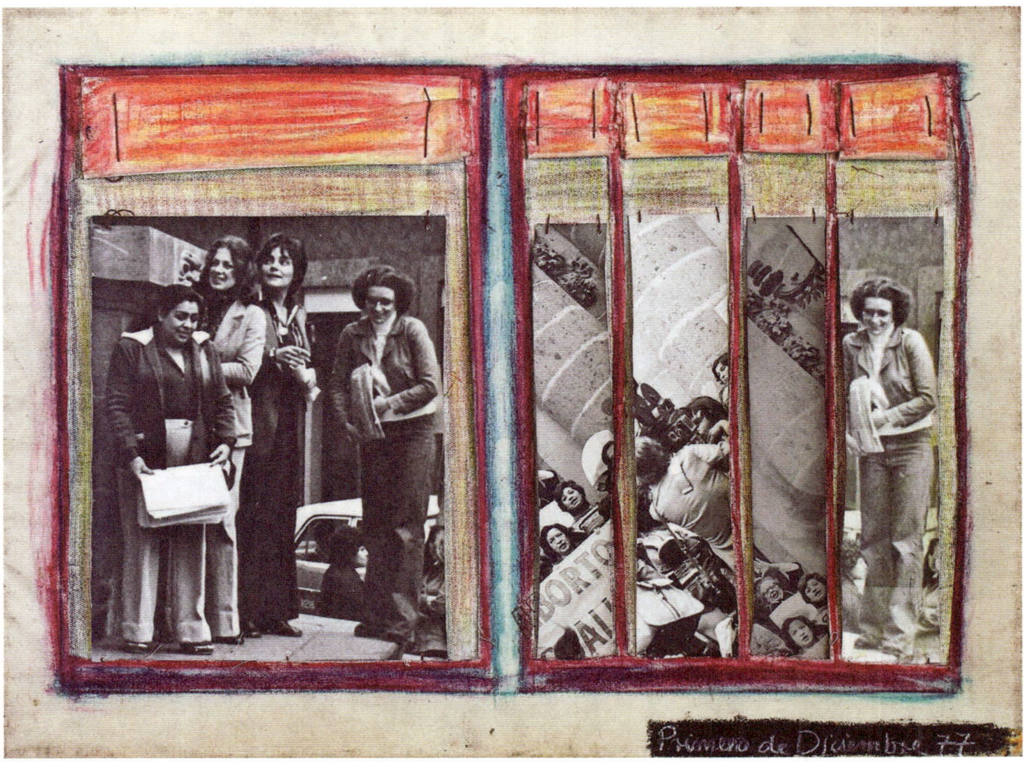

Mónica Mayer, *Primero de diciembre de 1977—December 1, 1977*, 1977 [Cat. 26]

TAPICES

—

TAPESTRIES

1978

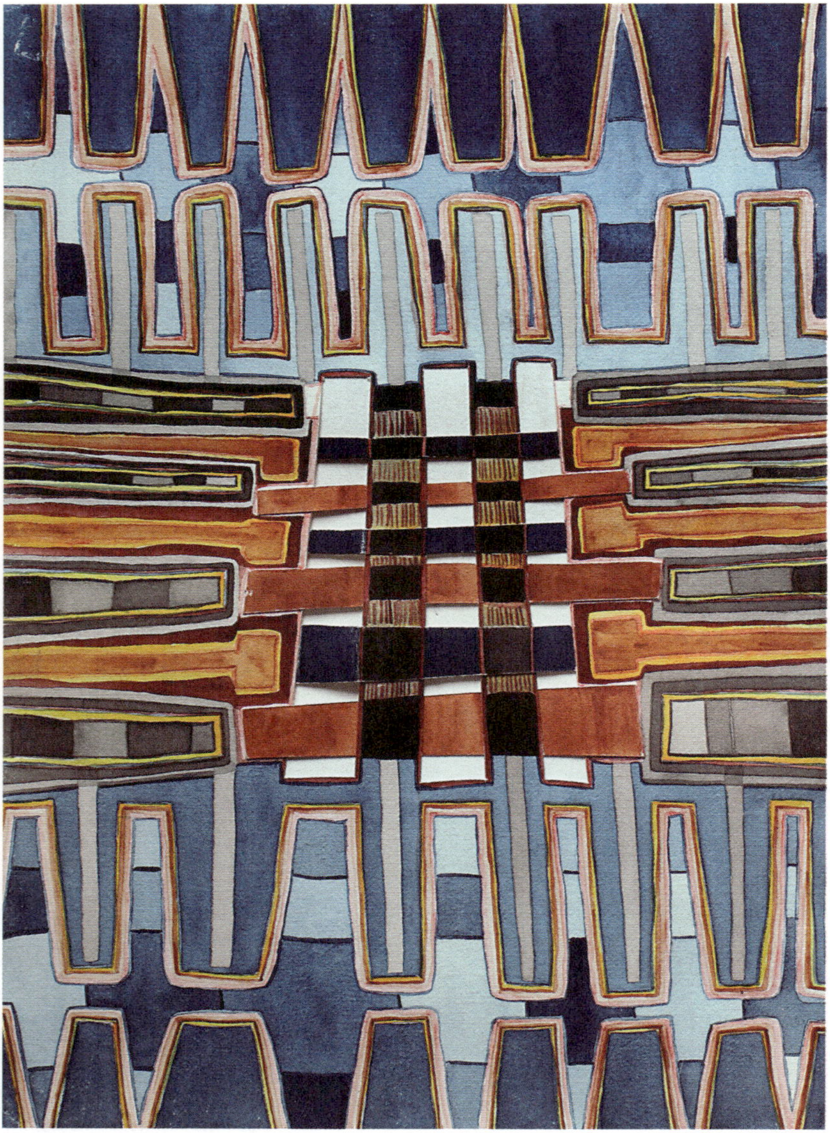

 Mónica Mayer, *Tapices (Tapiz para un amigo)—Tapestries (Tapestry for a Friend),* 1978 [Cat. 30]

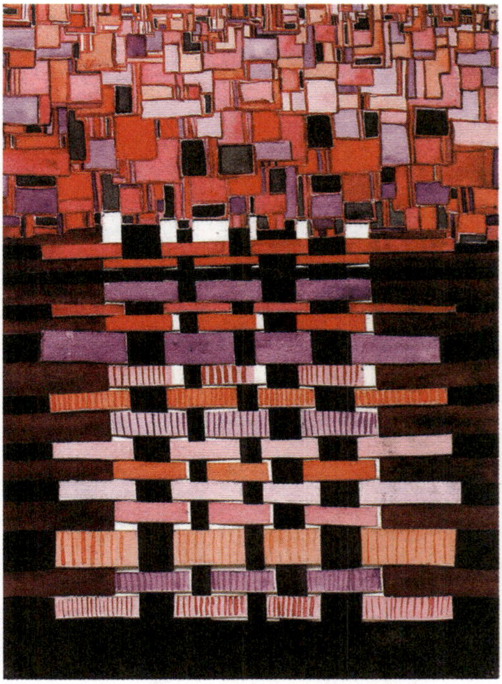

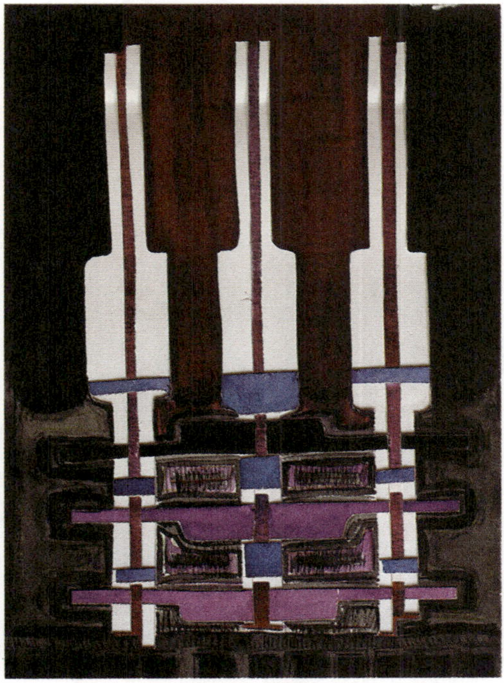

Mónica Mayer, *Tapices (Tapiz para un seductor y Tapiz para un violador)— Tapestries (Tapestry for a Seducer and Tapestry for a Rapist)*, 1978 [Cat. 30]

PROYECTO COLLAGE ÍNTIMO
—
INTIMATE COLLAGE PROJECT

1977

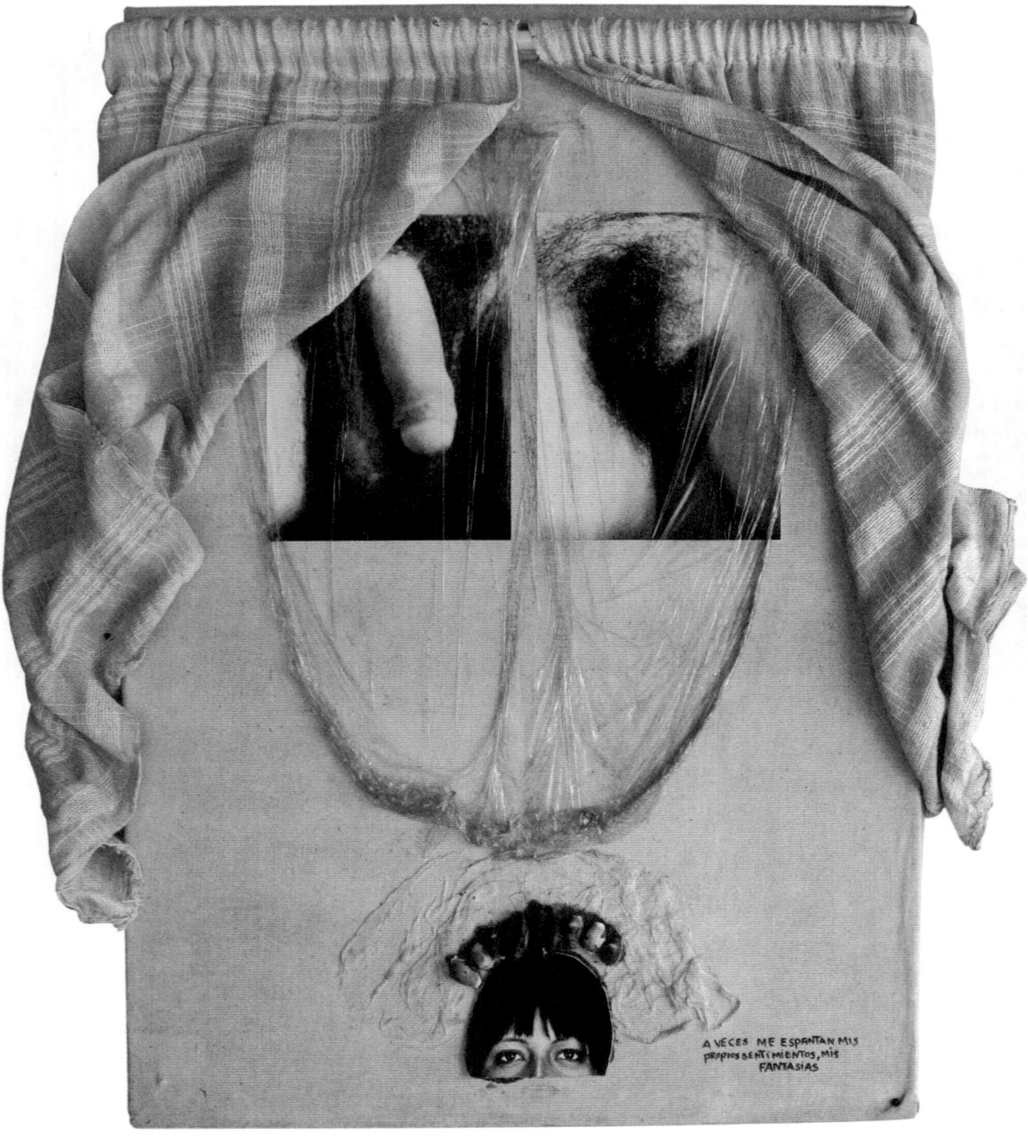

Mónica Mayer, *A veces me espantan mis fantasías—Sometimes My Fantasies Frighten Me*, 1977. Del proyecto *Collage íntimo*—From the project *Intimate Collage* [Cat. 6]

GENEALOGÍAS

—

GENEALOGIES

1979

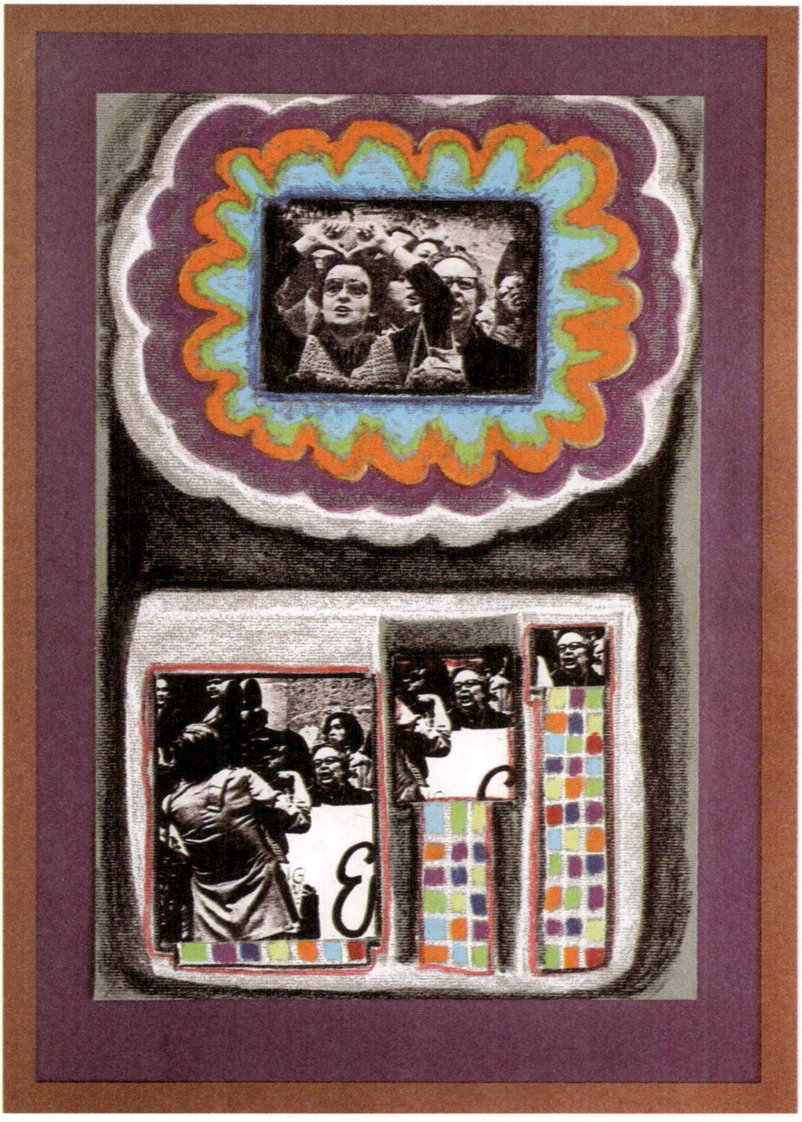

Mónica Mayer, *Genealogías—Genealogies*, 1979 [Cat. 14]

LO NORMAL
—
ON NORMALITY

1978

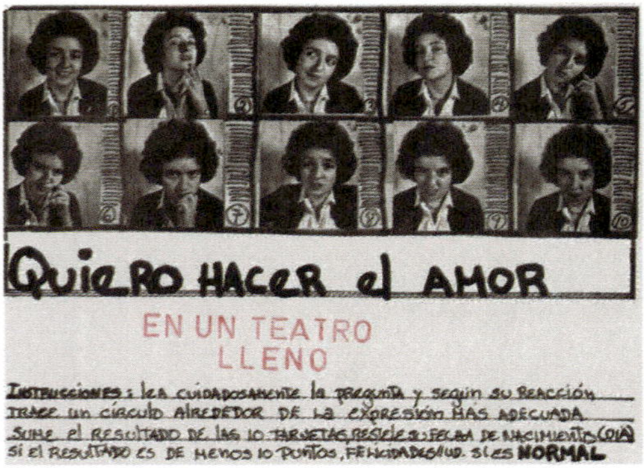

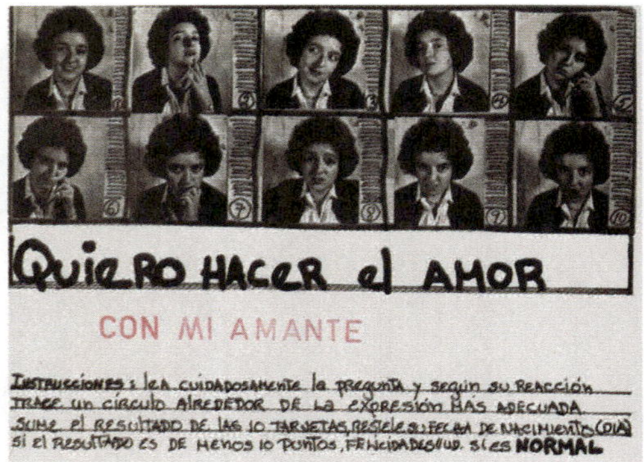

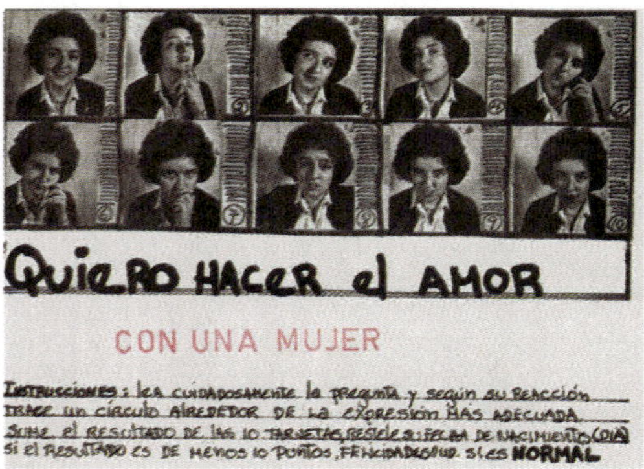

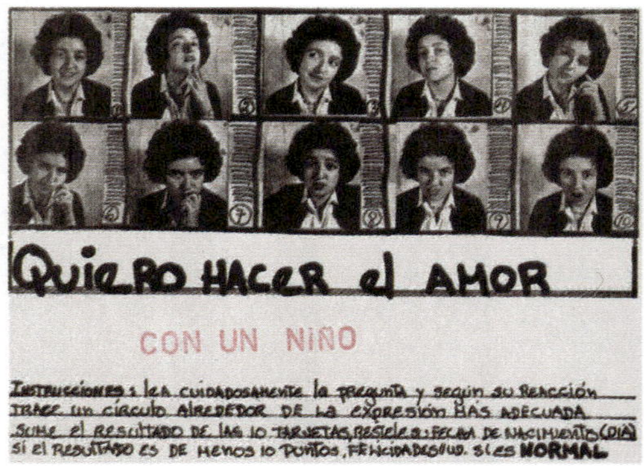

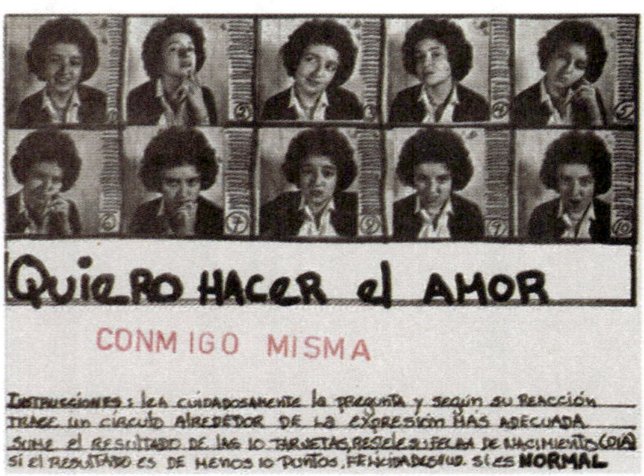

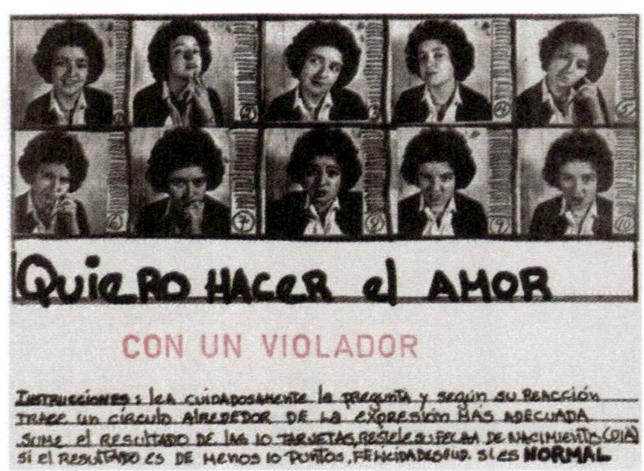

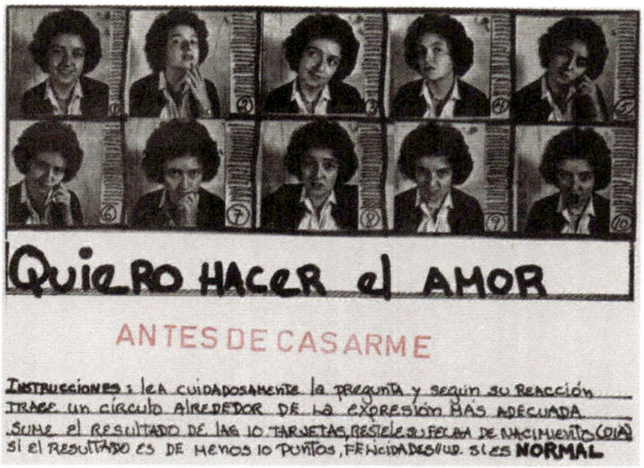

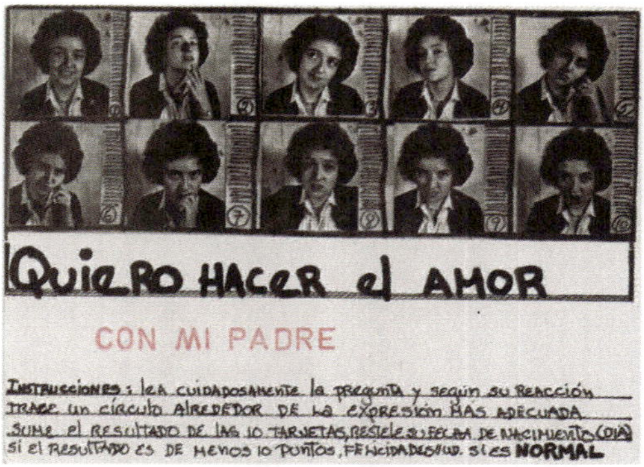

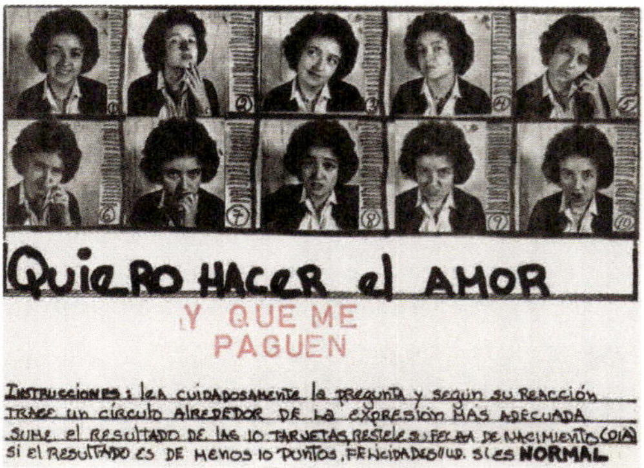

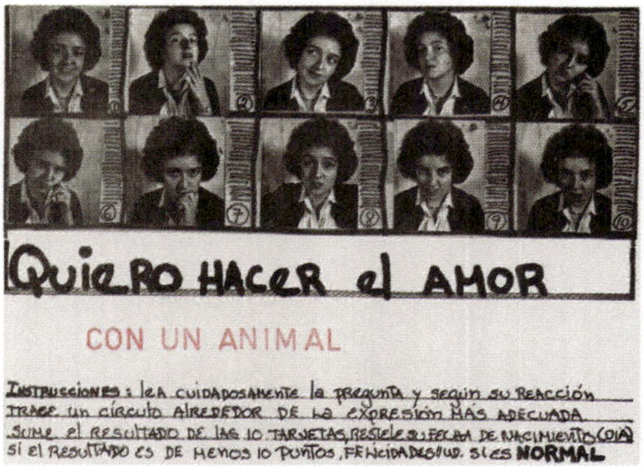

Mónica Mayer, *Lo normal—On Normality*, 1978 [Cat. 18]

NUESTRA SEÑORA

—

OUR LADY

1977-1978

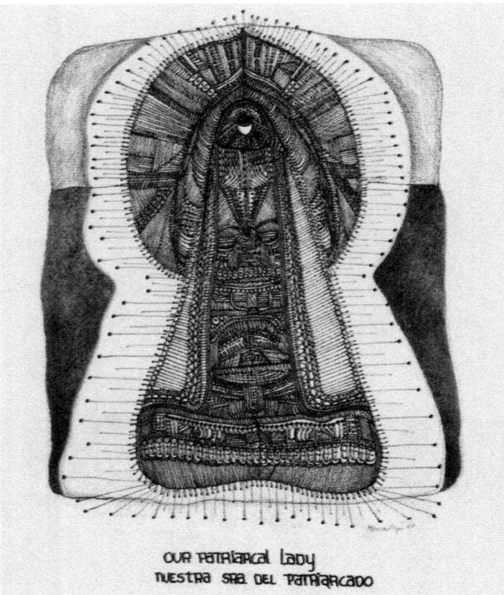

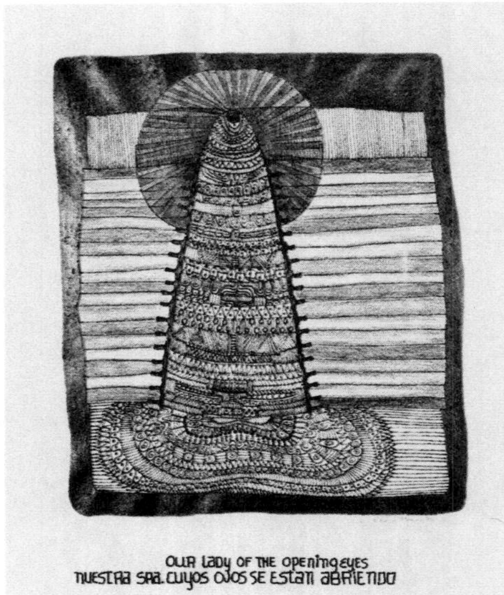

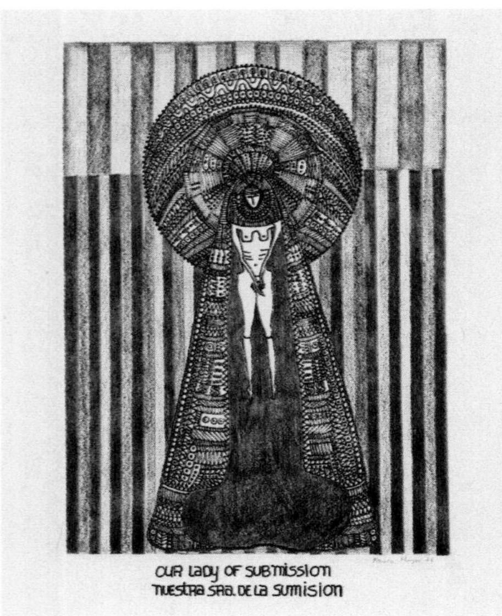

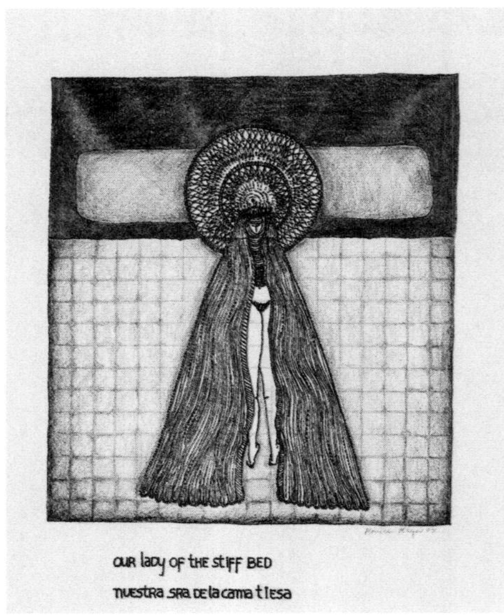

Mónica Mayer, *Nuestra señora* (*Nuestra señora del patriarcado, Nuestra señora cuyos ojos se están abriendo, Nuestra señora de sumisión, Nuestra señora de la cama tiesa, Nuestra señora de la timidez, Nuestra señora de la opresión y Nuestra señora del*

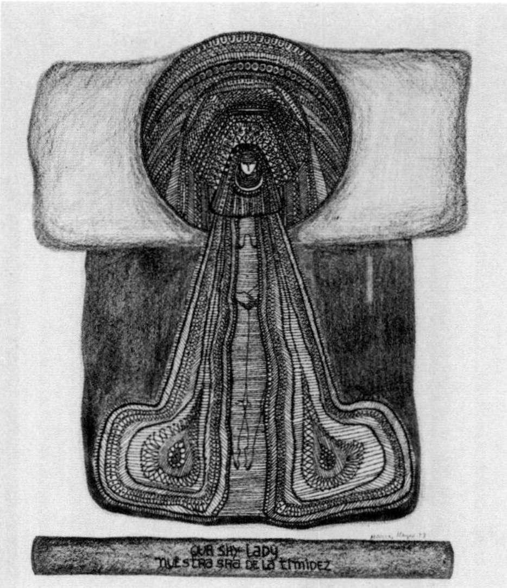

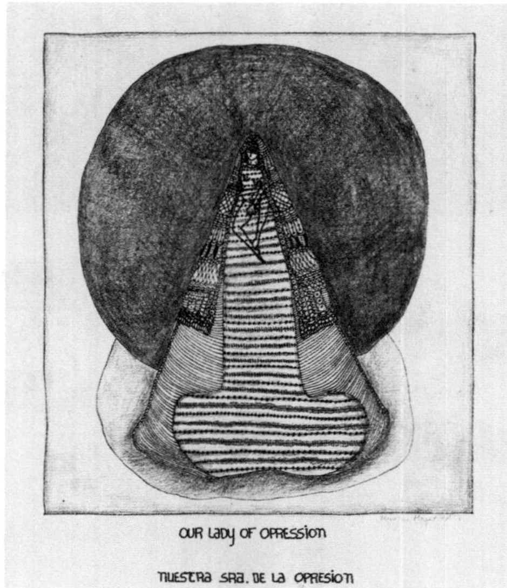

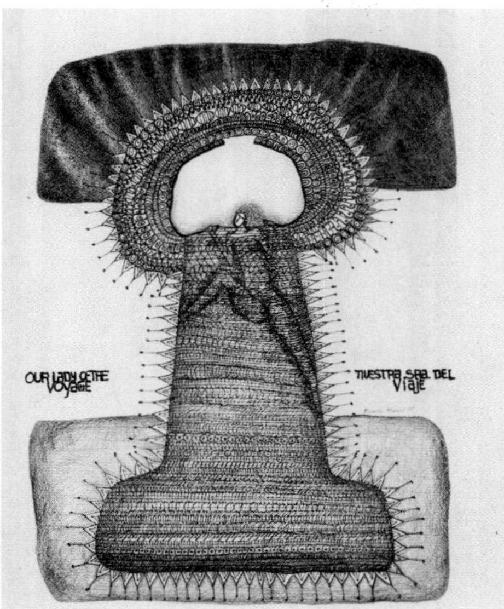

viaje)—Our Lady (Our Patriarcal Lady, Our Lady of the Opening Eyes, Our Lady of Submission, Our Lady of the Stiff Bed, Our Shy Lady, Our Lady of Oppression and Our Lady of the Voyage), 1977-1978 [Cat. 22]

LA DOLOROSA
—
OUR LADY OF SORROWS

1978-1979

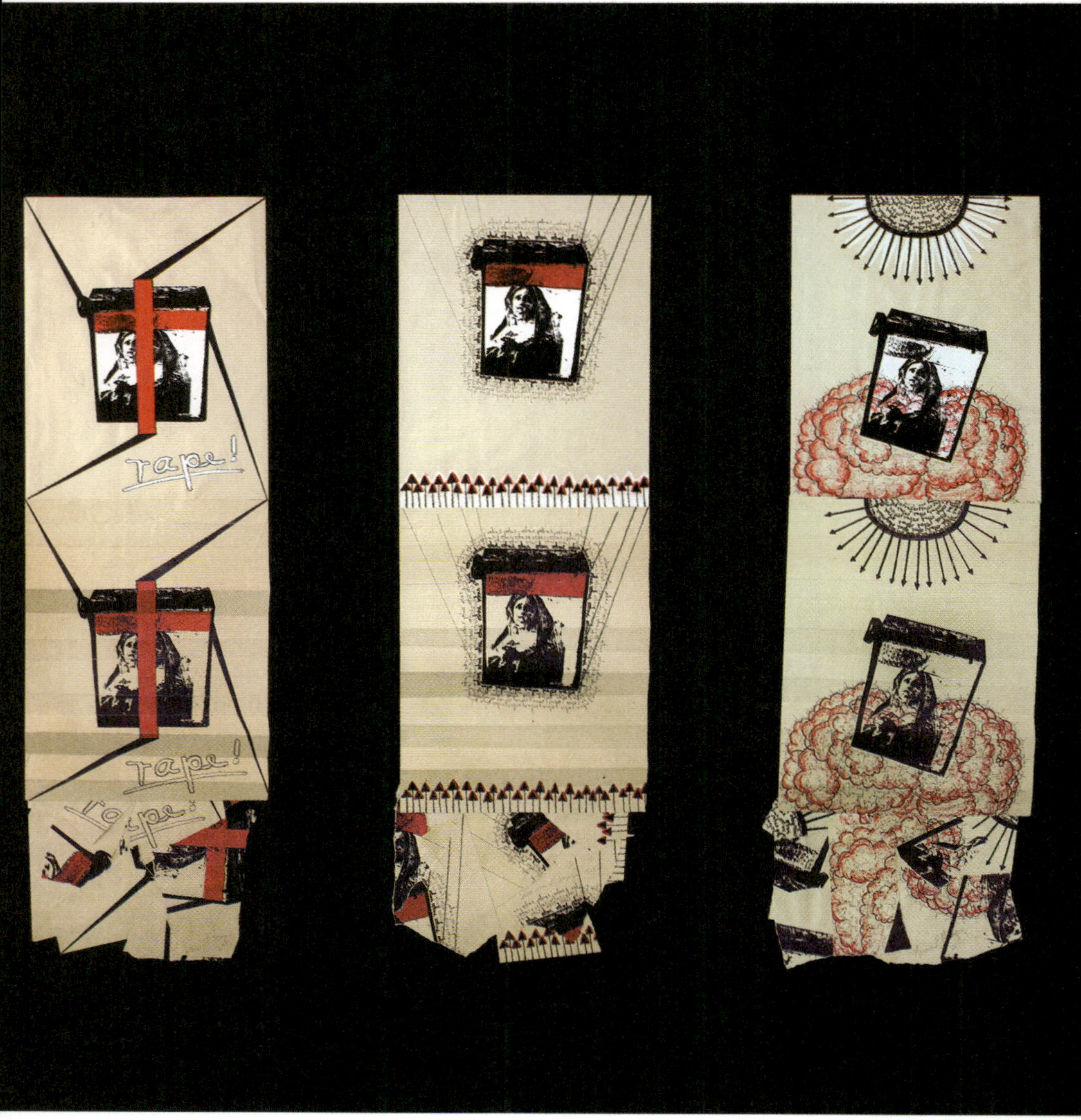

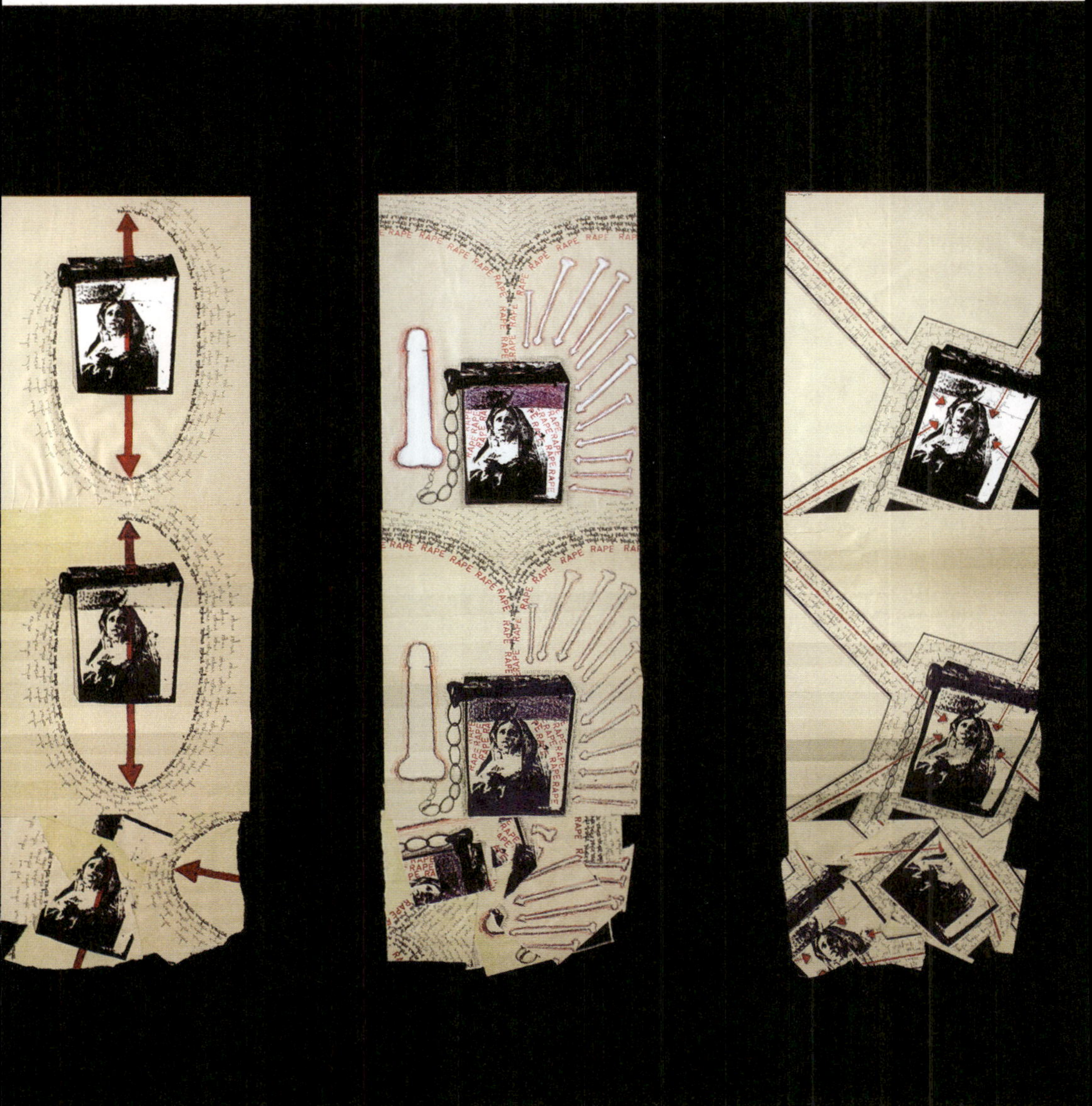

Mónica Mayer, *La Dolorosa—Our Lady of Sorrows*, 1978-1979 [Cat. 15]

TRADUCCIONES: UN DIÁLOGO INTERNACIONAL DE MUJERES ARTISTAS

—

TRANSLATIONS: AN INTERNATIONAL DIALOGUE OF WOMEN ARTISTS

1979-1980

Para este proyecto Mayer invitó a colegas del ámbito del arte feminista en Los Ángeles a México, y organizó presentaciones y talleres en la ciudad de México y en Oaxaca en colaboración con mujeres artistas locales con el objetivo de intercambiar información y experiencias, que a la vez se compartirían con instituciones educativas y culturales en California. Se produjo una compilación que, junto con imágenes ampliadas y cédulas, se expuso en Alemania, Bulgaria y Yugoslavia, y en el Woman's Building en Los Ángeles, entre 1980 y 1981.

—

For this project Mayer invited colleagues from the feminist art scene in Los Angeles to Mexico, and organized presentations and workshops in Mexico City and in Oaxaca with collaboration from local women artists. The aim was to exchange information and experiences, which were also shared with educational and cultural institutions in California. This led to the production of a compilation that was exhibited together with enlarged images and explanatory labels in Germany, Bulgaria, Yugoslavia, and at the Woman's Building in Los Angeles, between 1980 and 1981.

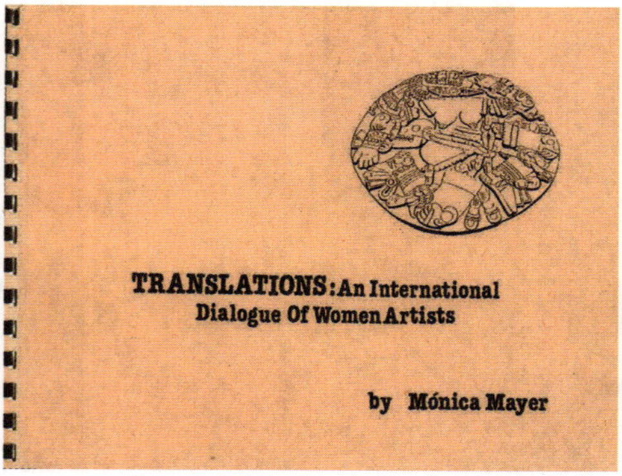

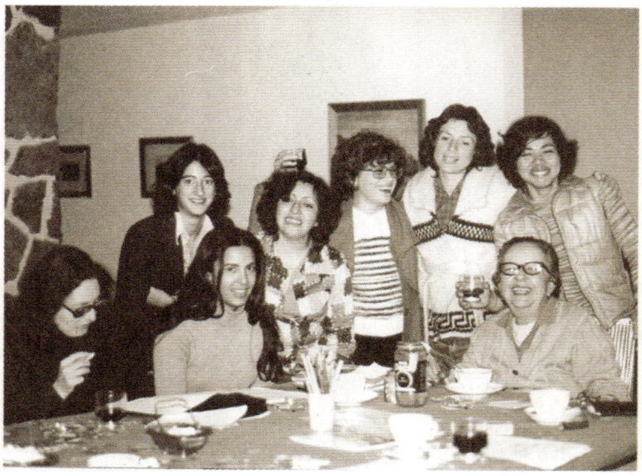

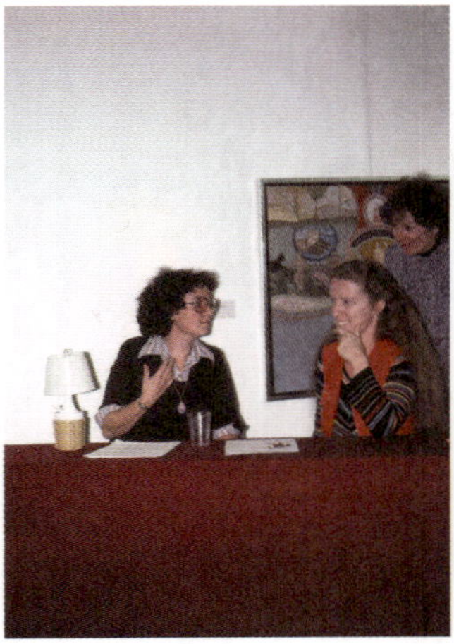

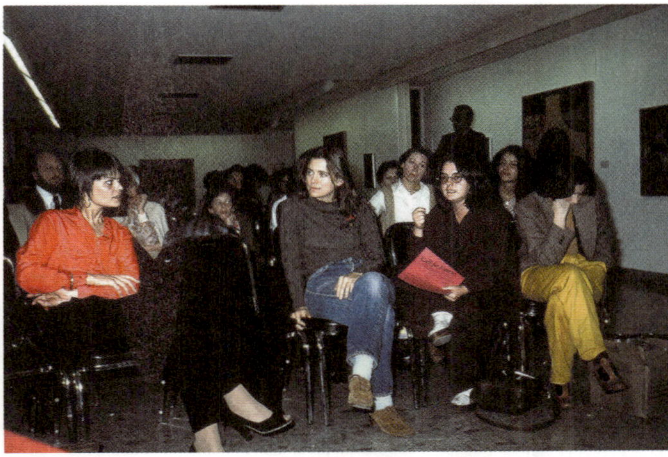

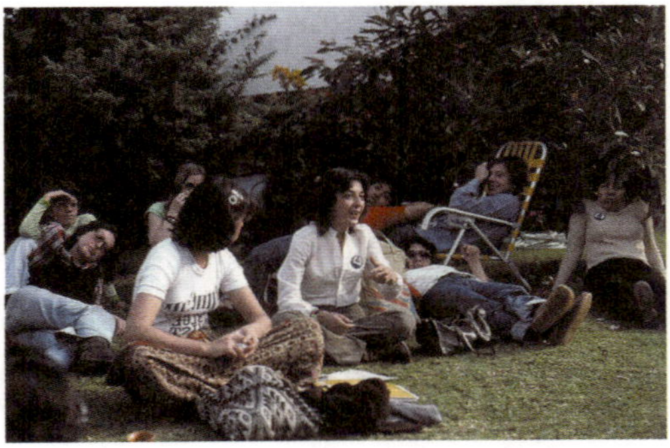

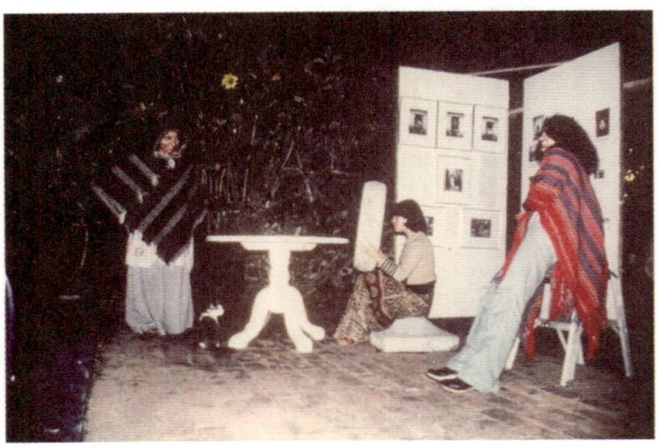

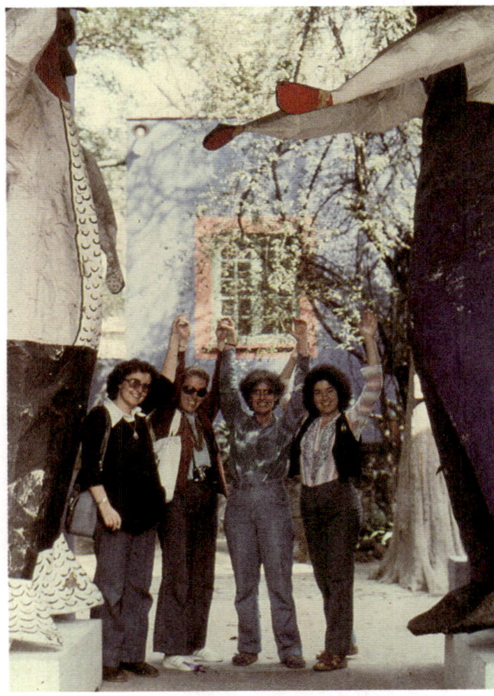

Mónica Mayer (con la participación de—with participation of **Yolanda Andrade, Yan Castro, Jo Goodwin, Ana Victoria Jiménez, Mónica Kubli, Magali Lara, Lilia L. de Mayer, Marcela Olabarrieta, Florence Rosen, Denise Yarfitz, Ester Zavala y**—and **Ana Cristina Zubillaga),** *Traducciones: un diálogo internacional de mujeres artistas— Translations: An International Dialogue of Women Artists*, 1979-80 [Cat. 31]

RECETA DEL GRUPO POLVO DE GALLINA NEGRA PARA HACERLES EL MAL DE OJO A LOS VIOLADORES, O EL RESPETO AL DERECHO DEL CUERPO AJENO ES LA PAZ

—

THE POLVO DE GALLINA NEGRA GROUP'S RECIPE FOR GIVING THE EVIL EYE TO RAPISTS, OR, PEACE MEANS RESPECTING THE RIGHTS OF OTHERS' BODIES

1983-1984

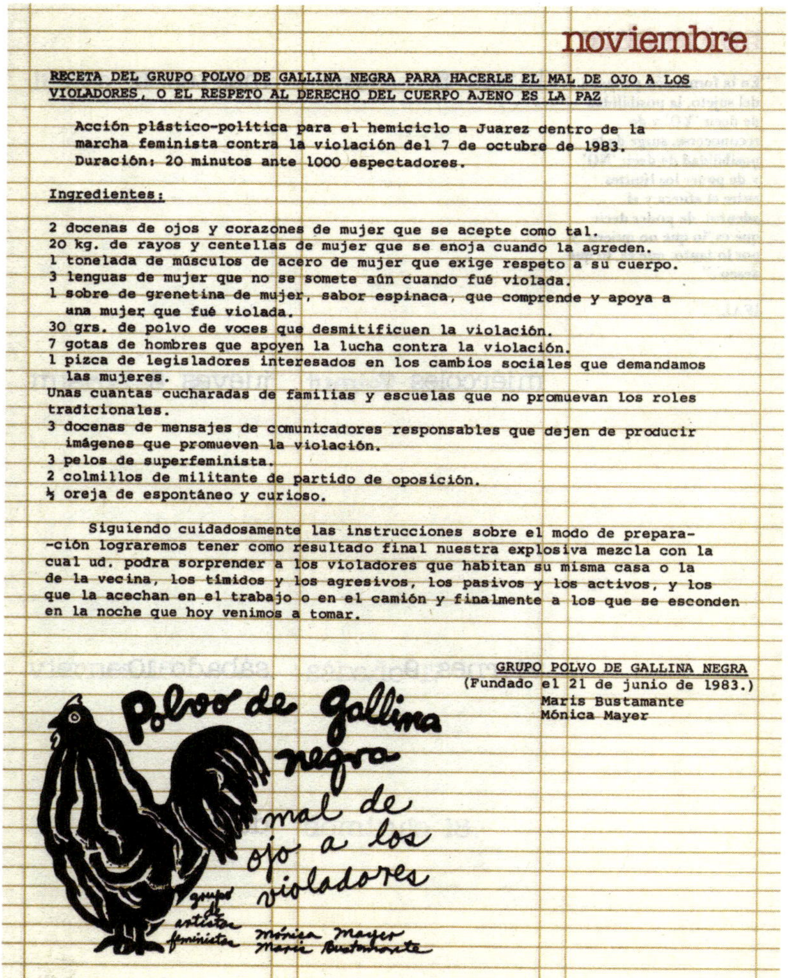

noviembre

RECETA DEL GRUPO POLVO DE GALLINA NEGRA PARA HACERLE EL MAL DE OJO A LOS VIOLADORES, O EL RESPETO AL DERECHO DEL CUERPO AJENO ES LA PAZ

Acción plástico-política para el hemiciclo a Juarez dentro de la marcha feminista contra la violación del 7 de octubre de 1983.
Duración: 20 minutos ante 1000 espectadores.

Ingredientes:

2 docenas de ojos y corazones de mujer que se acepte como tal.
20 kg. de rayos y centellas de mujer que se enoja cuando la agreden.
1 tonelada de músculos de acero de mujer que exige respeto a su cuerpo.
3 lenguas de mujer que no se somete aún cuando fué violada.
1 sobre de grenetina de mujer, sabor espinaca, que comprende y apoya a una mujer que fué violada.
30 grs. de polvo de voces que desmitificuen la violación.
7 gotas de hombres que apoyen la lucha contra la violación.
1 pizca de legisladores interesados en los cambios sociales que demandamos las mujeres.
Unas cuantas cucharadas de familias y escuelas que no promuevan los roles tradicionales.
3 docenas de mensajes de comunicadores responsables que dejen de producir imágenes que promueven la violación.
3 pelos de superfeminista.
2 colmillos de militante de partido de oposición.
½ oreja de espontáneo y curioso.

Siguiendo cuidadosamente las instrucciones sobre el modo de prepara- -ción lograremos tener como resultado final nuestra explosiva mezcla con la cual ud. podra sorprender a los violadores que habitan su misma casa o la de la vecina, los tímidos y los agresivos, los pasivos y los activos, y los que la acechan en el trabajo o en el camión y finalmente a los que se esconden en la noche que hoy venimos a tomar.

GRUPO POLVO DE GALLINA NEGRA
(Fundado el 21 de junio de 1983.)
Maris Bustamante
Mónica Mayer

Polvo de Gallina Negra (Maris Bustamante, Herminia Dosal y—and Mónica Mayer), *Receta del grupo Polvo de Gallina Negra para hacerle el mal de ojo a los violadores, o el respeto al derecho del cuerpo ajeno es la paz—The Polvo de Gallina Negra Group's Recipe for Giving the Evil Eye to Rapists, Or, Peace Means Respecting the Rights of Others' Bodies*, 1983 [Cat. 27]

¡MADRES!

1983-1990

Esta obra de Polvo de Gallina Negra fue planteada como una forma de entrelazar el arte y la vida de sus integrantes, cuando ambas tenían hijas pequeñas. Incluyó una serie de envíos de arte correo a la comunidad artística, las feministas y la prensa, que abordaban diversos aspectos de la maternidad; el concurso *Carta a mi madre*, que convocó al público a escribir una carta con lo que hubiera querido decirle a su madre pero nunca se había atrevido; y una serie de performances, incluyendo uno durante el programa televisivo *Nuestro Mundo,* conducido por Guillermo Ochoa, a quien nombraron "Madre por un día", y portó una panza de unicel y su corona de reina del hogar.

—

This work by Polvo de Gallina Negra was posited as a way of imbricating art with the lives of its members at a time when both of them had young daughters. It included: a series of pieces of mail art sent to the artistic community, feminists and the press, addressing various aspects of maternity; the *Carta a mi madre* [*Letter to My Mother*] contest, which called on members of the public to write a letter expressing everything they wanted to ask their mothers but were afraid to ask; and a series of performances, including one during the television program *Nuestro Mundo*, hosted by Guillermo Ochoa, whom they named "Mother for a Day" and who wore a belly made of styrofoam as well as the crown of the Queen of the Home.

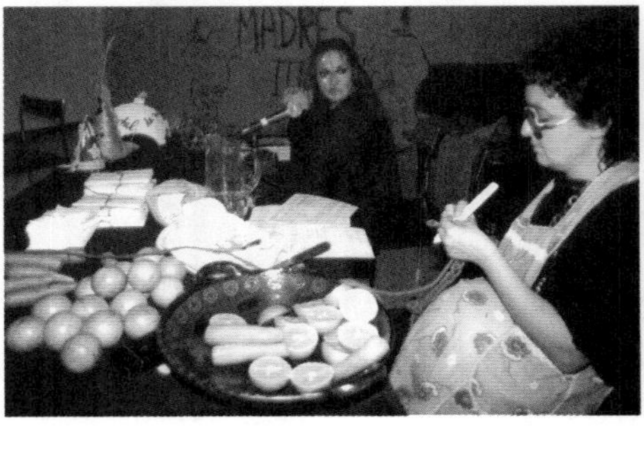

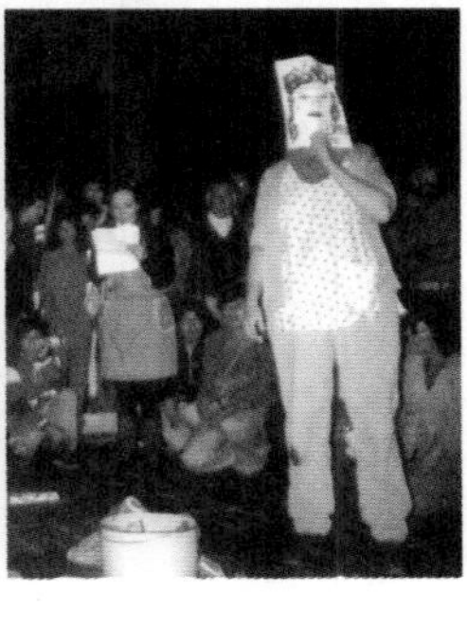

Polvo de Gallina Negra (Maris Bustamante y—and Mónica Mayer),
¡MADRES!,1983–1990 [Cat.19]

DOCUCUENTO 2
—
DOCUSTORY 2

2001

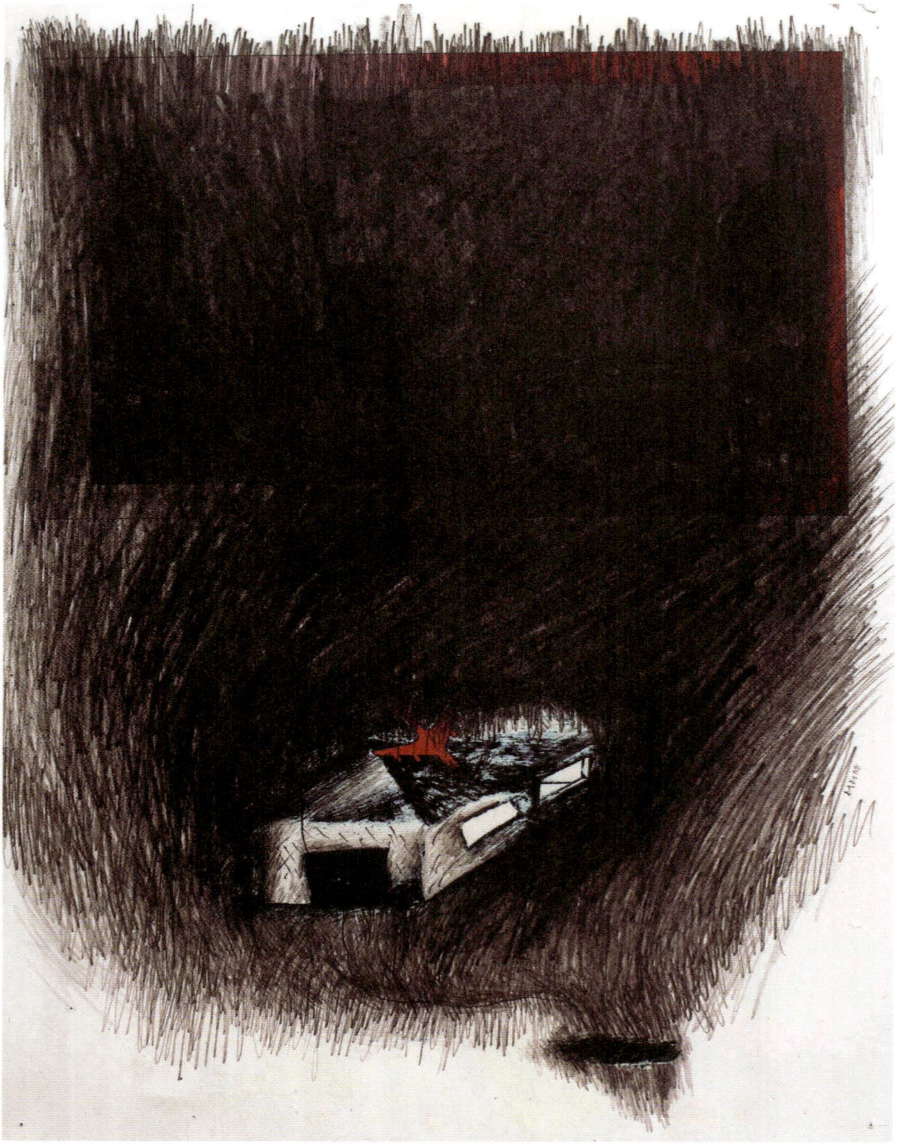

 Mónica Mayer, *Docucuento 2—Docustory 2*, 2001 [Cat. 12]

DOCUCUENTO 3
—
DOCUSTORY 3

2001

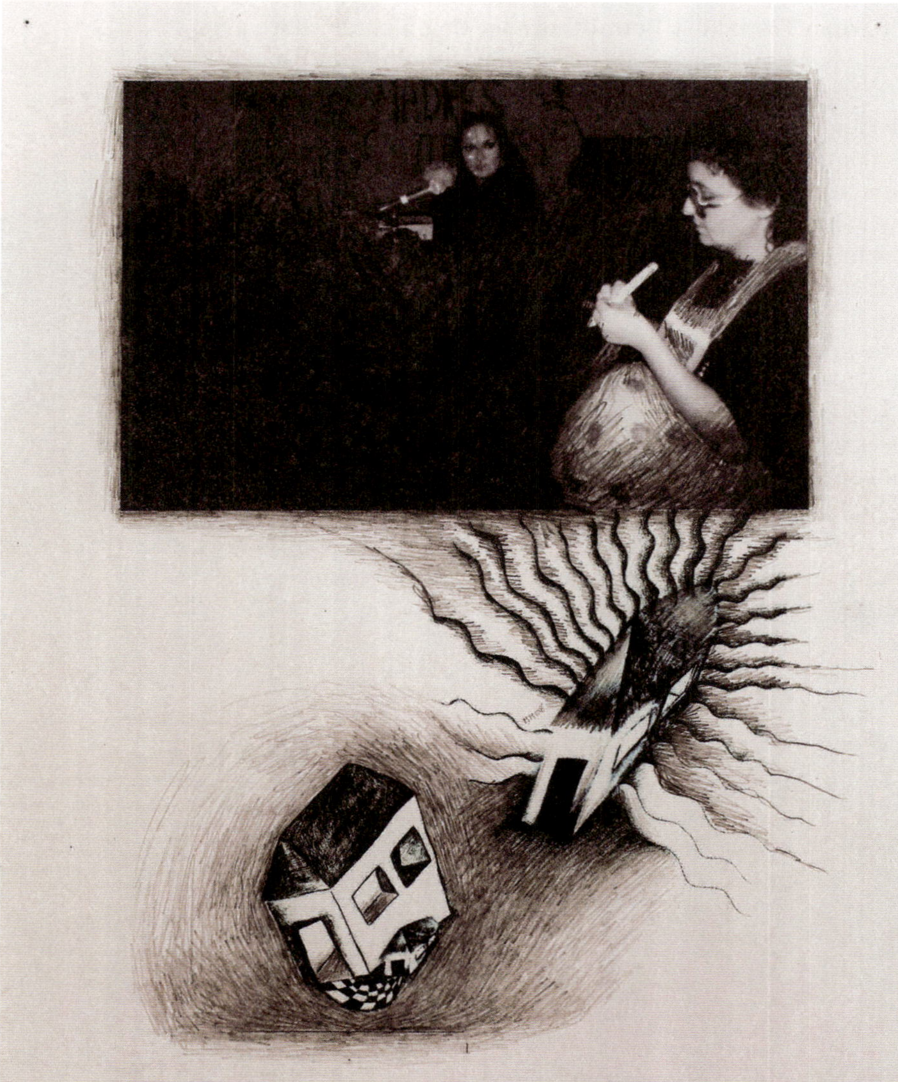

Mónica Mayer, *Docucuento 3—Docustory 3*, 2001 [Cat. 13]

LA FIESTA DE XV AÑOS
—
THE QUINCEAÑERA PARTY

1984

El grupo Tlacuilas y Retrateras nace de un curso sobre arte feminista que imparte Mayer en el posgrado de la Escuela Nacional de Arte Plásticas a partir de 1983. Sus integrantes deciden trabajar la representación y construcción de la imagen femenina en el ritual de la fiesta de quince años. El resultado fue una acción artística multidisciplinaria realizada en la Antigua Academia de San Carlos en 1984, que comprendió actividades performáticas, una exposición y lecturas de poesía, entre otras, y contó con la asistencia de más de 2000 personas.

—

The group Tlacuilas y Retrateras was born out of a course on feminist art given by Mayer in the graduate program at the Escuela Nacional de Artes Plásticas starting in 1983. Its members decided to work on the representation and construction of the image of woman in the ritual of the quinceañera party. The result was a multidisciplinary artistic action carried out at the Antigua Academia de San Carlos in 1984, encompassing performances, an exhibition, poetry readings, and other activities, which was attended by over 2000 people.

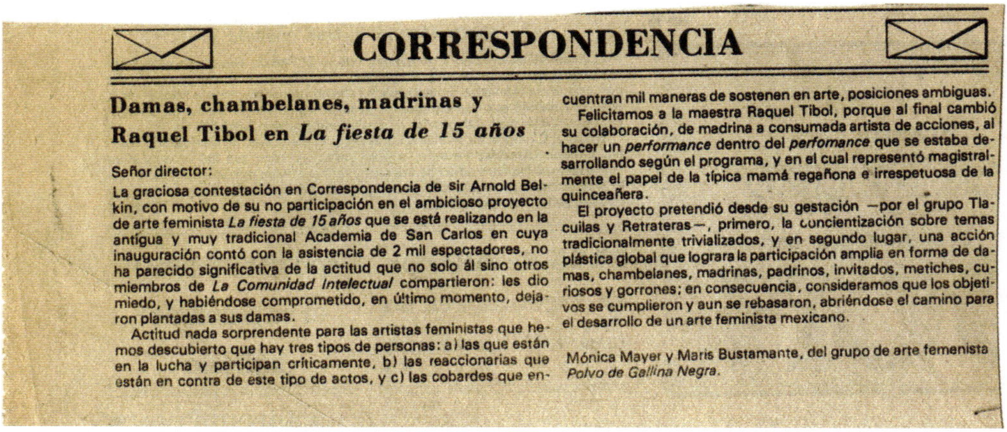

CORRESPONDENCIA

Damas, chambelanes, madrinas y Raquel Tibol en *La fiesta de 15 años*

Señor director:

La graciosa contestación en Correspondencia de sir Arnold Belkin, con motivo de su no participación en el ambicioso proyecto de arte feminista *La fiesta de 15 años* que se está realizando en la antígua y muy tradicional Academia de San Carlos en cuya inauguración contó con la asistencia de 2 mil espectadores, no ha parecido significativa de la actitud que no solo ál sino otros miembros de *La Comunidad Intelectual* compartieron: les dio miedo, y habiéndose comprometido, en último momento, dejaron plantadas a sus damas.

Actitud nada sorprendente para las artistas feministas que hemos descubierto que hay tres tipos de personas: a) las que están en la lucha y participan críticamente, b) las reaccionarias que están en contra de este tipo de actos, y c) las cobardes que encuentran mil maneras de sostenen en arte, posiciones ambiguas.

Felicitamos a la maestra Raquel Tibol, porque al final cambió su colaboración, de madrina a consumada artista de acciones, al hacer un *performance* dentro del *perfomance* que se estaba desarrollando según el programa, y en el cual representó magistralmente el papel de la típica mamá regañona e irrespetuosa de la quinceañera.

El proyecto pretendió desde su gestación —por el grupo Tlacuilas y Retrateras—, primero, la concientización sobre temas tradicionalmente trivializados, y en segundo lugar, una acción plástica global que lograra la participación amplia en forma de damas, chambelanes, madrinas, padrinos, invitados, metiches, curiosos y gorrones; en consecuencia, consideramos que los objetivos se cumplieron y aun se rebasaron, abriéndose el camino para el desarrollo de un arte feminista mexicano.

Mónica Mayer y Maris Bustamante, del grupo de arte femenista *Polvo de Gallina Negra.*

Maris Bustamante y—and **Mónica Mayer**, "*Damas, chambelanes, madrinas y Raquel TIbol en La Fiesta de 15 años*"—"*Ladies, Chambelanes and Godmothers in The Quinceañera Party*", publicado en—published in Uno más Uno, 1984.

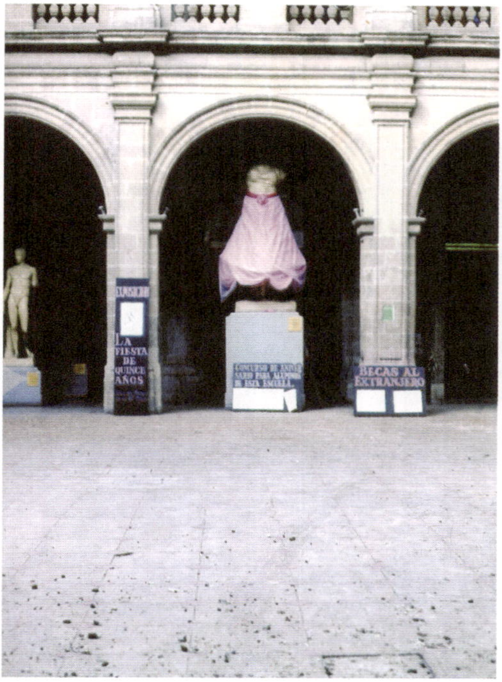

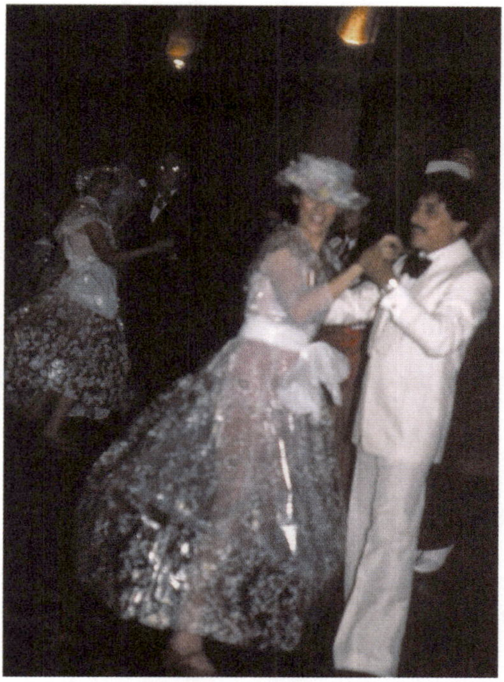

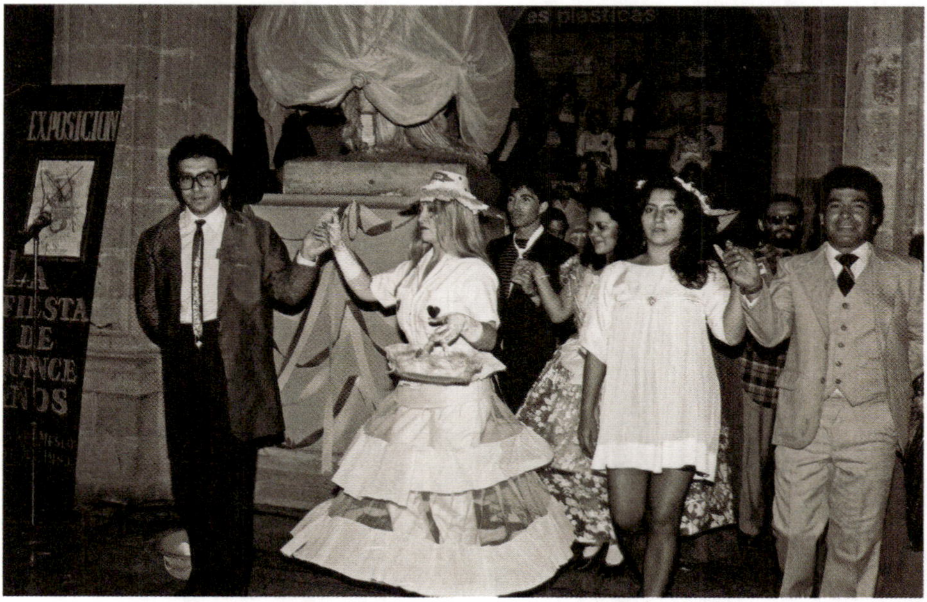

Tlacuilas y Retrateras (Ruth Albores, Consuelo Almeida, Nicola Coleby, Karen Cordero Reiman, Ana Victoria Jiménez, Lorena Loaiza, Mónica Mayer, Marcela Ramírez, Patricia Torres y—and Elizabeth Valenzuela), *La fiesta de XV años—The Quinceañera Party*, 1984. Fotos arriba—Photos above: Archivo Ana Victoria Jiménez, Biblioteca Francisco Xavier Clavigero, Universidad Iberoamericana. Foto abajo—Photo below: Yolanda Andrade [Cat. 16]

UNA MATERNIDAD SECUESTRADA ES:
—
AN ABDUCTED MATERNITY IS:

2012

Realizada a partir del Taller de Activismo y Arte Feminista convocado por Mayer, esta pieza recopiló, en cenas pequeñas y las redes sociales, diversas experiencias y emociones que deconstruyen la imagen estereotípica de la institución *maternidad*. Culminó en la *Protesta del día después* (*del día de las madres*) en el Zócalo de la ciudad de México, donde las participantes —ataviadas con delantales y panzas—hicieron públicas estas visiones en un desfile performativo.

—

Carried out by the Taller de Activismo y Arte Feminista [Feminist Art and Activism Workshop] convened by Mayer, this piece, through small dinners and social networks, documented diverse experiences and emotions that deconstruct the stereotypical image of the institution of motherhood. It culminated in the *Protesta del día después* [*The Day After Protest*], held the day following Mother's Day in Mexico City's Zócalo, wherein the participants—wearing aprons and fake bellies—made these perspectives public in a performative parade.

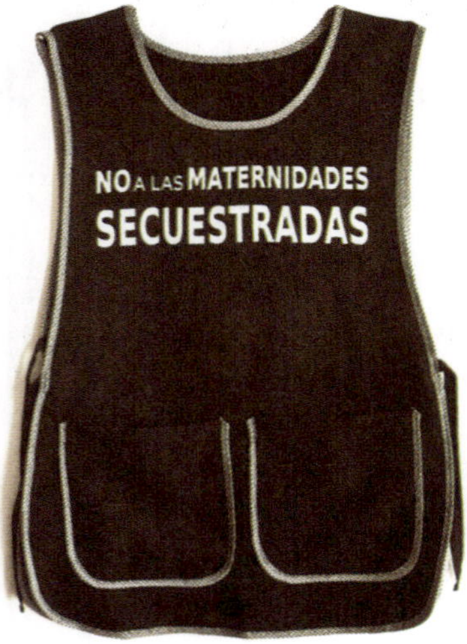

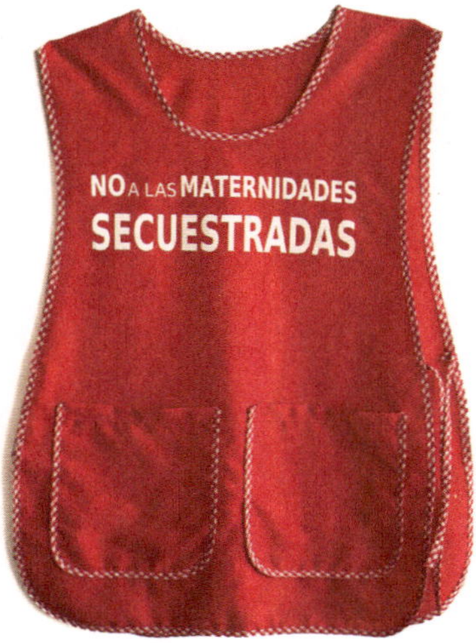

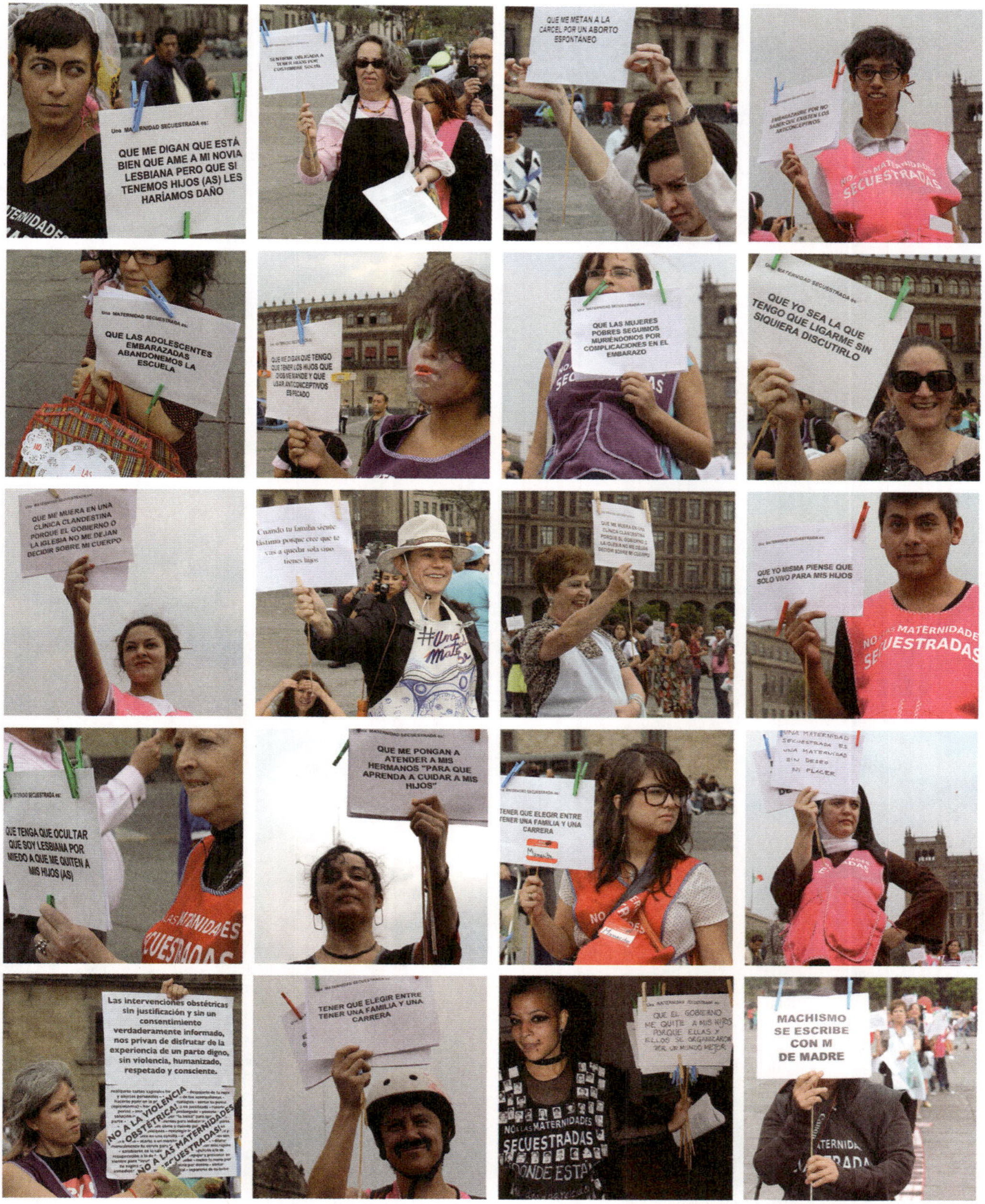

Mónica Mayer (en colaboración con—in collaboration with **Yuruen Lerma,** fotografía—photography, y—and **Edith López Ovalle,** intervención en delantal **Brenda Hernández Novoa,** diseño—design), *Maternidades secuestradas—Abducted Maternities*, 2012 [Cat. 21]

Feminismos y emancipación. Mónica Mayer: estética radical y simultaneidades latinoamericanas

ANDREA GIUNTA

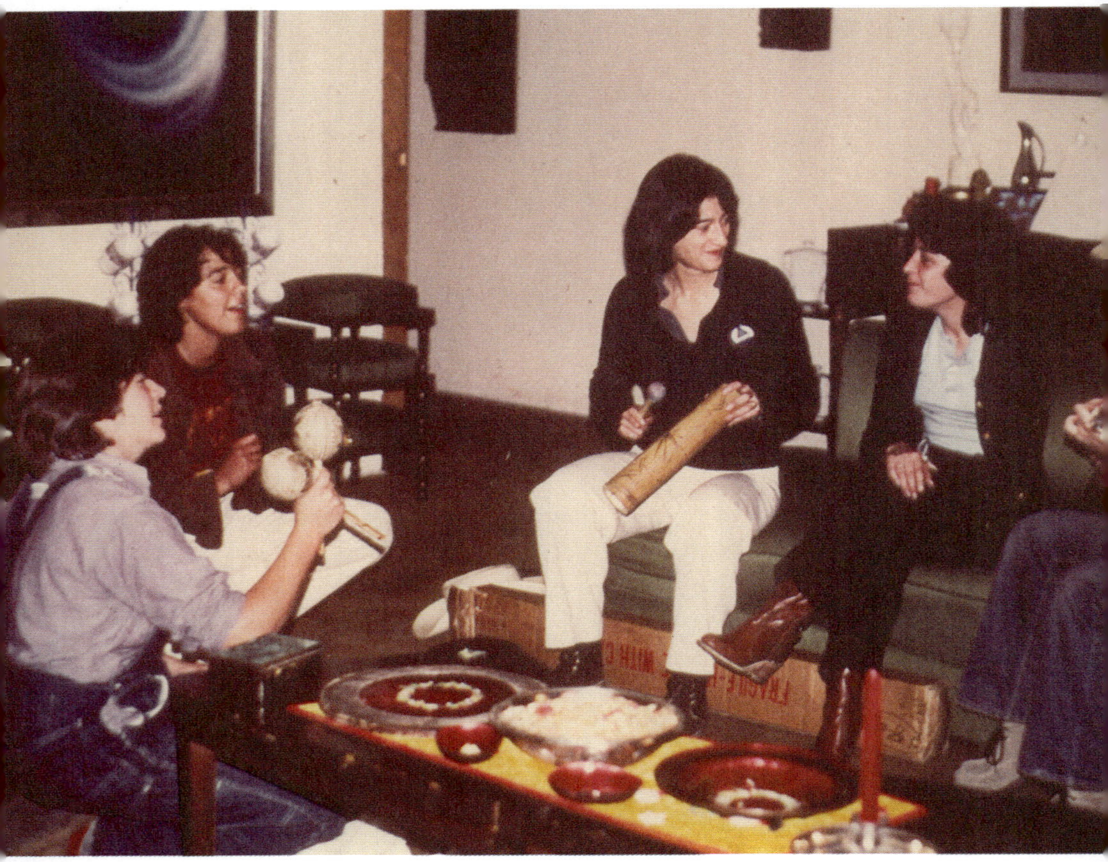

Mónica Mayer (con la participación de—with participation of **Yolanda Andrade, Yan Castro, Jo Goodwin, Ana Victoria Jiménez, Mónica Kubli, Magali Lara, Lilia L. de Mayer, Marcela Olabarrieta, Florence Rosen, Denise Yarfitz, Ester Zavala y**—and **Ana Cristina Zubillaga)**, *Traducciones: un diálogo internacional de mujeres artistas—Translations: An International Dialogue of Women Artists*, 1979-1980 [Cat. 31]

La búsqueda de un lenguaje capaz de transformar radicalmente las formas de representación del cuerpo y, por ende, de politizarlo desde distintas intervenciones artísticas, inaugurando tópicos apenas insinuados o completamente inexistentes en la historia del arte, contó con escenarios en distintas ciudades de América Latina. Sin embargo, sólo tuvo continuidad y desarrolló intervenciones sucesivas, que obedecían a una lógica liberadora, en la ciudad de México. En esta plataforma se filtró la presencia permanente de las múltiples y, en varios sentidos, anticipadas propuestas artísticas que, en paralelo con su militancia política, llevó adelante Mónica Mayer desde la segunda mitad de los años setenta hasta el presente. Cuando sostengo que las intervenciones estético-políticas de Mónica Mayer fueron anticipadas, considero no sólo su acción política dentro del feminismo, sino, sobre todo, la innovación que genera desde su experimentación con los lenguajes performáticos.

Hoy, cuando conocidas y nuevas formas de violencia hacia la mujer se incrementan, el feminismo en general y el feminismo artístico en particular son generalmente objetados como agendas superadas por los estudios de género y *queer*. Lejos de haber perdido actualidad, dicha agenda se ha vuelto aun más urgente. También en el mundo del arte, donde su representación apenas alcanza un 30% en exposiciones y premios. La realización de esta retrospectiva de Mónica Mayer, tanto como la política que algunas instituciones están llevando adelante para forzar los límites de una representación desigual,[1] dan cuenta de la intención de modificar la distribución de la representación cultural en la que todavía queda una tarea inmensa por realizar.

A fin de considerar la excepcionalidad del feminismo artístico mexicano, me concentraré en algunos escenarios latinoamericanos para analizar, después, la diseminación de intervenciones que Mónica Mayer generó desde una comprensión de la cultura visual y de las prácticas performáticas como dispositivos de un arte emancipatorio,

—

1— Por ejemplo, la decisión del director artístico del Museo de Arte Latinoamericano de Buenos Aires, Agustín Pérez Rubio, de presentar artistas mujeres. En 2015 se realizaron exposiciones individuales de Anne Marie Heinrich, Teresa Burga y Claudia Andujar.

integrado a otras formas de transformación del mundo. En tal sentido, la obra de Mónica Mayer se ubica en el corazón de las formas insubordinadas del arte mexicano. Tiene, también, un papel central en la delimitación de las opciones de un arte feminista en América Latina.

* * *

En distintas escenas sudamericanas, las artistas buscaron vincular sus prácticas con los programas de emancipación femenina.[2] Cuando nos referimos al feminismo artístico planteamos algunas diferenciaciones que buscan evitar la referencia plana y despolitizada a un "arte de mujeres". A fin de dar cuenta de la forma en la que históricamente se plantearon las distintas iniciativas que activaron un campo de posiciones y disputas complejas, diferencio aquellas propuestas gestadas por artistas orgánicamente involucradas en formaciones de militancia feminista (que se identifican, ellas y su obra, como feministas) de las de quienes, sin estar insertas en organizaciones feministas, ejercieron, a partir de sus intervenciones artísticas, una sostenida y evidente crítica de las representaciones sociales de la mujer. Desde tales repertorios, deconstruyeron los presupuestos patriarcales que regulan las relaciones de género y los sistemas de representación del cuerpo normado. En este segundo caso, el trabajo interpretativo, incluso retrospectivo, permite un análisis de obras de artistas que pueden declarar insistentemente que no son feministas, desde los instrumentos que proporcionan los estudios de género.[3] Finalmente, y para dar cuenta de todas las diferenciaciones que busco introducir, numerosas artistas trabajan desde parámetros patriarcales haciendo difícil establecer una

—

2— Un estudio integral de estas intervenciones saldrá a luz en el libro-catálogo que acompañará a la exposición que co-curé con Cecilia Fajardo-Hill sobre arte feminista y femenino en América Latina entre los años sesenta y ochenta que se presentará en el Hammer Museum de la Universidad de California, Los Ángeles, en septiembre de 2017, como parte de la gran iniciativa de la fundación J. Paul Getty, *Pacific Standard Time 2, Los Angeles – Latin America* (PST2 LA-LA).

3— Como la argentina Raquel Forner cuando declaraba que ella era artista, no artista mujer. Sin embargo, el análisis desde perspectivas de género revela la radical transgresión de los parámetros patriarcales de representación que involucró su obra.

relación entre su obra y su condición socialmente identificada como mujer.[4]

Resulta productivo comparar las circunstancias del feminismo artístico en América Latina. Por ejemplo, el escenario en el que se inscriben las formaciones artísticas de la segunda ola del feminismo en Argentina, específicamente en Buenos Aires. En 1970 se forma la Unión Feminista Argentina.[5] En esos años surgen diferentes agrupaciones feministas[6] que en 1975, a raíz del Año Internacional de la Mujer declarado por la ONU, y cuya conferencia se celebró en la ciudad de México, se fundieron en el Frente de Lucha por la Mujer (FLM). En varios sentidos las mujeres que participaron de estos grupos tuvieron que confrontar los conflictos que derivaban de dos contextos. Por un lado el que provenía de la doble militancia en organizaciones políticas con un programa de liberación que impugnaba las luchas sectoriales, entre ellas las del feminismo, militancia que algunas feministas de la UFA entendían como recurso de infiltración. En forma casi inmediata, las acciones de la Alianza Anticomunista Argentina, que en 1974 allanó los locales de la UFA, y la brutal represión durante los años de la dictadura militar (1976-1983) minaron sus formas de organización. En el contexto de emergencia de los años setenta se produce uno de los pocos ejemplos de arte inscripto en las formaciones del feminismo de la segunda ola en Buenos Aires.

—

4— Al decir "socialmente identificada" remito al hecho de que, más allá de los procesos de constitución de la identidad sexual que contestan las perspectivas esencialistas, la sociedad clasifica y diferencia a hombres de mujeres. En esta diferenciación jerarquiza y coloca a la mujer y lo femenino en el lugar del otro al que se busca desplazar del poder instrumentando dispositivos que incluyen desde lo discursivo hasta las conductas sociales que se manifiestan cotidianamente en distintas formas de violencia. En estas estructuras se incluye toda la estructura que regula el sistema artístico.

5— Las fundadoras fueron Nelly Bugallo, Leonor Calvera, María Luisa Bemberg y Gabriella Roncorini de Christelle. Sobre las formaciones del feminismo en los primeros años setenta en la Argentina, véase el libro de Leonor Calvera, *Mujeres y feminismo en la Argentina*, Buenos Aires, Grupo Editor Latinoamericano, 1990.

6— El Movimiento de Liberación Femenina luego llamado Organización Feminista Argentina (OFA), el Movimiento Feminista Popular (Mofep), ligado al Frente de Izquierda Popular, que más tarde se transformó en Centro de Estudios Sociales de la Mujer (CESMA), y la Asociación para la Liberación de la Mujer Argentina (ALMA).

En 1972, María Luisa Bemberg, una de las fundadoras de UFA, realiza el film de militancia feminista *El mundo de la mujer* que, en el formato de documental crítico, abordaba una gran feria dedicada a la industria de la mujer realizada en la Rural de Palermo en Buenos Aires. En tanto la cámara recorre stands dedicados al peinado, el maquillaje y la moda, una voz en *off* repite textos tomados de un manual con consejos para difundir los formatos de una femineidad deseable y correcta. En sus 16 minutos el film compacta en forma paródica un discurso que articula una conciencia crítica. Como instrumento de concientización, se proyectaba en escuelas, iglesias evangélicas, casas particulares y asociaciones.[7] Bemberg produce así un film de activismo feminista que deconstruye críticamente los estereotipos femeninos de los que se nutre el mercado. La objeción que provenía de un concepto unificado de emancipación, que no dejaba espacio para inscripciones específicas, redundó en la invalidación y en el borramiento de estos primeros casos de un arte feminista. Para el concepto revolucionario de esos años, lo personal no era político.

Durante la dictadura militar la militancia feminista no tuvo siquiera la visibilidad incipiente que articuló a comienzos de los setenta. Las iniciativas se retomaron en la apertura democrática con la formación de la Comisión Pro Reforma de la Patria Potestad (modificada en 1985), la organización del Primer Congreso Argentino *La mujer en el mundo de hoy* (1982) y la formación de *Lugar de Mujer* (1983) entre cuyas fundadoras figuran artistas como María Luisa Bemberg, la fotógrafa Alicia D'Amico y la cineasta experimental Narcisa Hirsch.[8] Todas ellas abordaron en sus

—

7— Sobre este film y sus relaciones con el feminismo, véase María Laura Rosa, *Legados de libertad. El arte feminista en la efervescencia democrática*, Buenos Aires, Biblos. Artes y medios, 2004.

8— Las integrantes fueron Ana María Amado, Norma Esperanza Antuña, Gloria Bass, María Luisa Bemberg, Haydee Birgin, Alicia D'Amico, Ana María Daskal, Narcisa Hirsch, Elizabeth Jelin, Patricia Klement, María Luisa Lerer, Elda Malenky, Lidia Marticorena, Marta Norma Miguelez, Cristina Orive, Hilda Rais, Gisela Rubarth, Beatriz Schmucler, Graciela Sikos, Elba Soto, Sara Torres y María Cristina Vila de Gerlic. Sobre la obra de Narcisa Hirsch, véase Andrea Giunta, "Narcisa Hirsch. Portraits / Retratos", en *Alter/nativas, Latin American Cultural Studies Journal*, Center for Latin American Studies, The Ohio State University, núm. 1, 2013. Disponible en: http://alternativas.osu.edu/es/issues/autumn-2013/debates/giunta.html; consultado el 3 de octubre de 2015).

producciones artísticas los estereotipos que regulan el lugar social de la mujer.

Nuestro segundo escenario se sitúa en Chile, durante los años de la dictadura, años en los que algunas escritoras y artistas trabajaron sobre y desde el cuerpo, enfocando su poder insurreccional en el contexto de una sociedad vigilada, en estado de excepción. Diamela Eltit, quien en 1980 realiza una performance en la que, en un prostíbulo de Santiago cortaba sus piernas y brazos, al tiempo que leía fragmentos de su novela todavía inédita, *Lumpérica* (1983), colocaba su cuerpo en dos marcos políticos: el de la laceración que reponía la violencia dictatorial y el del señalamiento sobre un territorio de exclusión al que particularmente apuntaba la represión policial. Este escenario se replica en la serie fotográfica de Paz Errázuriz, *La manzana de Adán* (iniciada en 1984 y publicada en 1990), una crónica de la vida cotidiana, los afectos, miedos y transformaciones en los prostíbulos travestis de Santiago de Chile y de la ciudad de Talca. Una crónica visual que coexiste con el texto (mezcla de testimonio y etnografía) de Claudia Donoso y que nos sumerge en una trama de relaciones familiares y amorosas, de miedos y exclusiones.

En relación con la formación que la crítica y teórica chilena Nelly Richard denominó "escena de avanzada", las acciones que Lotty Rosenfeld realizó desde 1979, transformando el espacio público, admiten una lectura política del protagonismo de su cuerpo. Ella, acompañada sólo por la cámara que filmaba y registraba fotográficamente sus acciones, interceptaba las líneas divisorias inscriptas en el pavimento y las convertía en cruces (*Una milla de cruces sobre el pavimento*, 1979). Se trataba de una corporalidad en riesgo, femenina, en el borde del sistema, que desafiaba los límites de la censura impuestos por el Estado represivo patriarcal de la dictadura. Estas intervenciones, estas cruces, este protagonismo del cuerpo se ubican en el borde del sistema. Se trata, en Chile, de una escena artística que no surge conectada a la militancia feminista, pero que abordó representaciones femeninas en claves visuales, escriturales y teóricas que se descalzaban de aproximaciones esencialistas o simplificadoras. Como señala Nelly Richard, el argumento feminista no sólo sirvió para confrontar el sistema de discriminación socio-masculino, sino que también permitió el cuestionamiento de los modelos ortodoxos de pensar y hacer política.[9]

* * *

El caso mexicano se destaca en el escenario del feminismo artístico latinoamericano por sus formaciones históricas, por su continuidad y por la diversidad de prácticas en las que fue desplegando sus postulados. Se trata de un núcleo diverso de prácticas artísticas y editoriales en las que emergen revistas como *La Revuelta* (1976-1978), *Fem* (impresa entre 1976-2004), que nace de la iniciativa de Alaíde Foppa (quien inicia en la radio de la UNAM el programa *Foro de la mujer*, imparte la primera cátedra en la UNAM de estudios de la condición de las mujeres, y que fue secuestrada y asesinada en Guatemala en 1980) y Margarita García Flores,[10] *Cihuatl. Voz de la Coalición de Mujeres* (1976-1977) y de la acción de Rosa Martha Fernández, con el Colectivo Cine Mujer (1975-1987), al que se une Mónica Mayer participando en el film sobre la violación *Rompiendo el silencio* (1979) y en el que también participaba Ana Victoria Jiménez.[11] Se tiene la sensación de que las interrupciones o deslindes que señalamos en Argentina o Chile encontraron en México formas de acción conjunta que conforman un repertorio singular, no sólo por sus términos programáticos sino también por el grado de experimentación que involucraron. Mónica Mayer fue el motor de muchas iniciativas que integran el relato de su libro *Rosa chillante. Mujeres y performance en México*, que

—

9— Véase Nelly Richard, "La problemática del feminismo en los años de la transición en Chile", en Daniel Mato (comp.), *Estudios Latinoamericanos sobre cultura y transformaciones sociales en tiempos de globalización 2*, Buenos Aires: CLACSO, 2001, pp. 227-237; disponible en: http://biblioteca.clacso.edu.ar/clacso/gt/20100914035407/15richard.pdf (consultado el 5 de octubre de 2015) y *Fracturas de la memoria. Arte y pensamiento crítico*, Buenos Aires: Siglo XXI, 2007.

10— Publicaciones que se expanden luego con la revista *Debate Feminista* (1990-2014), fundada y dirigida por Marta Lamas.

11— Mónica Mayer, Rosa chill*ante. Mujeres y performance en México*, México: Conaculta-Fonca-AVJ-Pinto mi Raya, 2004, pp. 21-22; disponible en: http://www.nodo50.org/herstory/textos/Rosa_chill%C3%B3n.pdf (consultado el 5 de septiembre de 2015).

se diseminó constituyendo una publicación de referencia en el campo del feminismo artístico latinoamericano.[12]

Me interesa entender la forma de trabajo de Mónica Mayer desde las operaciones que ella misma planeó para poner en jaque los fundamentos del sistema artístico, tanto en relación con un autoría compartida como desde el radical cuestionamiento del gusto y de los formatos exhibitivos legitimados por los circuitos del arte.

Todo esto se produjo en relación con un programa de feminismo artístico que tuvo en México una formación excepcional y prismática, señalada por distintas circunstancias. En primer lugar, el hecho de que en esta ciudad se celebrase, en 1975, la primera conferencia mundial en el Año Internacional de la Mujer. Un acontecimiento que, al parecer, no estaba desvinculado del deseo del gobierno de Luis Echeverría Álvarez de limpiar la imagen internacional del país en relación con los derechos humanos, altamente deteriorada después de la masacre de Tlatelolco. El programa artístico que convocó el evento concertó exposiciones centradas en la mujer como tema o en la obra de las mujeres artistas que ocuparon varias instituciones. En el encadenamiento de hechos que configuraron este momento fue central la presencia de Carla Stellweg, directora fundadora desde 1970 de la revista *Artes Visuales* del Museo de Arte Moderno, una plataforma hemisférica en la que se introdujo información y reflexión sobre el conceptualismo, el performance, la fotografía y el feminismo. Desde el museo, Stellweg coordinó un taller centrado en la pregunta que en 1971 había formulado Linda Nochlin "Why have there been no great women artists?"[13] Las respuestas que proporcionaron las participantes dieron cuenta del estado de la discusión sobre la mujer en el arte y en la cultura mexicanos.[14]

—

12— Mayer, *op. cit.*

13— Linda Nochlin, "Why Have There Been No Great Women Artists?", *ARTnews*, núm. 69, enero de 1971.

14— Participaron la antropóloga María Eugenia Stavenhagen, la psicoanalista Eugenia Hoffs, la abogada Sara Chazán, la poeta Margaret Randall, las historiadoras del arte Ida Rodríguez Prampolini, Teresa del Conde (también psicoanalista) y Rita Eder, las críticas de arte Alaíde Foppa y Berta Taracena, las escultoras Helen Escobedo (también directora del Museo de Arte Moderno) y Ángela Gurría, la fotógrafa Paulina Lavista y las pintoras Myra Landau, Fiona

Más allá de lo que allí se dijo, lo importante para nuestro caso fue el efecto de la publicación. Junto a la discusión del taller, se publicaron entrevistas a Judy Chicago y a Arlene Raven por las que Mónica Mayer supo sobre la existencia de un programa de formación feminista en Los Ángeles, entró en contacto con Chicago, participó en un *workshop* de dos semanas y decidió integrarse al programa. Mientras buscaba reunir el dinero para estudiar, se unió al Movimiento Feminista Mexicano, incluido en la Coalición de Mujeres Feministas constituida en 1976, a la que pronto se integrarían otros grupos.[15] Mayer describe la intensidad de reuniones radicales y maratónicas en las que los temas centrales eran la violación y el aborto, al mismo tiempo que manifestaba en las calles junto a su madre, Lilia L. de Mayer, quien, temerosa de las fuerzas represivas que habían actuado en Tlatelolco, decide acompañarla integrándose a la militancia.[16]

La política no excluyó la agenda artística. Mayer quería hacer un arte feminista.[17] En 1978 participa en el *Salón 77/78: Nuevas tendencias*, en el que las obras de Pola Weiss, Magali Lara y Mónica Mayer instalaron la

—

Alexander y Antonia Guerrero junto a observadoras como la pintora Cordelia Urueta o Emma Cecilia García, asistente de Carla Stellweg. Para un análisis de sus posiciones, véase Andrea Giunta, "Feminist Disruptions in Mexican Art, 1975-1987", *Artelogie. Recherches sur les arts le patrimoine et la littérature de l'Amérique Latine*, núm. 5, París, L'école des hautes **études** en sciences sociales; disponible en: http://cral.in2p3.fr/artelogie/spip.php?article271 (consultado el 2 de octubre de 2015).

15— En el feminismo mexicano de los años setenta había dos grupos principales: la Coalición de Mujeres Feministas, integrada por seis grupos diferentes que, si bien tenían agendas políticas diferenciadas, compartían dos puntos: la legalización del aborto y la oposición a la violencia contra las mujeres. El segundo grupo era el Frente Nacional de la Liberación y Derechos de la Mujer, organización nacional feminista. Véase Mayer, *op. cit.*, pp. 21-22.

16— Mayer, *op. cit.*

17— Mayer propone las siguientes diferencias: "arte sobre mujeres", cuya temática se refiere a las mujeres, ya sea hecho por ellas o por los hombres; "arte femenino", que se asocia a ciertas categorías estéticas tradicionalmente asociadas a la mujer, como lo frágil y lo delicado (características que también pueden encontrarse en el arte realizado por varones); "arte feminista", en el que las artistas se asumen como feministas y defienden esta posición en términos ideológicos y artísticos; y "arte de género", realizado por artistas que no se identifican como feministas y que incluso pueden rechazar el término. Véase Mayer, *op. cit.*, p. 24.

reflexión sobre el lugar social de la mujer y la construcción de su subjetividad. Llevando al seno del Salón las construcciones precarias de la vida doméstica femenina (su obra se titulaba *El tendedero*), Mayer invitaba a las mujeres a completar la frase "Como mujer lo que más detesto de la ciudad es...". Los pequeños papeles se colgaron con broches que asemejaron los testimonios a una terraza con ropa.

Es interesante señalar aquí ciertos puntos de contacto con la obra de la artista peruana Teresa Burga, quien entre 1980 y 1981 realiza, en colaboración con la psicóloga Marie-France Cathelat, la propuesta "Perfil de la mujer peruana", un estudio sociológico sobre la condición femenina en el Perú.[18] El proyecto, que incluía la publicación de un libro, era un estudio sociológico que abordaba la condición femenina desde perspectivas afectivas, psicológicas, sexuales, sociales, educativas, culturales, lingüísticas, religiosas, profesionales, económicas, económicas, políticas y jurídicas. Aunque Burga sostiene que ella nunca fue feminista, la propuesta se involucraba con la agenda de la segunda ola del feminismo en Latinoamérica.

Mónica Mayer organizaba su investigación a partir de la recolección de testimonios individuales. Los datos no se ordenaban ni se analizaban: se desplegaban ante el público para que éste formase su propia opinión. Su agenda se gestaba desde la experiencia mexicana y desde la que, después de *El tendedero*, le proveyó su formación en el Feminist Studio Workshop, donde realizó el curso de dos años en el Woman's Building de Los Ángeles. En la metodología del *workshop*, fundada en la experiencia compartida en pequeños grupos, se abordaban temas recurrentes en el feminismo vinculados a la relación con el dinero, los afectos, el cuerpo, la sexualidad. También se estudiaban artistas del pasado y se investigaba la construcción de una historia alternativa respecto de aquella que ordenaban los parámetros patriarcales del canon del arte. La performance era central en propuestas que abordaban el incesto o el lesbianismo. Además, tomaba clases de arte político con Suzanne Lacy y sobre marxismo en el Socialist Community School. En 1980 obtuvo una maestría en el Goddard

—

18— Expuesto en 2014 en la Sala de Arte Público Siqueiros, ciudad de México.

College, Vermont, con una tesis sobre su experiencia en Los Ángeles titulada "Feminist Art: an Effective Political Tool".

El proyecto final de estos estudios se volcó en el formato de una experiencia transnacional titulada "Traducciones: un diálogo internacional de mujeres artistas", que consistió en traer artistas vinculadas al Woman's Building (Jo Goodwin, Denise Yarfitz y Florence Rosen) a México para dar conferencias y participar en un taller conjunto con mujeres de Cuernavaca y Oaxaca. El propósito era desarrollar una comunidad transfronteriza basada en nuevas amistades centradas en agendas compartidas. Con las artistas de México que las recibieron (Lilia L. de Mayer, Ana Victoria Jiménez, Yan Castro, Mónica Kubli, Ester Zavala, Marcela Olabarrieta, Yolanda Andrade, Ana Cristina Zubillaga y Magali Lara) compartieron comidas y visitas al mercado en la ciudad de México e hicieron presentaciones en el Museo Carrillo Gil. Luego partieron a Cuernavaca donde realizaron el encuentro Feminismo, Mujer y Arte. Los talleres transcurrieron en un clima de investigación, participación y conflictos, y finalizaron con música, comida y la presentación de obras de algunas de las artistas mexicanas, como Ana Victoria Jiménez. Durante esos días se intercambiaron posiciones compartidas y profundas divergencias. Si hubiese existido la palabra, esta experiencia podría haberse incluido en lo que contemporáneamente se denomina estética relacional, en la que la idea del arte como un espacio autónomo se disuelve en interacciones humanas y en el contexto social.[19]

El dispositivo que Mónica Mayer diseñó para la presentación en el Woman's Building, durante 1981, fue todavía más extremo y anticipado. El núcleo fue la producción de un libro basado en el audiovisual que presentaron en el Carrillo Gil, cuyo guión incluía imágenes de diosas de la tradición prehispánica mexicana, información sobre la situación del feminismo en México y su cruce con la política, la cultura mexicana en general (fiestas, religiosidad), los papeles de la mujer en la sociedad mexicana, el significado de la fiesta de los XV años para las jóvenes mexicanas,

—

19— Sobre el giro de la estética contemporánea, véase Nicolás Bourriaud, *Esthétique relationnelle*, Dijon: Les Presses du réel, 1998, o Reinaldo Ladagga, *Estética de laboratorio*, Buenos Aires: Adriana Hidalgo, 2010.

la relación de la mujer con el mercado de trabajo, con la educación, y la dinámica de los encuentros de México y Cuernavaca en la que se insertaba "Traducciones". Se trataba de un simple engargolado en blanco y negro colocado en una mesa sobre la que se disponían, enfundadas en plástico, las copias en color de las imágenes del audiovisual. Eran fotocopias imprecisas, documentación de trabajo inmersa en ese universo predigital que instaló el arte de las fotocopias entre los años setenta y ochenta. Una estética de la copia en la que la dificultad de la imagen, su precariedad, indicios todos de su urgencia, se instalaban como recursos de borramiento de los parámetros del arte canónico. El sistema de exhibición suponía una lectura crítica de los criterios normalizados de la exhibición artística.

La textura general de esta experiencia es compleja. Involucra, por un lado, el intercambio provocado entre mujeres que vivieron juntas durante una semana —mujeres que pertenecían a distintas culturas, a distintas clases sociales, y que hablaban diferentes idiomas— llevó a hacer de la traducción una práctica que se involucró con la cotidianeidad, con la vida. Esta micropolítica del diálogo generada en la convivencia transformaba percepciones, preconceptos y conocimientos. En esta coexistencia se confrontaron agendas políticas dispares que revelaron la centralidad de los problemas de clase y de raza entre las mujeres mexicanas, quienes no podían dejar de vincular a las norteamericanas con el imperialismo. En todo el procedimiento se anticipan las líneas de trabajo que marcan las iniciativas de Mayer: procesos de trabajo conjunto y formatos de exhibición blandos, orientados hacia la investigación compartida más que a la organización de agendas cerradas o declamatorias.

El procedimiento de la encuesta se anuda con el test. En *Lo normal* (1978), Mayer se fotografía con distintos gestos e introduce elementos paródicos.[20] No se trata sólo de la gestualidad de su rostro aludiendo a estados de

—

20— El autorretrato seriado constituyó un tema recurrente entre las mujeres artistas en los años setenta. Cabe citar a Hannah Wilke, *S.O.S. Starification Object Series*, 1974-1982; Cindy Sherman, *Untitled*, 1975; Ana Mendieta, *Untitled (Self Portrait with Blood)*, 1973, y Regina Vater, *Tina América*, 1976.

ánimo, sino también del humor con el que incorpora datos sobre deseos y sexualidades socialmente penalizadas. Hacer el amor con un niño, un violador, el padre, un animal, un amante, por dinero, en un teatro lleno, antes del matrimonio, con una mujer o consigo misma, coloca el deseo en el territorio de la contravención social. Al mismo tiempo que plasma fantasías, les pone gestos y palabras, introduce el humor: sumando y restando puntos y años cada uno podía verificar si era o no "normal". El test se distribuyó el día de la inauguración de la exposición *Lo normal*, realizada en 1978 en la Casa de la Juventud en la colonia Guadalupe Tepeyac, invitando al público a realizarlo.

Dos sociedades de trabajo fueron artística y políticamente significativas en su investigación sobre la configuración social de la sexualidad. La primera es la que establece con Maris Bustamante cuando en 1983 crean el grupo de arte feminista Polvo de Gallina Negra, en el que inicialmente también estuvo Herminia Dosal, con el propósito de cambiar la imagen de la mujer en los medios masivos de comunicación, realizar exposiciones para dar visibilidad a mujeres artistas, crear imágenes a partir de su experiencia de ser mujer en un sistema patriarcal. Durante diez años trabajaron juntas en performances en la escena urbana, instituciones y medios de comunicación. Con un nombre que remitía a los remedios populares contra el mal de ojo, sus performances introducían lo grotesco y paródico como dispositivo de choque que articulaba sus agendas desde la estrategia del humor. Dos experiencias me interesan en el conjunto de obras que desarrollaron. Por un lado, la gira de conferencias que realizaron en 1984, cuando el director del Departamento de Artes Plásticas del INBA, Luis Garza Alejandro, organizó unas jornadas para que los artistas diesen conferencias de actualización por varios circuitos de provincia. Durante más de un mes, realizaron 29 conferencias-performances en distintas instituciones educativas. Juntas, y ambas embarazadas, departían sobre el uso sexista de la imagen femenina en los medios y en el arte. Lo hacían agregándose panzas-delantales de utilería y botas. Cuenta Maris Bustamante que en una de las performances, a las que iba provista de cuetes, varios jóvenes se levantaron: "Cuando vi a los que abandonaban el auditorio, me levanté, tiré lo cuetes mientras decía: 'De una conferencia de arte feminista, nadie se va".[21] Más allá de la anécdota, el diálogo que la performance entablaba con la administración pública tenía una estructura conspirativa:[22] el dinero que el Estado proveía para un programa educacional que apuntaba a la consolidación de los presupuestos que normaban el desarrollo de una ciudadanía correcta, ellas lo empleaban para llevar adelante una acción crítica de los discursos sexistas de los que las propias instituciones del Estado eran reproductoras.

La segunda performance es la que realizaron en 1987 en el programa de televisión "Nuestro mundo", dirigido por Guillermo Ochoa, con el título *Madre por un día*. La parafernalia que despliegan sobre ellas mismas y sobre el cuerpo de Ochoa en forma de panzas y polvos, funciona como una ortopedia del embarazo que *queeriza* la maternidad desmarcándola del cuerpo sexuado femenino. Cualquiera puede ser madre, la performance anticipa; sólo se trata de separar la maternidad del destino y de adaptar los cuerpos. También se destacaba la situación conflictiva entre el cuerpo, la experiencia de las madres y su supuesta centralidad en el hogar. Pero más allá de este señalamiento, inserto en la agenda del feminismo, ellas performatizan cuerpos que desmarcan concepciones esencialistas de la maternidad. En lugar de apuntar a la revisión romántica o traumática del tema, lo convertían en una parodia, en una farsa que podía actuar cualquier otro cuerpo. No habría, se deduce, una definición estricta de la maternidad. La performance introduce un poderoso componente emancipatorio en términos de liberación del cuerpo de los parámetros biológicos que lo determinan, y también en tanto socialización de la maternidad. No se trata entonces tan solo de abordar las construcciones sociales del cuerpo femenino sino del cuerpo en general.

—

21— Maris Bustamante, "Polvo de Gallina Negra 1983-1993", *Artes e Historia. México*, Universidad Autónoma Metropolitana, 3 de marzo de 2009; disponible en: http://www.arts-history.mx/blog/index.php/component/k2/item/564-grupo-polvo-de-gallina-negra-1983-1993 (consultado el 19 de septiembre de 2015).

22— Sobre el lugar de la conspiración en las estrategias conceptuales, véase Andrea Giunta, "Imaginarios de la desestabilización", Revista CIA, núm. 1, Buenos Aires, 2012; disponible en: http://www. revista.ciacentro.org.ar/numero_2 (consultado el 4 de octubre de 2015).

La otra sociedad creativa en la que se involucra es con el artista Víctor Lerma, su marido, con quien en 1989 inauguran el proyecto Pinto mi Raya. Se trata, en principio, de un espacio alternativo o galería de autor con propuestas lúdicas difíciles de exponer en espacios tradicionales y de intervenciones desde "proyectos de arte conceptual aplicado", entendidos como la búsqueda de soluciones para "lubricar el sistema artístico".[23] Pero también es la caja de resonancia en la que actúan su propia vida desde la formalidad social del contrato matrimonial, que llevan a distintas formas de performances que involucran tanto la celebración (en ciertos casos, ficcional) de las efemérides de su propia boda, como performances en las que trastornan las apariencias que ordenan su sexualidad, por ejemplo, intercambiando la ropa. Junto a esto conformaron un archivo hemerográfico que tiene ya más de veinte años y en el que fueron delineando lecturas en torno a temas como mujeres artistas, gráfica digital, instalación, fotografía, espacios alternativos, educación artística, arte público o performance.

Podría detenerme en muchas performances y obras procesuales que realizaron en su larga sociedad. La erosión de la custodia pública de los cuerpos que integra su programa, puede seguirse en el debate que se generó en torno a la exposición simultánea de su instalación procesual *Justicia y democracia* y la exposición de fotografías de Toscani realizadas, ambas, en el Museo de Arte Moderno durante 1995. Sobre una mesa rodeada por las palabras "justicia" y "democracia", escritas en tamaño mural, se invitaba al público a responder la pregunta: "Hoy, en este México resquebrajado por la crisis y el escepticismo, ¿qué acción concreta tomarías para llegar a esta utopía?" La encuesta reunió 800 respuestas que dispusieron sobre el espacio del muro. Como parte de esta estructura política y procesual, se involucraron en el debate que se generó cuando en la exposición de Toscani los guardas de la exposición observaron a una pareja homosexual que se besaba. Los textos de Teresa del Conde permitieron que, con su respuesta, Mayer y Lerma llevaran a la escena

—

23— Véase http://www.pintomiraya.com

pública su defensa de los derechos a la expresión pública del amor. Además, invitaron a besarse en su instalación, sobre una plataforma dorada, contexto en el que los besos se convertían en arte. Más allá de los detalles de la polémica, me interesa señalar el uso de los medios como forma de extender la propia obra articulada por la respuesta a la crítica en la misma página de autoridad que le destina el diario —fundamentalmente *La Jornada*— y la agenda en torno a la construcción social del género que inscribe la continuidad de la obra de Mayer y Lerma.

Es extremadamente difícil dar cuenta en una exposición de la fuerza crítica de la obra asociativa, performática y procesual de Mónica Mayer. La observación de su archivo estalla en cientos de debates que ella permanentemente activa desde la fuerza argumentativa y plena de humor de los artículos que escribe en sus columnas en el diario. En tal sentido, el feminismo de su obra no radica tan solo en los temas que aborda, sino sobre todo en el desarrollo consecuente de lenguajes que escapan a las normas del poder artístico representado por las instituciones del arte, los curadores y la crítica de arte. Su obra se ubica en la zona turbulenta de una radicalidad contrahegemónica respecto del sistema artístico que sólo recientemente comienza a identificar los instrumentos para poder leer el poder estético-político del experimentalismo estético de sus intervenciones. Contra la idea de que la obra de Mayer es más política que artística, este texto sostiene que es precisamente de la radicalidad de su lenguaje artístico de la que emana su fuerza política. La dificultad que las instituciones han tenido para exhibirla prueba algo que la historia ha demostrado muchas veces: la vanguardia no se genera en las instituciones ni en la crítica ni en la curaduría. En el mejor de los casos, éstas diseñan, *a posteriori*, los dispositivos para ordenar y hacer visible el estallido de sus irrupciones.

Feminisms and Emancipation. Mónica Mayer: Radical Aesthetics and Latin American Simultaneities

ANDREA GIUNTA

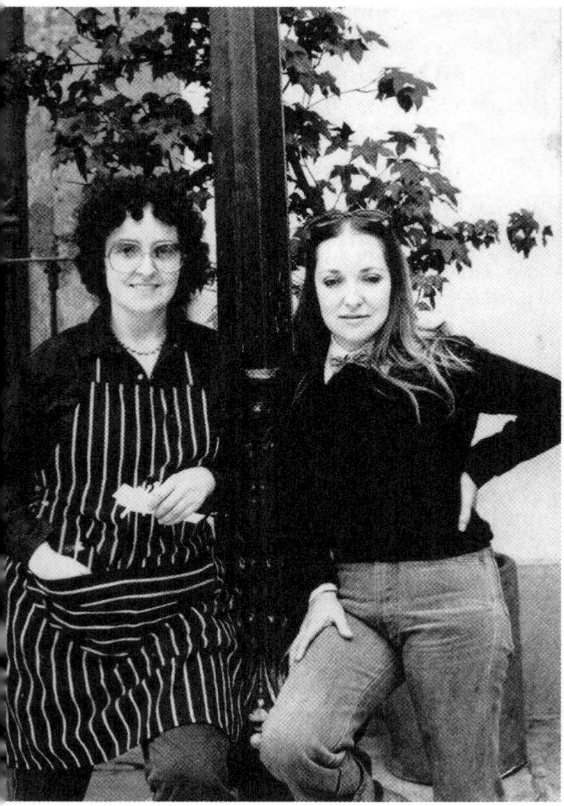

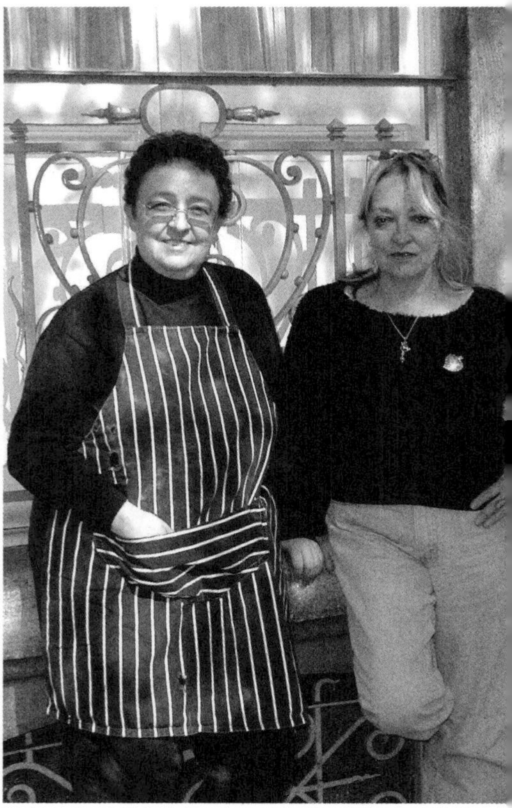

Mónica Mayer y—and Maris Bustamante, izquierda—left, *ca.* 1986; derecha—right, 2007. Foto—Photo: Efraín Parada

The search for a language capable of radically transforming the ways of representing the body, and consequently, of politicizing it through different artistic interventions, inaugurating topics that had scarcely been insinuated or were completely nonexistent in art history, occurred in a number of different Latin American cities. But it was only in Mexico City that this search developed continuously and gave rise to successive interventions obeying an emancipatory logic. The enduring presence, from the late 1970s into the present, of the multiple and, in various senses, ahead-of-their-time artistic proposals carried forward by Mónica Mayer, in parallel with her political activism, emerged in this context. When I contend that Mónica Mayer's aesthetico-political interventions were ahead of their time, I have in mind not only their political action within feminism, but also, and especially, the innovations that she generates through her experimentation with the languages of performance.

Today, when new and well-known forms of violence toward women are on the rise, feminism in general and artistic feminism in particular are generally rejected as agendas that have been surpassed by gender studies and queer studies. Far from having lost their currency, such agendas have become even more urgent—in the art world, too, where women's representation barely reaches 30% in exhibitions and prizes. Both the organization of this retrospective of Mónica Mayer, and the policies being implemented by some institutions in order to force open the limits of an unequal representation,[1] are indicative of the intention to modify the distribution of cultural representation, on which there still remains an immense task to be done.

With the aim of considering the exceptional condition of Mexican artistic feminism, I will first focus on a few Latin American scenes, in order then to analyze the dissemination of interventions that Mónica Mayer generated on the basis of an understanding of visual culture and performance practices as mechanisms of an emancipatory art, integrated with other ways of transforming the world. In that sense,

—

1— For example, the decision of the art director of the Museo de Arte Latinoamericano de Buenos Aires, Agustín Pérez Rubio, to present women artists. In 2015 they held solo exhibitions of Anne Marie Heinrich, Teresa Burga, and Claudia Andujar.

Mónica Mayer's work is located at the heart of the insubordinate forms of Mexican art. It also plays a central role in delineating the options of a feminist art in Latin America.

***

In different South American scenarios, artists sought to link their practices to the programs of Women's Liberation.[2] When we refer to artistic feminism, we are positing a few distinctions that seek to avoid a flat and depoliticized reference to a "women's art." With the aim of accounting for the way in which the different initiatives that activated a field of complex positions and disputes were historically laid out, I differentiate those proposals gestated by artists organically involved in formations of feminist activism (they themselves and their work being identified as feminist) from those who, without being inserted in feminist organizations, exercised, on the basis of their artistic interventions, a sustained and evident critique of the social representations of women. From such repertoires, they deconstructed the patriarchal assumptions that regulate gender relations and the systems of representation of the normalized body. In the latter case, interpretive and even retrospective work enables an analysis of works by artists who can insistently declare that they are not feminists, using the instruments provided by gender studies.[3] Finally, and in order to account for all the distinctions I am seeking to introduce, numerous artists work from within patriarchal parameters, making it difficult to establish a relationship between their work and their condition of being socially identified as women.[4]

—

2— A complete study of these interventions will be published in the book/catalog that will accompany the exhibition I co-curated with Cecilia Fajardo-Hill about feminist and female art in Latin America in the 1970s and 1980s, which will be presented at the Hammer Musem of the University of California—Los Angeles in September 2017, as part of the large-scale initiative of the J. Paul Getty Foundation, *Pacific Standard Time 2, Los Angeles—Latin America* (PST2 LA-LA).

3— Such as the Argentine Raquel Forner, when she declared that she was an artist, not a woman artist. Nevertheless, an analysis that draws on gender perspectives reveals the radical transgression of patriarchal parameters of representation involved in her work.

4— By saying "socially identified" I refer to the fact that, beyond the processes of constituting the sexual identity that contest essentialist perspectives, society

Comparing the circumstances of artistic feminism in Latin America will prove productive, starting, for example, with the scene in which the artistic formations of the second wave of feminism were inscribed in Argentina, specifically in Buenos Aires. 1970 saw the formation of the Unión Feminista Argentina (UFA).[5] Different feminist groups arose in subsequent years,[6] and in 1975, as a result of the International Women's Year declared by the UN, the conference for which was held in Mexico City, these fused into the Frente de Lucha por la Mujer (FLM, Women's Struggle Front). In various senses, the women who participated in these groups had to confront conflicts that resulted from two contexts: on one hand the conflict that came from their dual militance in political organizations with a liberation program that contested sectorial struggles, among them those of feminism, an activism that some of the UFA feminists understood as a resource of infiltration. Almost immediately, the actions of the Alianza Anticomunista Argentina (Argentine Anti-Communist Alliance), which broke into the offices of the UFA in 1974, and the brutal repression during the years of the military dictatorship (1976-1983) undermined their forms of organization. The emergency context of the 1970s saw the production of one of the few examples of art inscribed in the formations of second wave feminism in Buenos Aires.

—

classifies and differentiates men from women. This differentiation also hierarchizes, placing the woman and all that is feminine in the place of the other who is to be displaced from power, putting in place apparatuses that range from the discursive to everyday social behaviors that manifest themselves in different forms of violence. These structures encompass the whole structure that regulates the art system.

5— The founders were Nelly Bugallo, Leonor Calvera, María Luisa Bemberg and Gabriella Roncorini de Christelle. On the formations of feminism in Argentina in the early 1970s, see Leonor Calvera, *Mujeres y feminismo en la Argentina* (Buenos Aires: Grupo Editor Latinoamericano, 1990).

6— The Movimiento de Liberación Femenina (Women's Liberation Movement), later called the Organización Feminista Argentina (Argentine Feminist Association), the Movimiento Feminista Popular (Mofep, Popular Feminist Movement), tied to the Frente de Izquierda Popular (Popular Leftist Front), which later transformed into the Centro de Estudios Sociales de la Mujer (CESMA, Center for Social Studies of Women), and the Asociación para la Liberación de la Mujer Argentina (ALMA, Association for the Liberation of Argentine Women).

In 1972, María Luisa Bemberg, one of the founders of UFA, completed the feminist activist film *El mundo de la mujer* [Women's World] which, in the format of a critical documentary, dealt with a large fair dedicated to the femininity industry, held in the Rural de Palermo in Buenos Aires. As the camera travels through booths dedicated to hairstyling, makeup and fashion, a voice-over intones texts taken from an advice manual geared toward spreading the formats of a correct, desirable femininity. Over the course of 16 minutes, the film parodically condenses a discourse that articulates a critical consciousness. As an instrument of consciousness-raising, it was shown in schools, evangelical churches, private homes and associations.[7] Bemberg thus produced a feminist activist film that critically deconstructed the stereotypes of femininity that were nourishing the market. The objection, which came from a unified concept of emancipation that left no room for specific inscriptions, resulted in the invalidation and erasure of these early cases of feminist art. According to the concept of revolution current at the time, the personal was not political.

During the military dictatorship, feminist activism did not even have the incipient visibility that it had articulated in the early 1970s. Initiatives were reprised during the democratic opening with the formation of the Comisión Pro Reforma de la Patria Potestad (the Commission for the Reform of Patria Potestas, modified in 1985), the organization of the Primer Congreso Argentino *La mujer en el mundo de hoy* (the First Argentine "Women in Today's World" Conference, 1982), and the formation of *Lugar de Mujer* (Women's Place, 1983), whose founders included such artists as María Luisa Bemberg, the photographer Alicia D'Amico and the experimental filmmaker Narcisa Hirsch.[8] In their

—

7— On this film and its relationships with feminism, see María Laura Rosa, *Legados de libertad: El arte feminista en la efervescencia democrática* (Buenos Aires: Biblios, 2004).

8— The members were Ana María Amado, Norma Esperanza Antuña, Gloria Bass, María Luisa Bemberg, Haydee Birgin, Alicia D'Amico, Ana María Daskal, Narcisa Hirsch, Elizabeth Jelin, Patricia Hilda Rais, Gisela Rubarth, Beatriz Schmucler, Graciela Sikos, Elba Soto, Sara Torres, and María Cristina Vila de Gerlic. On the work of Narcisa Hirsch, see Andrea Giunta, "Narcisa Hirsch. Portraits," in *Alter/nativas, Latin American Cultural Studies Journal* 1 (Autumn artistic productions, all of them dealt with the stereotypes that regulate woman's social position.

Our second scene is located in Chile during the years of the dictatorship, years when some writers and artists worked on and with the body, focusing on its insurrectional power in the context of a society under surveillance, in a state of exception. In 1980, Diamela Eltit did a performance piece in the window of a Santiago brothel, in which she cut her legs and arms while reading fragments from her unpublished novel, *Lumpérica* (1983), thereby placing her body in two political frames: one related to the laceration that replaced the dictatorial violence, and another that signaled a territory of exclusion which was a target of police repression. This scenario was replicated in Paz Errázuriz's photographic series *La manzana de Adán* (Adam's Apple, begun in 1984 and published in 1990), a chronicle of everyday life, and the affects, fears and transformations in the transvestite brothels of Santiago de Chile and the city of Talca. This visual chronicle coexists with a text by Claudia Donoso, a mix of testimony and ethnography that submerges us in a tangle of familial and amorous relationships, of fears and exclusions.

In relation to the formation that the Chilean critic and theorist Nelly Richard called the *Escena de Avanzada*, the actions that Lotty Rosenfeld carried out starting in 1979, transforming public space, allow for a political reading of the leading role played by her body. Accompanied only by the camera that filmed and photographically documented her actions, she intercepted the dividing lines inscribed on the pavement and turned them into crosses (*Una milla de cruces sobre el pavimento* [*A Mile of Crosses on the Pavement*], 1979). This had to do with a feminine corporeality at risk, on the margins of the system, which defied the limits of censorship imposed by the dictatorship's repressive patriarchal State. These interventions, these crosses, this protagonism of the body are located on the margins of the system. It is a matter, in Chile, of an art scene that does not arise in connection with feminist activism, but which dealt with representations of women in visual, written and theoretical terms that distanced themselves from

—

2013), available online at http://alternativas.osu.edu/en/issues/autumn-2013/debates/giunta.html (accessed October 3, 2015).

essentialist or simplifying approximations. As Nelly Richard indicates, the feminist argument not only served to confront the system of socio-masculine discrimination, but also enabled the questioning of the orthodox models of thinking and doing politics.[9]

***

The Mexican case stands out among the Latin American artistic feminist scenes for its historical formations, its continuity, and the diversity of practices in which its postulates were unfolded. A varied core of artistic and editorial practices gave rise to magazines like *La Revuelta* (1976-1978), *Fem* (printed between 1976-2004), which was an initiative of Alaíde Foppa (who started the radio program *Foro de la mujer* [Women's Forum] on the UNAM's radio station, taught the first course on woman's studies at the UNAM, and was kidnapped and murdered in Guatemala in 1980) and Margarita García Flores,[10] *Cihuatl. Voz de la Coalición de Mujeres* (1976-1977), and to the action by Rosa Martha Fernández, with the Colectivo Cine Mujer (1975-1987), which Mónica Mayer joined, participating in *Rompiendo el silencio*, a 1979 film about rape in which Ana Victoria Jiménez also participated.[11] One has the sensation that the interruptions or limitations that we indicated in Argentina or Chile found in Mexico forms of joint action that made up a singular repertoire, not only because of their programmatic terms but also because of the degree of experimentation that they involved. Mónica Mayer was the motor of many initiatives that make up the narrative of her book *Rosa chillante. Mujeres y performance*

—

9— See Nelly Richard, "La problemática del feminismo en los años de la transición en Chile," in Daniel Mateo, comp., *Estudios Latinoamericanos sobre cultura y transformaciones sociales en tiempos de globalización 2* (Buenos Aires: CLACSO, 2001), pp. 227-237, available online at http://biblioteca.clacso.edu.ar/clacso/gt/20100914035407/15richard.pdf (accessed on October 5, 2015) and *Fracturas de la memoria. Arte y pensamiento crítico* (Buenos Aires: Siglo XXI, 2007).

10— Publications that were later expanded with the magazine *Debate Feminista* (1990-2014), founded and directed by Marta Lamas.

11— Mónica Mayer, *Rosa chillante. Mujeres y performance en México* (Mexico City: Conaculta-Fonca-AVJ-Pinto mi Raya, 2004), pp. 21-22, available online at http://www.nodo50.org/herstory/textos/Rosa_chill%C3%B3n.pdf (accessed on September 5, 2015).

en México, a publication that has become a point of reference in the field of Latin American artistic feminism.[12]

I am interested in understanding Mónica Mayer's way of working on the basis of the operations that she herself planned in order to destabilize the foundations of the art system, both through shared authorship and through the radical questioning of taste and the exhibition formats legitimized by art circuits.

All this took place in relation to a program of artistic feminism that had an exceptional, prismatic formation in Mexico City, marked by particular circumstances. Firstly, in this respect, was the fact that it hosted the first worldwide conference on the International Women's Year in 1975, an event that, it would seem, was not unrelated to the desire on the part of Luis Echeverría Álvarez's government to clean up the country's international human rights image, which had deteriorated greatly after the massacre at Tlatelolco. The artistic program put together for the event included exhibitions in various institutions centered on women as a theme or on the work of women artists. A key figure in the organization of the events at this time was Carla Stellweg, founding director from 1970 onward of the Museo de Arte Moderno's publication *Artes Visuales*, a hemispheric platform that introduced information about and reflection on conceptualism, performance, photography, and feminism. Stellweg coordinated a workshop at the museum, focused on the question that Linda Nochlin had formulated in 1971: "Why have there been no great women artists?"[13] The responses provided by the participants made evident the state of the discussion about women in Mexican art and culture.[14] More than what was said there, the important

—

12— Mayer, op. cit.

13— Linda Nochlin, "Why Have There Been No Great Women Artists?," *ARTnews*, no. 69 (January 1971).

14— The participants included anthropologist María Eugenia Stavenhagen, psychoanalyst Eugenia Hoffs, lawyer Sara Chazán, poet Margaret Randall, art historians Ida Rodríguez and Berta Taracena, sculptors Helen Escobedo (also the director of the Museo de Arte Moderno) and Ángela Gurría, photographer Paulina Lavista and painters Myra Landau, Fiona Alexander, and Antonio Guerrero, together with observers like painters Cordelia Urueta or Emma Cecilia García, Carla Stellweg's assistant. For an analysis of their positions, see Andrea Giunta, thing for our case was the effect of publishing it. In addition to the discussion at the workshop, *Artes Visuales* published interviews with Judy Chicago and Arlene Raven, thanks to which Mónica Mayer learned of the existence of a feminist training program in Los Angeles, got in contact with Chicago, participated in a two-week workshop and decided to join the program. While she was attempting to put together the money for her studies, she joined the Movimiento Feminista Mexicano (Mexican Feminist Movement), part of the Coalición de Mujeres Feministas (Coalition of Feminist Women), constituted in 1976, which other groups would soon join.[15] Mayer describes the intensity of radical, marathon-like meetings at which the central themes were rape and abortion, held during the same period when she was protesting in the streets with her mother, Lilia L. de Mayer, who, afraid of the repressive forces that had acted in Tlatlolco, decided to accompany her and join in the activism.[16]

Her politics did not exclude an artistic agenda. Mayer wanted to make a feminist art.[17] In 1978 she participated in *Salón 77/78: Nuevas tendencias*, in which the works of Pola Weiss, Magali Lara and Mónica Mayer introduce a public reflection on the social place of the woman and the construction of subjectivity. Locating the precarious constructions of

—

"Feminist Disruptions in Mexican Art, 1975-1987," *Artelogie. Recherches sur les arts, le patrimoine, et la littérature de l'Amérique Latine*, no. 5, available online at http://cral.in2p3.fr/artelogie/spip.php?article271 (consulted October 2, 2015).

15— There were two main groups in Mexican feminism of the 1970s: the Coalición de Mujeres Feministas (Coalition of Feminist Women), made up of six different groups that, although they had differentiated political agendas, shared two points: the legalization of abortion and opposition to violence against women. The second group was the Frente Nacional de la Liberación y Derechos de la Mujer (National Front for Women's Liberation and Women's Rights), a national feminist organization. See Mayer, op. cit., pp. 21-22.

16— Mayer, op. cit.

17— Mayer proposes the following differences: "art about women," whose themes refer to women, whether made by them or by men; "feminine art," which is associated with certain aesthetic categories traditionally associated with women, such as fragility and delicacy (characteristics that can also be found in art made by men); "feminist art," in which artists regard themselves as feminists and defend this position in ideological and artistic terms; and "gender art," made by artists who do not identify as feminists and may even reject the term. See Mayer, op. cit., p. 24.

feminine domestic life (her work was entitled *The Clothesline*) at the heart of the Salón, Mayer invited women to finish the phrase "As a woman, what I detest most about the city is…". The small pieces of paper were then hung up with clothespins, making the display of testimonies look like a terrace with clothes hung out to dry.

Here it is interesting to note certain points of contact with the work of the Peruvian artist Teresa Burga, who collaborated with the psychologist Marie-France Cathelat between 1980 and 1981 to create "Perfil de la mujer peruana" (Profile of the Peruvian Woman), a sociological study about women's condition in Peru.[18] The project, which included the publication of a book, addressed the female condition from affective, psychological, sexual, social, educational, cultural, linguistic, religious, professional, economic, political and legal perspectives. Although Burga maintains that she was never a feminist, the project was closely related to the second wave feminist agenda in Latin America.

Mónica Mayer's research was organized through the gathering of individual testimonies. The data were not put in any order, nor were they analyzed: they were displayed before members of the public so that they might form their own opinions. Her agenda arose out of the Mexican experience and, after *El tendedero*, out of her training at the Feminist Studio Workshop, where she completed the two-year course at the Woman's Building in Los Angeles. The workshop's methodology, grounded in experiences shared in small groups, dealt with recurring themes in feminism, linked to the relationship to money, affects, the body, sexuality. She also studied artists from the past and researched the construction of an alternative history to the one organized on the basis of the patriarchal parameters of the art canon. Performance occupied a central place in proposals that dealt with incest or lesbianism. In addition, she was taking classes on political art with Suzanne Lacy and on Marxism at the Socialist Community School. In 1980 she received her Master's from Goddard College in Vermont, with a thesis about her experience in Los Angeles, entitled "Feminist Art: An Effective Political Tool".

—

18— Exhibited in 2014 at the Sala de Arte Público Siqueiros, Mexico City.

The final project for these studies assumed the format of a transnational experience called "Traducciones: Un diálogo internacional de mujeres artistas" (Translations: An International Dialogue of Women Artists), which consisted of bringing artists linked to the Woman's Building (Jo Goodwin, Denise Yarfitz and Florence Rosen) to Mexico City to give talks and to participate in a workshop together with women from Cuernavaca and Oaxaca. The aim was to develop a trans-border community based on new friendships and centered on shared agendas. With the artists from Mexico who received them (Lilia L. de Mayer, Ana Victoria Jiménez, Yan Castro, Mónica Kubli, Ester Zavala, Marcela Olabarrieta, Yolanda Andrade, Ana Cristina Zubillaga and Magali Lara) they shared meals and visits to the market in Mexico City, and did presentations at the Museo Carrillo Gil. Later they headed to Cuernavaca, where they organized the conference Feminismo, Mujer y Arte (Feminism, Woman and Art). The workshops took place in a climate of research, participation, and conflicts, and they concluded with music, food and the presentation of artwork by some of the Mexican artists, including Ana Victoria Jiménez. Those days saw exchanges of shared positions as well as profound divergences. If the term had existed at the time, this experience could have been included in what would now be called relational aesthetics, in which the idea of art as an autonomous space dissolves in human interactions and the social context.[19]

The device that Mónica Mayer designed for the presentation of the project at the Woman's Building, in 1981, was still more extreme and ahead of its time. At its core was the production of a book based on audiovisual material that the artists had presented at the Carrillo Gil, whose script included images of goddesses from the pre-Hispanic Mexican tradition, information about the situation of feminism in Mexico and its intersection with politics, Mexican culture in general (holidays, festivities, religion), the role of women in Mexican society, the meaning of the quinceañera celebration for young Mexican women, women's relationships to the labor market and education, and the dynamics of the

—

19— On the turn of contemporary aesthetics, see Nicolas Bourriaud, *Esthétique relationnelle* (Dijon: Les Presses du réel, 1998), or Reinaldo Ladagga, *Estética de laboratorio* (Buenos Aires: Adriana Hidalgo, 2010).

meetings in Mexico City and Cuernavaca into which *Traducciones* was inserted. It was a simple, spiral-bound, black-and-white book placed on a table, where there were also color copies of images from the audiovisual material, encased in plastic. They were imprecise photocopies, documentation of work immersed in that pre-digital universe that was erected by the art of the photocopy between the 1970s and 1980s; an aesthetics of the copy in which the difficulty of the image, its precariousness, all indices of its urgency, were taken up as resources with which to erase the parameters of canonical art. This exhibition system supposed a critical reading of the normalized criteria of the art exhibition.

The general texture of this experience is complex. On one hand, it involved the exchange provoked between women who were living together for a week—women who belonged to different cultures and social classes, and who spoke different languages—which turned translation into a practice that was involved with the everyday, with life. This micropolitics of dialogue generated through living together transformed perceptions, preconceptions, and knowledge. During this coexistence, disparate political agendas came into confrontation, revealing the centrality of the problems of class and race among the Mexican women, who could not keep from linking the North American women to imperialism. The whole procedure anticipated the lines of work that mark Mayer's initiatives: processes of working together and soft formats of exhibition, oriented toward shared research more than the organization of closed or declamatory agendas.

The procedure of the survey is tied to that of the test. In [*On Normality*] (1978), Mayer photographed herself with different gestures and introduces parodic elements.[20] This had to do not only with the gesturality of her face alluding to states of mind, but also with humor through which she incorporated data about socially penalized desires and sexualities. Making love to a child, a rapist, one's father, an animal, a lover, for money, in a crowded theater, before marriage, with

—

20— The serialized self-portrait constituted a recurring theme among women artists in the 1970s. One could cite Hannah Wilke, *S.O.S. Starification Object Series*, 1974-1982; Cindy Sherman, *Untitled*, 1975; Ana Mendieta, *Untitled (Self-Portrait with Blood)*, 1973; and Regina Vater, *Tina América*, 1976.

another woman, or with oneself, places desire in the territory of social contravention. At the same time that she expressed fantasies, associating them with gestures and words, introducing humor: by adding and taking away points and years, each participant was able to verify if he or she was "normal" or not. The test was distributed on the day of the opening of the exhibition *Lo normal*, held in 1978 at the Casa de la Juventud in the neighborhood of Colonia Guadalupe Tepeyac, and the public was invited to fill it out.

Two working relationships were artistically and politically significant in her research into the social configuration of sexuality. The first is the one she established with Maris Bustamante in 1983, when they created the feminist art group Polvo de Gallina Negra, which also initially included Herminia Dosal. Their aims were to change women's image in the mass media, to hold exhibitions that would increase the visibility of women artists, and to create images based on their experiences as women in a patriarchal system. For ten years, they worked together on performances in the urban scene, institutions and communications media. With a name that referenced popular remedies for the evil eye, their performances introduced the grotesque and the parodic as confrontational mechanisms that articulated their agendas from the strategic standpoint of humor. Two experiences interest me in the body of work that they developed: firstly, the lecture tour that they organized in 1984, when the director of the Departamento de Artes Plásticas at the Instituto Nacional de Bellas Artes, Luis Garza Alejandro, organized a series of formative talks to be given by artists on a circuit in various Mexican states. For over a month, they presented 29 performance-lectures in different educational institutions. Together, and both pregnant, they conversed about the sexist use of women's images in the media and in art. They did so by adding prop bellies and boots. According to Maris Bustamante, at one of the performances, which she attended with a supply of fireworks, various young people got up to leave: "When I saw them leaving the auditorium, I got up and threw the fireworks, saying: 'No one leaves from a feminist art conference.'"[21] This anecdote aside, there was a

—

21— Maris Bustamante, "Polvo de Gallina Negra, 1983-1993," *Artes e Historia. México*, Universidad Autónoma Metropolitana, March 3, 2009; available online conspiratorial structure to the dialogue established between the performance and the public administration:[22] money that the State had provided for an educational program that pointed toward the consolidation of the assumptions that regulated the development of an upright citizenship was used in order to advance an action that was critical of the sexist discourses that the institutions of the State were themselves responsible for reproducing.

The second performance is one they did in 1987 on the television program *Nuestro mundo*, directed by Guillermo Ochoa, with the title *Madre por un* día (Mother for a Day). The paraphernalia that they displayed on their own bodies and on Ochoa's body, in the forms of bellies and powders, functioned as an orthopedics of pregnancy that queered maternity, demarcating it from the sexualized female body. Anyone can be a mother, the performance predicts; it's just a matter of separating maternity from destiny and adapting our bodies. The piece also emphasized the conflictive situation between the body, mothers' experiences, and their supposed centrality in the home. But in addition to this statement, inserted in the feminist agenda, they performatized bodies that unframed essentialist conceptions of maternity. Instead of pointing toward a romantic or traumatic revision of this topic, they turned it into a parody, a farce that could be enacted by any other body. There is no strict definition of maternity, one deduces. Thus the performance introduces a powerful emancipatory component in terms of the liberation of the body from the biological parameters that determine it, and also in terms of the socialization of maternity. It is not just a matter, then, of addressing the social construction of the female body, but of the body in general.

The other creative relationship in which Mayer is involved is with the artist Víctor Lerma, her spouse, with whom she inaugurated the project Pinto mi Raya in 1989. It deals, in principle, with an alternative space or artists' gallery with ludic proposals that are difficult to exhibit in

—

at http://www.arts-history.mx/blog/index.php/component/k2/item/564-grupo-polvo-de-gallina-negra-1983-1993 (accessed September 19, 2015).

22— On the place of conspiracy in conceptual strategies, see Andrea Giunta, "Imaginarios de la desestabilización," *Revista CIA*, no. 1 (2012), available online at http://www.revista.ciacentro.org.ar/numero_2 (accessed on October 4, 2015).

traditional spaces, and interventions through “applied conceptual art projects,” understood as the quest for solutions that “lubricate the art system.”[23] But it is also the resonance chamber in which they act out their own lives, including the social formality of the marriage contract, which they have addressed in a series of performances that involve both the celebration (in some cases fictional) of the historical events that occurred on the date of their wedding, and performances in which the appearances ordering their sexuality are dislocated, for example by exchanging their clothes. In addition to these activities, for over twenty years they have been compiling a selective archive of newspaper clippings in which they have delineated readings on themes like women artists, digital graphics, installation, photography, alternative spaces, artistic education, public art, and performance.

I could dwell on many performances and process-based works that they have carried out during their long working relationship. The erosion of the public custody of the body that is integral to their program can be noted in the debate that was generated around the simultaneous exhibition of their processual installation *Justicia y democracia* and the exhibition of photographs by Toscani, both held in the Museo de Arte Moderno in 1995. On a table surrounded by the words “justice” and “democracy,” inscribed in muralistic dimensions, the public was invited to respond to the question: “Today, in this Mexico undermined by crisis and skepticism, what concrete action would you take to reach this utopia?” The survey gleaned 800 responses that were arranged on the space of the wall. As part of this political and process-based structure, they got involved in the debate that was generated when the guards at the Toscani exhibition noticed a gay couple kissing. An exchange of texts with Teresa del Conde made it possible for Mayer and Lerma to bring into the public sphere their defense of the right to the public expression of love. In addition, they invited the public to kiss in their installation, on a gilded platform, a context in which the kisses would become art. More than focusing on the details of the polemic, I am

—

23— See http://www.pintomiraya.com

interested in pointing toward their use of the media as a way of extending the work itself, that was articulated by the response to the critique on the same page of authority that is destined to the daily newspaper—fundamentally *La Jornada*—and the agenda related to the social construction of gender that is inscribed by the continuity of the work of Mayer and Lerma.

It is extremely difficult in a single exhibition to account for the critical force of the associative, performative and process-based work of Mónica Mayer. The observation of her archive explodes into hundreds of debates that she permanently activates through the argumentative force, full of humor, of the articles that she writes in her newspaper columns. In that sense, the feminism of her work lies not only in the themes that she addresses, but also and especially in the consequent development of languages that escape the norms of artistic power represented by art institutions, curators and art criticism. Her work is located in the turbulent zone of a counter-hegemonic radicality with respect to the art system, which is only recently beginning to identify the instruments with which to read the aesthetico-political power of the aesthetic experimentalism of her interventions. Countering the idea that Mayer's work is more political than artistic, this text maintains that its political force emanates precisely from the radicality of her artistic language. The difficulty that institutions have had in exhibiting her work proves something that history has demonstrated many times over: the avant-garde is not generated in institutions, nor in criticism, nor in curation. In the best of cases, these design, *a posteriori,* the mechanisms with which to order and make visible the explosion of its eruptions.

Mónica Mayer: performance, momento y la política de la vida

GRISELDA POLLOCK

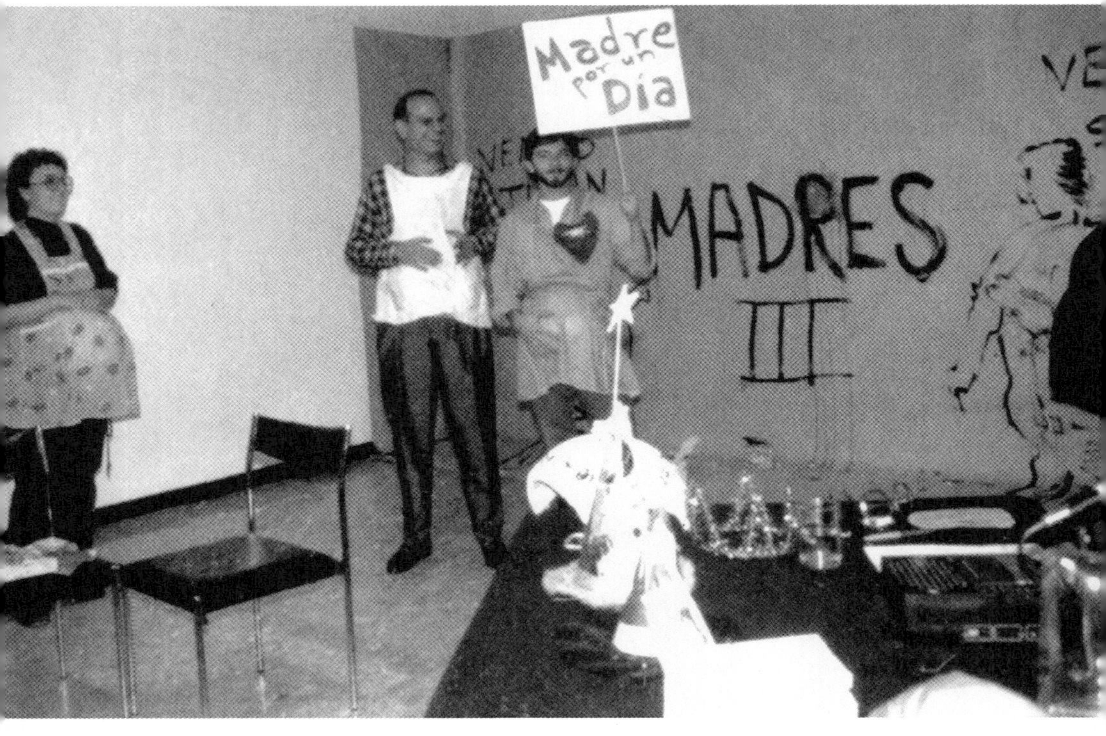

Polvo de Gallina Negra (Maris Bustamante y—and Mónica Mayer), *¡MADRES!*, 1983–1990 [Cat.19]

Tuve el enorme placer de conocer a la artista Mónica Mayer durante mi primera visita a la ciudad de México en noviembre de 2014. Sabía de ella desde tiempo atrás y la tenía presente debido a la investigación doctoral de Erin L. McCutcheon. La persona en sí misma fue una revelación. Tuve el profundo placer de ver a Mónica Mayer en el contexto de su aún muy viva comunidad de arte feminista, que ella y sus colegas fundaron hace muchas décadas y aún mantenida con tanto ingenio político, humor cálido y hospitalaria amistad. Estos placeres eran *históricos*, en el sentido de que me estaba encontrando en persona con una figura legendaria en la comunidad internacional de artistas, a la vez que aprendía acerca del ambiente urbano, cultural y nacional de su intervención artística específica y su práctica actual.

Tengo ahora un tercer placer: el de haber sido invitada a participar, con este ensayo, en la creación de la exposición retrospectiva y el catálogo, que servirán como un monumento dinámico a la labor político-creativa/creativo-política de Mónica Mayer y de la comunidad que engendró y que honra con su sabiduría, su lucidez juguetona y en la que continúa su práctica creativa. Mi posición, como escritora situada —una auto-reflexividad crítica necesaria en cualquier trabajo feminista—, no está incrustada con suficiente profundidad en el conocimiento de las historias de México, el arte contemporáneo mexicano, y la práctica y las comunidades feministas mexicanas. Lo que ofrezco es mi propia historia paralela de compromisos en la transformación de nuestro mundo en la intersección creativa del feminismo y el arte.

Alrededor de 2007, fuimos testigos de un momento de retrospección, en el ámbito mundial, sobre la repercusión del feminismo en el arte y del arte en el feminismo. No es posible explicar fácilmente por cualquier factor obvio por qué, en ese punto a mitad de la primera década del nuevo siglo, los museos de tantos países decidieron que era el momento de revisar el impulso feminista y su repercusión en el arte. Finalmente, esta gran cantidad de exposiciones registraron tanto el impulso como el legado. Es decir, a pesar de que pasaron más de treinta y cinco años desde la explosión inicial de obra feminista en el arte para que los museos más importantes, como el Centro Pompidou de París o el Museo de Arte Contemporáneo de Los Ángeles, y no digamos aquéllos en Bilbao o Estocolmo, en Islandia o los Países Bajos (pero significativamente no en el Reino Unido) organizaran este tipo de exposiciones, estas muestras fueron una señal de que la importancia de las actividades feministas en remodelar las prácticas artísticas de finales del siglo XX ya no podía ser ignorada. Las principales practicantes tenían que ser vistas, ¡y las obras claves finalmente ser coleccionadas! Tanto a las artistas y a las obras podía ahora concedérseles el reconocimiento de la historia del arte. Podían entrar en la memoria cultural por medio de exposiciones en museos y sus catálogos, con frecuencia monumentales. ¿Por qué había tardado tanto?

Creo que esto se debe en parte a la profundidad del desafío que el feminismo en sí plantea a los discursos, las ideologías y los cómodos supuestos que conformaron los mundos del arte, sus instituciones e ideologías. ¿Podrían las instituciones que habían sido blanco de la crítica institucional feminista y con frecuencia de marchas de protesta abrir los brazos a sus críticas?

A la vez, después de tanto tiempo, la forma de reconocimiento por parte de estas exposiciones museísticas a menudo significaba meter a presión la radicalidad de las intervenciones feministas en la práctica artística en formas convencionales de la memoria histórica del arte. El feminismo podía ser periodizado, como sucede con otros "movimientos artísticos", entre ciertas fechas. Por lo tanto, quedaba prudentemente en el pasado, concluido. El feminismo podía estudiarse por temas, sugiriendo así que trataba más de asuntos y materias que del cambio estilístico que normalmente define los movimientos en el arte. Por lo tanto, no era realmente arte. Ambas estrategias involucraban una desfiguración de lo que supone la conjunción de feminismo y arte. Pero ¿qué sucede cuando el feminismo en el arte se muestra como continuo, en expansión, contemporáneo? ¿Qué sucede si no sólo nos centramos en su tema, sino más bien empezamos a ver sus formas singulares y sus procesos innovadores? Entonces nos vemos obligados a pensar en diferentes tipos de exposiciones y en diferentes tipos de escritura para capturar el carácter de una intervención, un desafío, una crítica y una transformación creativa del arte y sus públicos.

También hubo una tendencia alterna a los enfoques de época y temáticos, que se puede observar en los raros casos de directoras feministas de museos o curadoras de galerías que iniciaron retrospectivas de artistas específicas asociadas con el impulso feminista. Un caso que me gustaría mencionar es el de una curadora británica, Maria Balshaw, quien, como directora de la Galería de Arte Whitworth en la ciudad de Manchester en la Gran Bretaña desde 2006, se dio cuenta de que muchas artistas dedicadas a cuestiones feministas a lo largo de toda su carrera habían sido hechas a un lado por los custodios de la memoria cultural reciente —los museos y galerías—, debido a que ese compromiso había sido visto erróneamente colocando a estas artistas fuera del arte y en la política —una típica división tonta y ahistórica. ¿Cuándo ha estado el arte fuera del poder, la política y la historia? Más aún, a pesar de décadas de trabajo, las obras de muchas de estas artistas, todas mujeres, nunca se habían visto o estudiado como una práctica en desarrollo pero continua.

La retrospectiva monográfica es, sin embargo, complicada. Es la forma estándar de los textos de historia del arte y de las exposiciones museísticas. De hecho, diría que crear la figura del artista en su forma masculina heroica convencional es una de las operaciones ideológicas clave emprendidas por la historia del arte y las exposiciones de los museos.[1] El artista, como sujeto, debe existir para que el arte sea posible. Pero la figura del artista, lo que llamo *el sujeto artístico*, tiene que ser producido por una serie de prácticas de escritura y expositivas. Esto funciona por

—

1— En mi propio trabajo, el análisis y la recuperación de la obra de artistas mujeres siempre han ido en paralelo a una crítica del mito o la leyenda del artista —un término colonizado como exclusivamente masculino, en general blanco, europeo, occidental, sin tener que reconocer su selectividad. Véase "Artists, Mythologies and Media — Genius, Madness and Art History", *Screen* 21, 3 (1980): 57-96. Mi estudio de caso es Van Gogh. Véase también Linda Nochlin, "The Depoliticisation of Gustave Courbet: Transformation and Rehabilitation under the Third Republic", en Michael Orwicz (ed.), *Art Criticism and its Institutions in Nineteenth Century France* (Manchester y Nueva York: Manchester University Press, 1994), 109-121. Allí, Nochlin escribe de su "meditación sobre las preguntas que el feminismo plantea para la historia y la teoría del arte: de la que una parte de esta dupla es '¿Por qué no ha *habido* grandes artistas mujeres?', y la otra, su corolario, '¿Por qué ha habido grandes artistas varones?' ¿Por qué esta entidad, el gran artista, ha existido en absoluto, en síntesis? [...] ¿Cómo se construye la entidad 'el gran artista'? ¿Y para qué fines? ¿A qué necesidades políticas, qué anhelos psicológicos, qué funciones ideológicas, sirve dicha noción?", p. 109.

procesos positivos y negativos. Los hombres de las etnias y clases privilegiadas se convierten en "artistas", precisamente por haber negado a otros: las mujeres artistas, los artistas negros, los artistas populares, los artistas no europeos, etc., son marcados como no-artistas porque su identidad artística es calificada con un adjetivo.

Así que aquí encontramos una paradoja feminista. Parte del proyecto feminista era deconstruir el tropo mítico de "el artista" —el genio que sufre, los hombres heridos, pero creativos, a veces famosos por su sexualidad o atormentados por las adicciones, llevados por sus pulsiones, resueltos, entregados, promiscuos, locos, incluso suicidas. Van Gogh, Rivera, Picasso, Pollock: tales son las leyendas del artista moderno occidental. Difícilmente se les celebra como buenos hombres de familia, productores confiables, padres responsables, trabajadores puntuales, colaboradores cooperativos. A esta banda masculina podemos añadir a esas pocas artistas que han sido rescatadas del olvido para pasar, acríticamente, a la notoriedad, a menudo evitando el análisis y la representación adecuados de la historia del arte crítica. Iconizadas más que estudiadas, convertidas en celebridades imitables mediante un enfoque en su vida personal y su vulnerabilidad psicológica en lugar de su inteligencia, la política o la originalidad, la mujer como artista es igualmente un tropo moderno, ¡cuyos efectos destructivos, ciertamente, no necesito explicar en México!

Así, la directora del museo de Manchester, Maria Balshaw —para regresar a su caso—, formada por artistas y maestras feministas, decidió producir una serie de exposiciones monográficas de artistas que trabajaron con el feminismo. No eran *artistas feministas* y no hacían *arte feminista*. Eran artistas cuyo trabajo como artistas está *influido por cuestiones feministas*. Por lo tanto, su identidad primaria es como artistas, pero su proyecto se inspira en el cuestionamiento crítico del orden socio-sexual y su universo simbólico e imaginario. Balshaw curó exposiciones de la pionera norteamericana del video y el performance Lynn Hershman, de la artista conceptual norteamericana conceptual Mary Kelly, de la artista serbia del performance y la instalación Marina Abramovic. Esto era importante porque la exposición demostraba dos aspectos vitales: que cada artista tenía un *proyecto* que se desarrollaba a lo largo de una vida de trabajo y que cada artista había *forjado* una práctica para realizar o incluso para descubrir el proyecto. El material y la forma de su práctica suscitaron las transformaciones radicales de los lenguajes artísticos en la tecnología, la crítica y el performance. Por lo tanto, lejos de crear una mitificación celebratoria de la artista como personalidad, la exposición y su programa paralelo de educación y difusión debían producir otro tipo de espectador.

Este espectador no iba a ir a consumir una personalidad distribuida en una serie de obras "firmadas" por igual con las señas de ese individuo creativo singular: el artista mítico. El espectador se acercaba a comprometerse con las maneras formales, estructurales, estéticas, lúdicas, creativas y materiales en las que una inteligencia creativa, y un sujeto comprometido social y políticamente, exploraron temas importantes que las modalidades perceptivas y afectivas del arte podían abordar en formas nuevas y transformadoras.

Éste es un reto curatorial y también en términos de la experiencia del visitante. Es la marca de la novedad y la importancia del feminismo en el arte que no se puede ajustar a las viejas formas de hacer historia del arte, sino que requiere nuevas formas adecuadas a sus innovaciones y transformaciones. La posibilidad de tal reorientación radical —del arte como un mito, consumo o entretenimiento al arte como provocación al pensamiento por medio del afecto, el humor, la inteligencia y la materialidad y participación creativas— está, sin embargo, incrustada en un encuentro único del movimiento internacional de mujeres en erupción en todo el mundo durante la segunda mitad del siglo XX y los cambios radicales en las prácticas artísticas mismas al mismo tiempo.

Por lo tanto, la coincidencia creativa en el tiempo de lo que nombramos libremente feminismo (en la década de 1970 hablábamos del movimiento de la mujer) y el arte conceptual, el performance, el video, la instalación, el texto, la colaboración, los nuevos sitios no artísticos, la crítica institucional y demás no pueden ser exagerada. La feminista como artista o la artista como feminista surge a finales de los años sesenta y en los setenta, precisamente porque el arte estaba cambiando, emergiendo entre la dominación de la pintura y la escultura y entre las tradiciones ideológicas y socioeconómicas a las que a lo largo de cinco siglos habían servido, siendo exportado como arte "real" por los europeos colonizadores adondequiera que iban. El arte alrededor de 1969 se hizo complejo y expandió sus formas y procedimientos, sus respuestas a la tecnología, sus experimentos con nuevos espacios y formas de participación con nuevos públicos y propósitos. Yo diría que fue a causa de las potencialidades liberadas en este cambio masivo en las formas y procedimientos de arte que se hizo posible la intervención feminista en las artes visuales.

Quiero subrayar esto. Hay una tradición feminista muy añeja en muchos campos, de la teología a la filosofía, de la historiografía a la literatura, al teatro y la música. Aunque existe una tradición ininterrumpida de mujeres que hacen arte visual en una gran variedad de materiales y formas en todas las culturas y épocas, no fue sino hasta el siglo XX que pudimos identificar realmente el encuentro creativo de las artes visuales y un impulso feminista. Esto era algo muy nuevo, desconocido y difícil para sus practicantes, para las feministas en general y para el propio mundo del arte.

Esta introducción más bien general la siento necesaria para acercarnos a la primera gran retrospectiva de una de las principales feministas y artistas del México contemporáneo, Mónica Mayer. El término retrospectiva requiere consideración inmediata. Se trata de una exposición de una artista tan activa y creativa ahora, en este preciso momento, como lo ha sido durante toda una vida de trabajo a lo largo de más de cuarenta años. El libro no está cerrado. Nuevas páginas se escriben cada día. Pero el instante en que colocamos una serie de obras juntas es aquel en el que podemos discernir algo más que el modelo de desarrollo habitual de la historia del arte: primeras obras, mitad de su trayectoria, madurez y... Se trata de tener la posibilidad de experimentar, mediante un recorrido por el paisaje visual de la exposición y las presencias materiales de las obras, documentos y materiales de archivo reales, el **proyecto** y las **prácticas** de Mónica Mayer. Sin embargo, el núcleo de esta práctica no es individualista. No es la revelación de la "personalidad artística" única a ser consumida bajo el signo del artista mítico. La obra es en varios casos de colaboración, como la obra de Polvo de Gallina Negra o con Víctor Lerma o con el público y los participantes en tantos performances. Sin embargo, la colaboración no borra el ímpetu de la inteligencia y la sensibilidad artísticas iniciales, incluso cuando dichas colaboraciones desafían performativamente el mito del individualismo sobre el que funciona la economía del mundo del arte. ¿Quién hoy día hace su propia obra?: ¿no es fabricada a la orden o hecha con la asistencia masiva de software y tecnología? Aun así, esta gran producción colaborativa sale a la venta y circula bajo el signo del nombre de un solo autor.

Permítanme desviarme por un momento para explicar esto. En 1980 la crítica de arte y curadora norteamericana Lucy Lippard llevó al Instituto de Arte Contemporáneo de Londres, Inglaterra, una exposición titulada: *Issue: Social Strategies by Women Artists*. Para mí fue una revelación. Lippard había reunido una serie de *prácticas* de artistas relacionadas con la ecología, la producción de alimentos, la migración y la diferencia, la violencia estatal, la sexualidad y la subjetividad, el lenguaje. Sobre todo me impresionó un conjunto de obras. Era la colaboración de Suzanne Lacy y Leslie Labowitz, artistas radicadas en Los Ángeles, en una serie de performances públicos sobre la violencia urbana contra las mujeres. Lo que me sorprendió poderosamente fue su análisis de los medios de comunicación como parte de la creación de sus performances públicos. Echaban mano de su formación artística formal para analizar lo que podríamos llamar la estética política de la información periodística. Utilizaron este conocimiento para crear, con antelación a los usos de la representación mediática que normalmente corta y empalma y por lo tanto deforma la información, un performance que fácilmente podría ser absorbido en la representación mediática sin la distorsión habitual. No estaban abandonando el arte para hacer gestos públicos. Eran tan formalmente astutas, tan culturalmente sofisticadas como cualquier artista. Pero querían llegar a un público diferente con un mensaje diferente. En vez el reportaje voyerista y misógino del asesinato en serie y de la violación recurrente de mujeres, estaban tratando de escandalizar al mundo para ver la escala y el *pathos* de esta violencia de género.

Ahora sé, por supuesto, que Mónica Mayer participó en estos proyectos que tan brillantemente examinaron los rituales y los elementos míticos de la representación mediática diaria, aquellos que reforzaron las ideologías acerca de las mujeres y acallaron la respuesta de la gente a la violencia cotidiana. Estos proyectos también estaban tratando de crear una contrarrepresentación que tenía los mismos poderes que los medios de comunicación, pero con un fin diferente, que requería más arte, y no menos, y también usos más sutiles de la formación artística y la inteligencia estética. Si hacer performances públicos podría parecer a primera vista un abandono del ámbito del arte por la parodia de los medios de comunicación, de hecho fue la transformación tanto del arte como de la representación cotidiana para encontrar maneras de tocar el pulso de lo real de la vida y la muerte en la ciudad moderna.

Es esta interfaz bien afinada entre lo "real" de la vida cotidiana (y voy a aclarar más adelante lo que quiero decir con "real", dado que es un término debatido) y la estética como sistema o forma y el ámbito de la percepción y los afectos lo que constituye una dimensión de la especificidad del proyecto feminista en el arte y como tal. Para justificar el invocar la noción controvertida de lo real, y para evitar cualquier noción reduccionista de realismo, tan proscrita por las poderosas críticas que ofrecen el estructuralismo y el postestructuralismo, que insistían en que nuestro acceso a cualquier cosa está mediado, y sobre todo mediado por el lenguaje, quiero invocar a la filósofa feminista australiana Elizabeth Grosz. En primer lugar, permítanme sugerir que la fuerza del feminismo en el arte no es una cuestión de contenido: lo que está representado por imágenes. La fuerza viene de su función como campo creativo del pensamiento feminista. La teoría no es sólo una cuestión de ideas abstractas o pensamientos enrarecidos en oposición a las imágenes o las cosas. La teoría es nuestra invención creativa de lo potencialmente diferente y nuevo frente a una crítica de las actuales fuerzas que dan forma a nuestro mundo, nuestros cuerpos, nuestros seres, nuestras relaciones con los demás y los mundos de vida que compartimos con la vida no humana en este planeta. Por ello, Grosz nos pide considerar qué es un concepto. "Los conceptos surgen, tienen valor y función sólo mediante el impacto de los problemas generados a partir de un absoluto externo, desde lo real... Los conceptos son formas en las que los vivos añaden idealidad [pensar e imaginar] al mundo, transformando la asunción de lo real, el problema acuciante, en diversas formas de orden, en las posibilidades de ser de otro modo."[2] Luego argumenta: "Necesitamos conceptos para pensar nuestro camino en un mundo de fuerzas que no controlamos. Los conceptos no son medios de control, sino formas de tratamiento que tallan para nosotros el espacio y el tiempo en el que podemos llegar a ser capaces de responder a la particularidad de los acontecimientos. Los conceptos son por lo tanto formas de abordar el futuro, y en este sentido son las condiciones bajo las que un futuro diferente del presente —el objetivo de cada política radical— se hace posible... El concepto es lo que producimos cuando tenemos que enfrentar las fuerzas del presente y transformarlas en fuerzas nuevas y diferentes que actúan en el futuro."[3] Así que ahora tenemos que avanzar hacia la comprensión de los conceptos como poiéticos y su relación con lo "conceptual" en el arte.

Hay, como sabemos, una representación muy poderosa en la historia del arte del arte conceptual, cuyos representantes más célebres han sido artistas que son hombres, muchos de los cuales eran brillantes, pero no los únicos en hacer este nuevo tipo de obra. La historia del arte y sus versiones de museo no han visto que la intersección del feminismo con el arte conceptual creó su propio evento único, en todo el mundo, en el que lo conceptual se conectó poderosamente con lo urgente, lo vivido, la condición encarnada de más de la mitad de la población mundial, las mujeres, y con la dimensión fundamental de la existencia y la continuidad humanas, lo que en la teoría feminista nombramos diferencia sexual y género.

Si bien las cuestiones de despojo social y la explotación tienen un concepto teórico, la clase (y el marxismo lo explica), y las cuestiones de violencia y violación coloniales tienen su concepto, la raza (y el discurso poscolonial lo critica), hasta el movimiento de la mujer y el feminismo, el género y la diferencia sexual no habían sido pensados, conceptualizados, y por lo tanto permanecían inmutables.

—

2— Elizabeth Grosz, "The Future of Feminist Theory: The Dreams for New Knowledges", en Henriette Gunkel, Chrysanthi Nigianni y Fanny Söderbäck (eds.), *Undutiful Daughters: New Directions in Feminist Thought and Practice* (Basinstoke: Palgrave Macmillan, 2012), p. 14.

3— Grosz, "The Future of Feminist Theory", p. 15.

Cayeron debajo del umbral del pensamiento crítico y político, asumidos como hechos. Al plantear esta pregunta reprimida de las relaciones de poder y dominación en la dimensión de la vida y sociabilidad en el nivel conceptual mediante los términos género y diferencia sexual, junto con la sexualidad, el feminismo no ignoró o desplazó la clase y la raza como ejes de poder. El feminismo surgió para *conceptualizar* una dimensión que engarza su propio hilo de color a través de la tela de muchas hebras de las relaciones sociales intersectoriales y la subjetividad. Pero en la conceptualización del género y la diferencia sexual también tuvo que trazar sus campos específicos, contradicciones, conflictos y puntos ciegos.

Si entonces procedemos a proponer que el adjetivo "feminista" no describe un periodo, un estilo, una perspectiva personal en el arte, sino un discurso ante los problemas del mundo que necesitan ser cambiados, y que el arte en una fecha determinada del siglo XX abrazó el proyecto de la crítica conceptual del mundo que necesitaba ser cambiado, podemos comprender la innovación conceptual del feminismo en la cultura y la intervención feminista en la cultura.

Espero que en este punto quede claro que he estado preparando el terreno para el encuentro en un museo real y en el espacio virtual del catálogo con el proyecto y la práctica que constituye la obra de Mónica Mayer en el espacio intersectorial y de múltiples hilos del arte y el feminismo. Esto me permite dar sentido a la gama de materiales que se exhiben y documentan, una gama que no sigue la línea del "desarrollo", sino la difusión de una práctica que toma la forma de instalaciones, obras gráficas, colaboraciones, conformación del archivo y, sobre todo, el performance.

El performance fue una de las principales formas de complejización y expansión del arte después de la modernidad. Pudo y consiguió, sin embargo, convertirse en un vehículo para un nuevo narcisismo y exhibicionismo, una intensificación de la ideología del individualismo artístico, a menudo expresada mediante el despliegue o las acciones del cuerpo expuesto, herido, activo o sexual del artista. Por otra parte, el performance anticipó lo que un curador francés tardíamente identificó como la creación de un campo relacional para el arte. Esta relacionalidad fácilmente puede convertirse en una especie de pereza. El artista se limita a propiciar la ocasión en la que otras personas tienen que crear la obra mediante lo que hacen. Si volvemos, sin embargo, al momento del Woman's Building en Los Ángeles a principios de los años setenta, y la comunidad de artistas formadas con rigor que buscaban desafiar los límites y protocolos de la estética moderna tardía, sin abandonar el gran descubrimiento moderno de los poderosos recursos de la forma y el medio en sí mismos como la potencialidad para la innovación artística, el performance en manos de Mónica Mayer es estratégico y político.

Las prácticas feministas en este ámbito abrevan en una historia más larga y una cultura más amplia para comprender el significado de la acción ritual, del gesto, de la creación de una comunidad momentánea que tiene que ser tan cuidadosamente elaborada, aunque sin resultados fijos, como cualquier pintura o escultura. Tiene que tener una economía, una estructura, un ritmo y un potencial para lo inesperado, lo descubierto y la transformación.

En la obra de Mónica Mayer, como parte de diferentes asociaciones de colaboración, noto la brillantez de las formulaciones que parecieran tan sencillas pero que permiten a los participantes y a los ahora testigos de estos "eventos" tocar aquellos dominios de la vida que el arte había ignorado o sentimentalizado, reproduciendo materiales ideológicos. Tomemos por ejemplo el tema de la maternidad. Resulta apropiado para casi todas las culturas como el sitio de la regulación oficial teológica o estatal que refiere a la reproducción de la especie y, por tanto, de la propia sociedad. Fue histórica e ideológicamente inevitable, en la era de la reproducción regulada, la heterosexualidad forzosa, la violencia sexual estructural y la maternidad obligatoria, que la investigación feminista se centrara en lo que éstas significan para la persona que es mujer, donde la mujer no es un agente y no tiene el control de su propio cuerpo y deseo. ¿Podría conocerse o vivirse de otra manera este "evento" deseado o forzado del cuerpo y del cambio del ser que supone el encuentro con la propia sexualidad y con el futuro de la vida? ¿Podría la mujer ser un tipo distinto de sujeto si se agenciaba su propio cuerpo? ¡Qué pensamiento más revolucionario! No hay recetas feministas. Pero en el espíritu de 1968, de desafío radical al poder, tenía que haber un estudio, una investigación y la acumulación de testimonios.

En cada país del mundo en que la llama feminista hizo erupción —y fue simultánea y en todo el mundo, sin que ningún país pudiera llamarse su hogar u origen—, el cuerpo sexual y el cuerpo que une a las mujeres a la vida y, por tanto, a la historia tenía que ser explorado como un sitio crítico del poder y la posibilidad. Por lo tanto, el matrimonio, la maternidad, la domesticidad y sus alternativas reprimidas o descubiertas no pueden ser subsumidos bajo la noción de temas típicos feministas, o de tópicos feministas, de política feminista. Están desmenuzando sus implicaciones y fueron abordados por las artistas *conceptualmente*, es decir, como fuerzas que dan forma a vidas reales de formas que se pueden transformar. El *efecto* de las prácticas artísticas por el cual estas fuerzas son dirigidas claramente puede exceder el lugar de la prestación del servicio: los efectos sobre los participantes, los efectos sobre quienes vienen a conocer los performances y comprender su orden interno y el trabajo creativo.

El performance es, además, una forma de arte demoledora porque coloca a la persona y el cuerpo vivo del artista-trabajando en el centro del evento: una presencia viva en nuevos modos de interacción inexplorados. Expone a quienes vienen a ver y participar en el performance en una proximidad que es también una intimidad con otra persona. La estructuración del ritual de las acciones dota a la obra de economía, tiempo, duración, espacio y gestos. Pero no hay una mediación como tal, como la que proporciona ver un dibujo o una pintura o una película. Esto introduce a la economía estética de una obra de performance el juego de nuestras propias economías psíquicas, alcanzando así más allá de lo textual o lo representacional al inconsciente, a afectos tales como la ansiedad o el placer, a aquellas formas de intercambio con el mundo asociadas a nuestros momentos iniciáticos como seres encarnados en el tiempo y el espacio. Freud llamó a esta condición lo infantil, lo que no significa que el performance nos haga niños. Más bien nos reconecta con el dominio de las intensidades de los *infans*, lo que significa, en latín, sin lenguaje. El dominio conlleva sus propias intensidades y ansiedades, y en aquellos casos en que el performance solicita también nuestras palabras, se extiende sobre la afectividad principal de estar en el mundo con un sentido de nuestras propias historias, vidas vividas y hoy reconsideradas a través del prisma de la invitación. Aquí es donde el arte, incluso el conceptual como lo he definido, va más allá de lo conceptual al insuflar ese sueño de cambio con futuridad (nuestro orientación infantil al mundo, siempre en desarrollo) y con memoria (y nuestro pensamiento, que refleja el ser histórico).

En la propuesta para esta exposición, Karen Cordero Reiman escribe de Mónica Mayer como quien ha creado una vida en el arte. Ella ha hecho del arte una vida. La exposición reúne el archivo de esa vida, reviviendo esa vida en su trazo en la vida, representando las acciones de esa vida hasta ahora, ya sean dibujos, performances, la creación del archivo, la tutoría, la enseñanza, el habla, la creación en tantas maneras.

Retrospectiva significa mirar atrás. Hacer una exposición significa proporcionarnos la oportunidad en el aquí y ahora de un encuentro no con lo que ha sido, sino con lo que es ahora. Por todo ello no es un archivo, sino un testimonio de una práctica y un proyecto que desafía las limpias categorías museísticas de la historia del arte de época, estilo, movimiento y, más recientemente, nueva tendencia o artista celebridad. A medida que las artistas feministas iniciales ingresan a su cuarta o incluso quinta década como pensadoras y creadoras, su trabajo se revela nuevo. Durante las décadas de su hacer, tales obras se cruzaron con diferentes fases sociopolíticas y culturales en la historia tanto de su ubicación inmediata —en este caso México, incluso tal vez la ciudad de México—, como también del arte contemporáneo internacional y su expansión radical de formas y procesos, del pensamiento feminista internacional y sus prácticas creativas en las artes visuales y otras. Se caracteriza por crisis políticas, traumas, violencia, lo local y lo global, y la lógica central del proyecto feminista, la paz, dictada por las revelaciones de su núcleo: la vida. Tiene su propia historicidad, pero también una contemporaneidad continua, ya que nos invita a mirar a nuestro alrededor en este presente.

Mónica Mayer, con su pareja, Víctor Lerma, sus colaboradores, especialmente Maris Bustamante, y todos los artistas que ha inspirado, alentado y sostenido, y toda la obra que ha puesto en el mundo, irradia a todos los que la conocen esa calidad, vivacidad y pensamiento real. Se trata aquí, en verdad, de una vida en el arte y un arte como fuerza de vida, una voluntad para silenciar y acabar con la violencia, para resistir lo que nos divide, para conocer lo que nos oprime y para conocernos a nosotros mismos. Esto requiere a veces de ira, sobre todo dirigida contra el olvido o la indiferencia hacia los significados del feminismo, que transforman la vida. Esta exposición comparte ese deseo para hacer posible el encuentro actual que anima una vida de arte y un arte que es —en su impulso creativo, su efecto político y su carácter estético más profundos— una intervención en las condiciones de nuestra vida, donde los elementos más íntimos y las presiones más políticas se reúnen en el campo de la práctica artística transformadora.

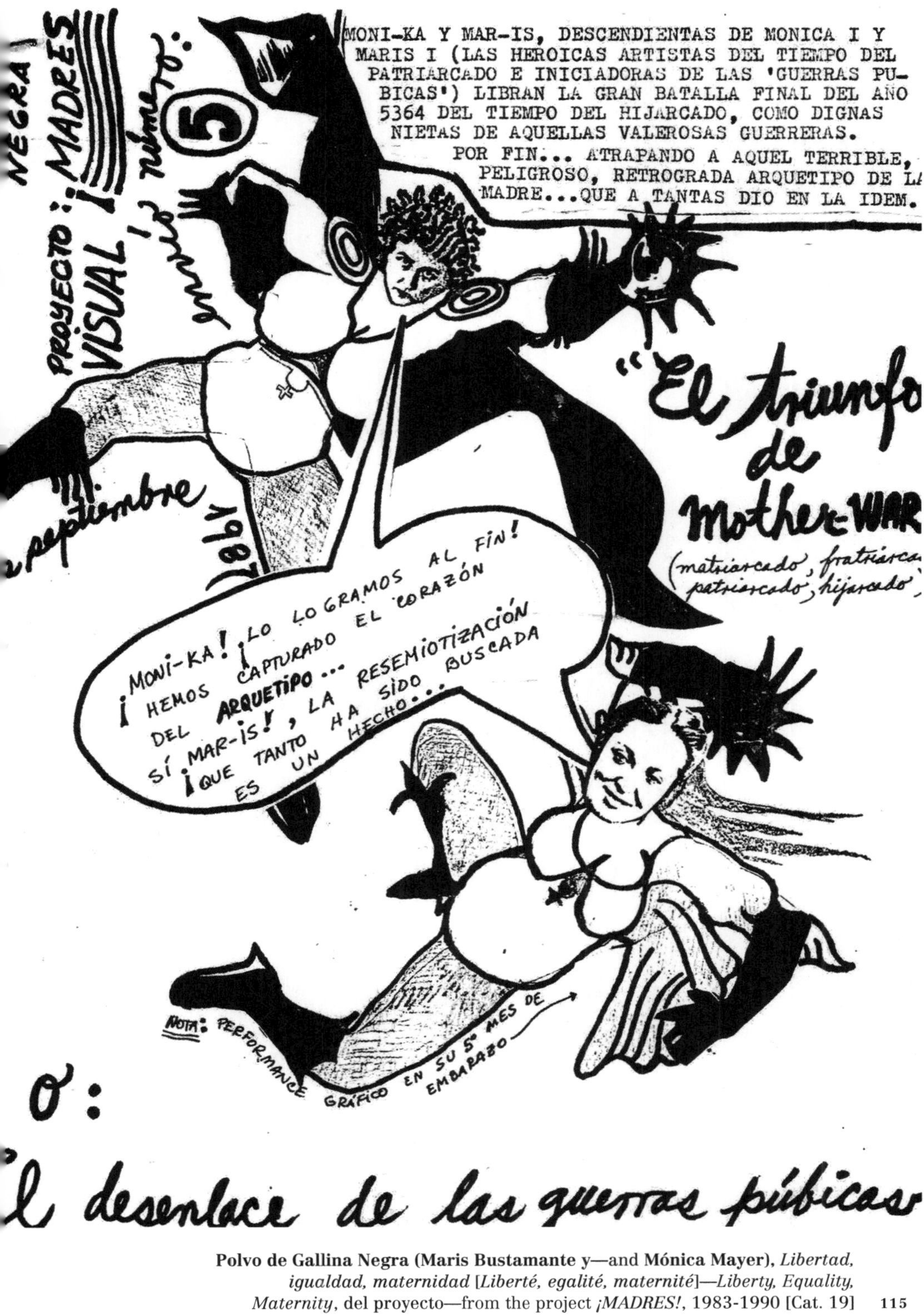

Polvo de Gallina Negra (Maris Bustamante y—and Mónica Mayer), *Libertad, igualdad, maternidad* [*Liberté, egalité, maternité*]—*Liberty, Equality, Maternity*, del proyecto—from the project *¡MADRES!*, 1983-1990 [Cat. 19]

Mónica Mayer: Performance, Moment, and the Politics of Life

GRISELDA POLLOCK

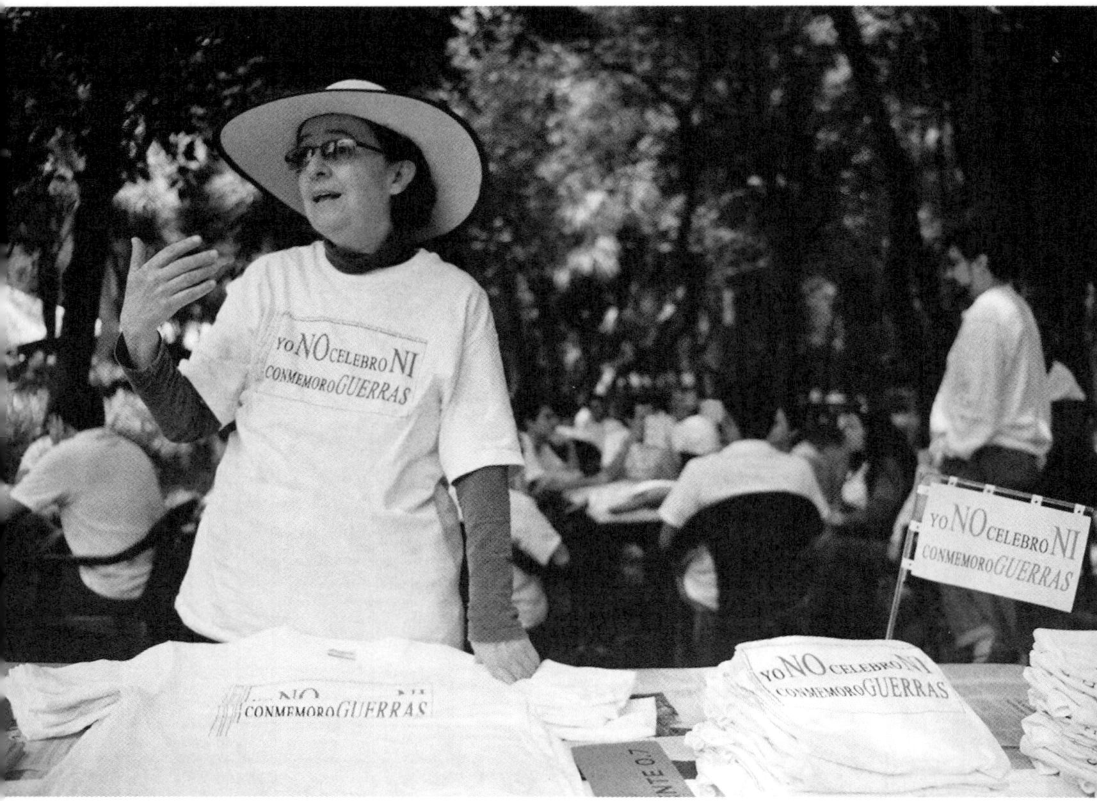

Pinto mi Raya (Víctor Lerma y—and Mónica Mayer en colaboración con—in collaboration with **Antonio Juárez, fotógrafo—**photographer), *Nuestras banderas—Our Flags*, 2015 [Cat. 65]

I had the enormous pleasure of meeting the artist Mónica Mayer during my first visit to Mexico City in November 2014. Her name had long been known to me and was now current because of the doctoral research of Erin L. McCutcheon. The person herself was a revelation. I had the profound pleasure of seeing Mónica Mayer in the context of the still vivid feminist art community that she and her colleagues had founded many decades ago and still sustained with such political wit, warm humour and hospitable friendship. These pleasures were *historical*, in the sense that I was encountering in person a legendary figure in the international community of artists while also finding myself learning about the specific urban, cultural and national environment of her specific artistic intervention and current practice.

I have now yet a third pleasure—that of having been invited to participate, through this essay, in the creation of the retrospective exhibition and catalogue that will serve as a dynamic monument to the creative-political/political-creative work of Mónica Mayer and the community she both engendered and graces with her wisdom, playful brilliance and continuing creative practice. My position, as a situated writer —a critical self-reflexivity necessary in any feminist work—is not embedded in deep enough knowledge of histories of Mexico, Mexican contemporary art, and Mexican feminist practice and communities. What I offer is my own parallel history of engagements in the transformation of our world at the creative intersection of feminism and art.

Around 2007, we witnessed a worldwide moment of retrospection on the impact of feminism on art and art on feminism. Why it was, at that point in the middle of the first decade of the new century, that museums in so many countries decided that it was time to review the feminist impulse in and impact on art cannot be easily explained by any obvious factors. Yet this plethora of exhibitions did register both impulse and legacy. That is to say, even though it had taken over thirty-five years since the initial explosion of feminist work in art for major museums such as the Centre Pompidou in Paris or the Los Angeles Museum of Contemporary Art, let alone the others in Bilbao or Stockholm, in Iceland or the Netherlands (but notably not in the United Kingdom) to stage such exhibitions, these exhibitions were a sign that the significance of feminist activities in reshaping the artistic practices of the later twentieth century could no longer be ignored. The leading practitioners had to be seen, and the key works finally collected! Both artists and artworks could now be granted art historical acknowledgement. They could enter cultural memory by way of museum exhibitions and their often monumental catalogues. Why had it taken so long?

I think it is in part because of the depth of the challenge feminism itself poses to the discourses, ideologies and comfortable assumptions that formed the artworlds, their institutions and ideologies. Could the institutions that were the target of feminist institutional critique and often actual protest marches open their arms to their critics?

At the same time, having taken so long, the form of acknowledgement by these museum exhibitions often meant squeezing the radicality of feminist interventions in artistic practice into conventional forms of art historical memory. Feminism could be periodized as happening like other 'art movements' between certain dates. Thus it was safely in the past, over. Feminism could be examined through themes, thus suggesting it was more about its topics and subject matter than about stylistic change which usually defines movements in art. Thus it was not really art. Both of these strategies involved a disfiguration of what was entailed by the meeting of feminism and art. But what happens when feminism in art is shown to be continuous, expanding, contemporary? What happens if we do not only focus on its subject matter but rather begin to see its singular forms and innovative processes? Thus we are forced to think of different kinds of exhibition and different kinds of writing to capture the character of an intervention, a challenge, a critique and a creative transformation of art and its publics.

An alternative trend to the period and theme approaches also occurred which can be observed in those rare instances of feminist directors of museums or curators of galleries who initiated retrospectives of specific artists associated with the feminist impulse. One case I would like to mention is that of a British curator, Maria Balshaw, who, as Director of the Whitworth Art Gallery in the city of Manchester in Great Britain since 2006, realized that many artists who engaged with feminist questions over their entire careers had been side-lined by the keepers of recent cultural memory—the museums and galleries— because of that engagement which was mistakenly seen to put these artists outside of art and into politics—a typical and foolish and unhistorical division. When was art ever outside of power, politics and history? Moreover, despite decades of work, the art work of many of these artists, all women, had never been seen or studied as an unfolding but continuous practice.

The monographic retrospective is, however, tricky. It is the standard form of the art historical text and museum exhibition. Indeed, I would argue that creating the figure of the artist in his conventional heroic masculine form is one of the key ideological operations undertaken by both art history and museum exhibitions.[1] The artist, as a subject, must exist for art to be made. But the figure of the artist, what I name *the artistic subject*, has to be produced by a range of practices of writing and exhibiting. This works by positive and negative processes. Men of privileged ethnicities and classes are made into 'artists' precisely by having negated others: women artists, black artists, folk artists, non-European artists, etc., are marked as not-artists because their artistic identity is qualified by an adjective.

So here we encounter a feminist paradox. Part of the feminist project was to deconstruct the mythic trope of 'the artist'— the suffering genius, the wounded but creative man, sometimes hyped by sexuality or afflicted with addictions, driven, single-minded, dedicated, promiscuous, mad, and even suicidal. Van Gogh, Rivera, Picasso, Pollock: these are the legends of the Western modernist artist. They are hardly

—

1— In my own work the analysis and recovery of work by artists who are women has always run in parallel with a critique of the myth or legend of the artist—a term colonized as exclusively masculine, usually white, European, Western while never having to acknowledge its selectivity. See Griselda Pollock, 'Artists, Mythologies and Media — Genius, Madness and Art History,' *Screen* 21.3 (1980): 57-96. My case study is Van Gogh. See also Linda Nochlin, 'The Depoliticisation of Gustave Courbet: Transformation and Rehabilitation under the Third Republic,' in Michael Orwicz (ed.), *Art Criticism and its Institutions in Nineteenth Century France* (Manchester and New York; Manchester University Press, 1994), pp. 109-121. There Nochlin writes of her 'meditation on the questions feminism poses for art history and theory: the pair of which one part is 'Why *have* there been no great women artists?' and the other, its corollary, 'Why have there been great male ones?' Why has this entity, the great artist, existed at all, in short? ...How is this entity 'the great artist constructed?' And to what purposes? What political needs, what psychological yearnings, what ideological functions, does such a notion serve?,' p. 109.

celebrated as good family men, reliable producers, responsible fathers, regular workers, cooperative collaborators. To this masculine band we can add those few artists who are women who have been rescued from oblivion in order to pass, uncritically, into notoriety, often bypassing proper critical art historical analysis and representation. Iconized rather than studied, made into an imitable celebrity through a focus on her personal life and psychological vulnerability rather than her intelligence, politics or originality, the woman as artist is equally a modernist trope whose destructive effects I need hardly spell out in Mexico!

Thus Manchester museum director Maria Balshaw—to return to her case—formed by feminist artists and teachers, decided to produce a series of monographic exhibitions of artists who worked with feminism. They were not *feminist artists* and they did not make *feminist art*. They were artists whose work as artists is *inflected by feminist questions*. Thus their primary identity is as artists, but their project is inspired by the critical questioning of the socio-sexual order and its symbolic and imaginary universe. Balshaw curated exhibitions of the North American video and performance pioneer Lynn Hershman, of the conceptual North American conceptual artist Mary Kelly, of the Serbian performance and installation artist Marina Abramovic. This was important because the exhibition demonstrated two vital aspects: that each artist had a *project* unfolding over a life-time of work and that each artist had forged a *practice* to realize or even to discover the project. The material and form of their practice drew on the radical transformations of artistic languages in technology, critique and performance. Thus, far from creating a celebratory mythicization of the artist as personality, the exhibition and its concurrent education and outreach programme had to produce a different kind of viewer.

This viewer was not coming to consume a personality spread across a range of work equally 'signed' with the marks of that singular creative individual: the mythic artist. The viewer was coming to engage with the formal, structural, aesthetic, ludic, creative and material ways in which a creative intelligence, and an engaged social and political subject, explored major issues that the perceptual and affective modalities of art could address in new and transformative ways.

This is challenging curatorially and in terms of visitor experience. It is the mark of the newness and the importance of feminism in art that cannot be folded into old ways of doing art history but necessitates new forms adequate to its innovations and transformations. The possibility for such radical reorientation from art as myth, consumption or entertainment to art as the provocation to thought through affect, humour, intelligence and creative materiality and participation is, however, embedded in a unique encounter of an international women's movement erupting across the globe in the second half of the twentieth century and the radical changes in artistic practices themselves at the same time.

Thus the creative coincidence in time of what we are loosely naming feminism (in the 1970s we spoke of the women's movement) and conceptual art, performance, video, installation, text, collaboration, new non-artistic sites, institutional critique and so forth cannot be overstated. The feminist as artist or the artist as feminist emerges in the late 1960s and 1970s precisely because art was then changing, emerging from the domination of painting and sculpture and the ideological and socio-economic traditions these had long served for five centuries, being what was exported as 'real' art by the colonizing Europeans wherever they went. Art circa 1969 became complex and expanded in its forms and procedures, its responses to technology, its experimentations with new spaces and modes of engagement with new publics and purposes. I would argue that it was because of the potentialities released in this massive shift in the forms and procedures of art that a feminist intervention in the visual arts became possible.

Let me stress this. There is a very long feminist tradition in many fields from theology to philosophy, from historiography to literature to drama and music. Although there is an unbroken tradition of women making visual art in a myriad of materials and forms in all cultures and ages, it was not until the twentieth century that we can truly identify the creative encounter of the visual arts and a feminist impulse. This was something very new, uncharted, and challenging to its practitioners, to feminists in general and to the artworld itself.

This rather general introduction feels necessary to me in order to approach the first major retrospective of one of the leading feminists and artists of contemporary Mexico,

Mónica Mayer. The term retrospective needs immediate attention. This is an exhibition of an artist who is as active and creative now, in this very moment, as she has been during a lifetime of work over forty-plus years. The book is not closed. There are new pages being written everyday. But the moment of bringing a range of work together is the moment when we can discern something other than the usual art historical model of development: early work, mid-career, maturity and.... It is about being given an opportunity to experience, by means of the traversal through the visual landscape of the exhibition and the material presences of actual works, documents, and archive materials, the **project** and the **practices** of Mónica Mayer. Yet the very heart of this practice is not individualistic. It is not the revelation of the unique 'artistic personality' to be consumed under the sign of the mythic artist. The work is in several cases collaborative, such as the work of Polvo de Gallina Negra or the work with Victor Lerma or the work with audiences and participants in so many performances. Yet collaboration does not erase the driving force of the initiating artistic intelligence and sensibility even while such collaborations performatively challenge the myth of individualism on which the economy of the artworld functions. Who today makes his or her own artwork: is it not fabricated to order, or made with the massive assistance of software and technology? Yet still this great collaborative production comes up for sale and circulation under the sign of a single author's name.

Let me sidetrack for a moment to explain this. In 1980 the North American art critic and curator Lucy Lippard brought to the Institute of Contemporary Art in London, England an exhibition titled *ISSUE: Social Strategies by Women Artists*. For me it was a revelation. Lippard had brought together a range of *practices* by artists involved with ecology, food production, migration and difference, state violence, sexuality and subjectivity, language. One set of works particularly impressed me. This was the collaboration by Los Angeles-based artists Suzanne Lacy and Leslie Labowitz in a series of public performance works about urban violence against women. What struck me so forcibly was their analysis of the media as part of the creation of their public performance works. They were drawing on their formal artistic training to analyse what we could call the political aesthetic of news reporting. They used this knowledge to create, in advance of the habits of media representation which normally cut and spliced and thus deformed information, a performance that could be easily absorbed into media representation without the usual distortion. They were not abandoning art to make public gestures. They were as formally astute, as culturally sophisticated as any artists. But they wanted to reach a different public with a different message. Instead of the voyeuristic and misogynist reporting of the serial murder and recurrent rape of women, they were seeking to shock the world to see the scale and the pathos of this gendered violence.

I now know, of course, that Mónica Mayer was a participant in these projects that so brilliantly examined the rituals and the mythic elements of everyday media representation that reinforced ideologies about women and muted people's response to quotidian violence. These projects were also seeking to create a counter-representation that had all the same powers of the media, but for a different end. This required more art, not less, more subtle uses of artistic training and aesthetic intelligence, not less. While making public performances might at first sight appear to be abandoning the realm of art for a mimicry of the media, in fact it was the transformation of both art and everyday representation to find ways to touch the pulse of the real of life and death in the modern city.

It is this finely tuned interface between the 'real' of everyday life (and I will clarify what I mean by 'real' in a moment since it is so contested a term) and the aesthetic as both a system/form and the realm of perception and affect that constitutes one dimension of the specificity of the feminist project in and as art. To justify invoking the contested notion of the real, and to avoid any reductive notion of realism, so outlawed by the powerful critiques offered by structuralism and post-structuralism that insisted that our access to everything is mediated, and above mediated by language, I want to invoke the Australian feminist philosopher Elizabeth Grosz. Firstly, let me suggest that the force of feminism in art is not a matter of content: what is represented by images. The force comes from its function as creative field of feminist thinking. Theory is not just a matter of abstracted ideas or rarefied thoughts as opposed to images or things. Theory is our creative invention of the potentially different and new in the face of a critique of the current forces that shape our world, our bodies, our beings, our relations to each other and the life-worlds we share with non-human life on this planet. Thus Grosz asks us to consider what a concept is. 'Concepts emerge, have value and function only through the impact of problems generated from an absolute outside, from the real.... Concepts are ways in which the living add ideality [thinking and imagining] to the world, transforming the givenness of the real, the pressing problem, into various forms of order, into possibilities for being otherwise.'[2] She then argues: 'We need concepts to think our way in a world of forces we do not control. Concepts are not means of control, but forms of address that carve out for us the space and time in which we may become capable of responding to the particularity of events. Concepts are thus ways of addressing the future, and in this sense are the conditions under which a future different from the present—the goal of every radical politics—becomes possible... The concept is what we produce when we need to address the forces of the present and to transform them into new and different forces that act in the future.'[3] So now we need to move toward understanding concepts as poietic and their relation to the 'conceptual' in art.

There is, we know, a very powerful representation in art history of conceptual art whose most celebrated representatives have been artists who are men, many of whom were brilliant, but not alone in making this new kind of artwork. Art history and its museum versions have failed to see that the intersection of feminism with conceptual art created its own unique, worldwide event in which the conceptual was powerfully connected with the urgent, the lived, the embodied condition of more than half the world's population, women, and with the fundamental dimension of human existence and continuity, what in feminist theory we name sexual difference and gender.

—

2— Elizabeth Grosz, 'The Future of Feminist Theory: The Dreams for New Knowledges,' in Henriette Gunkel, Chrysanthi Nigianni and Fanny Söderbäck (eds). *Undutiful Daughters: New Directions in Feminist Thought and Practice* (Basinstoke: Palgrave Macmillan, 2012), p. 14.

3— Grosz, 'The Future of Feminist Theory,' p. 15.

While issues of social dispossession and exploitation have a theoretical concept, class (and Marxism to explain it), and issues of colonial violence and violation have their concept, race (and postcolonial discourse to critique it), until the women's movement and feminism, gender and sexual difference were unthought, unconceptualized, and hence unchangeable. They fell beneath the threshold of critical and political thinking, as givens. By raising this repressed question of the relations of power and domination in the dimension of life and sociality to the conceptual level through the terms gender and sexual difference, alongside sexuality, feminism did not ignore or displace class and race as axes of power. Feminism emerged to *conceptualize* a dimension that runs its own coloured thread through the many-stranded cloth of intersectional social relations and subjectivity. But in conceptualizing gender and sexual difference, it also had to map out their specific fields, contradictions, conflicts and blind spots.

If we then proceed to propose that the adjective 'feminist' does not describe a period, a style, a personal perspective in art but an address to the problems of the world that need to be changed, and that art at a certain date in the twentieth century embraced the project of conceptual critique of the world that needed to be changed, we can grasp the conceptual innovativeness of feminism in culture and the feminist intervention in culture.

I hope it is clear by now that I have been laying the groundwork for the encounter in an actual museum and in the virtual space of the catalogue with the project and practice that is Mónica Mayer's work in the intersectional and multi-threaded space of art and feminism. This enables me to make sense of the range of materials that are exhibited/documented, a range that does not track the line of 'development' but the dissemination of a practice which takes the form of installations, graphic works, collaborations, archive building, and above all performance.

Performance was one of the major modes for the complexity and expansion of art after modernism. It could and did, however, become a vehicle for a new narcissism and exhibitionism, an intensification of the ideology of artistic individualism, often expressed through the display or actions of the exposed, hurt, active or sexual body of the artist. On the other hand, performance anticipated what one French curator belatedly identified as the creation of a relational field for art. Relationality can easily become a kind of laziness. The artist merely creates the occasion in which other people have to make the work through what they do. Returning, however, to the moment of the Women's Building in Los Angeles during the early 1970s, and the community of rigorously trained artists seeking to challenge the confines of late modernist aesthetics and protocols without abandoning the great modernist discovery of the powerful resources of form and medium themselves as the potentiality for artistic innovation, performance in the hands of Mónica Mayer is strategic and political.

Feminist practices in this area draw from a longer history and a wider culture to understand the meaning of ritual action, of gesture, of the creation of a momentary community which has to be as carefully crafted, though without fixed outcomes, as any painting or sculpture. It has to have an economy, a structure, a rhythm and a potential for the unexpected, the discovered and the transformational. In Mónica Mayer's work as part of different collaborative partnerships, I note the brilliance of the formulations that appear so simple and yet enable the participants and those now witness to these 'events' to touch those domains of life that art had either ignored or sentimentalized, rendered ideological materials. Take for instance the issue of maternity and motherhood. These are appropriated by almost all cultures as the site of official theological or state regulation for they concern the reproduction of the species, hence of the society itself. It was historically and ideologically inevitable that in an age of regulated reproduction, compulsory heterosexuality, structural sexual violence, and obligatory maternity that feminist investigation would focus on what these all mean for the person who is a woman, where woman is not an agent and in control of her own body and desire. Could this desired or enforced 'event' of the body and change of being that involves the encounter with one's own sexuality and with the future of life be otherwise known or lived? Could woman be a different kind of subject if she had agency with regard to her own body? How utterly revolutionary a thought! There are no feminist prescriptions. But in the spirit of 1968's radical challenge to power, there had to be an enquiry, research, and the accumulation of testimony.

In each country in the world in which the feminist flame erupted, and it was simultaneous and worldwide with no country being its home or beginning, the sexual body and the body that binds women to life and hence history had to be explored as one critical site of power and possibility. Thus marriage, maternity, motherhood, domesticity and its repressed or discovered alternatives cannot be subsumed under the notion of typical feminist themes, or feminist topics, feminist politics. They are shattering in their implications and were approached by artists *conceptually*, that means as forces that shape real lives in ways that can be transformed. The *effect* of the artistic practices through which these forces are addressed clearly may exceed the site of the performance: effects on participants, effects on those who come to know about the performances and understand their internal order and creative work.

Performance is furthermore a shattering art form because it places the person and the living body of the artist-at-work at the heart of the event: a living presence in new uncharted modes of interaction. It exposes those who come to see and participate in the performance in a proximity that is also an intimacy with another embodied person. There is the structuration of the ritual of the actions to provide the economy for the work, its time, duration, space and gestures. But there is no mediation as such, like that provided by seeing a drawing or painting or watching a film. This introduces to the aesthetic economy of a performance work the play of our own psychic economies, thus reaching beyond the textual or the representational to the unconscious, to affects such an anxiety or pleasure, to those forms of exchange with the world associated with our initiating moments as embodied beings in time and space. Freud named this condition the infantile, which does not mean that performance makes us into children. Rather it reconnects us with the domain of the intensities of the *infans*, which means, in Latin, without language. The domain carries its own intensities and anxieties, and in those cases where performance work solicits our words as well, it bridges the primary affectivity of being in the world with a sense of our own histories, lives lived and now reconsidered through the prism of the invitation. This is where art, even conceptual as I have defined it, exceeds the conceptual while infusing that dream of change with both futurity (our ever becoming infant-orientation to the world) and memory (and our thinking, reflecting historical selves).

In the proposal for this exhibition, Karen Cordero Reiman writes of Mónica Mayer as having created a life in art. She has made art as a life. The exhibition assembles the archive of that life, reanimating that life through its tracing into life, representing the actions of this life so far, be they drawings, performances, archive-building, mentoring, teaching, speaking, creating in so many ways.

Retrospection means looking back. Making an exhibition means providing us with the occasion in the here and now for an encounter not with what has been, but with what is now. For all of this is not an archive but a testimonial to a practice and a project that defies museum art history's neat categories of period, style, movement and more recently, new trend or celebrity artist. As the initiating feminist artists move into their fourth or even fifth decade as creative thinkers and makers, their work reveals itself anew. During the decades of its making such works intersected with different socio-political and cultural phases in the history of both their immediate location, Mexico in this case, even Mexico City perhaps, but also of international contemporary art and its radical expansion of forms and processes, of international feminist thought and its creative practices in the visual and others arts. It is marked by political crises, traumas, violence, local and global, and the central logic of the feminist project, peace, dictated by the revelations of its core: life. It has its own historicity, but also a continuing contemporaneity as it invites us to look around us at this present.

Mónica Mayer, with her partner, Victor Lerma, her collaborators, notably Maris Bustamente, and all the artists she has inspired, encouraged, sustained, and all the work she has put into the world, radiates to all who meet her that quality of liveliness and real thought. Here indeed is a life in art and art as a life force, a willing us to mute and end violence, to resist what divides us, to know what oppresses us, and to know ourselves. This requires anger at times, above all directed at forgetfulness, or indifference to the life-changing meanings of feminism. This exhibition shares that desire to make possible the enlivening encounter now with a life of art and art that is in its deepest creative impulse, political effect and aesthetic character, an intervention into the conditions of our life where the most intimate elements and the most political pressures meet on the field of transformative artistic practice.

Des/aparición: El autorretrato en la obra de Mónica Mayer

ERIN L. McCUTCHEON

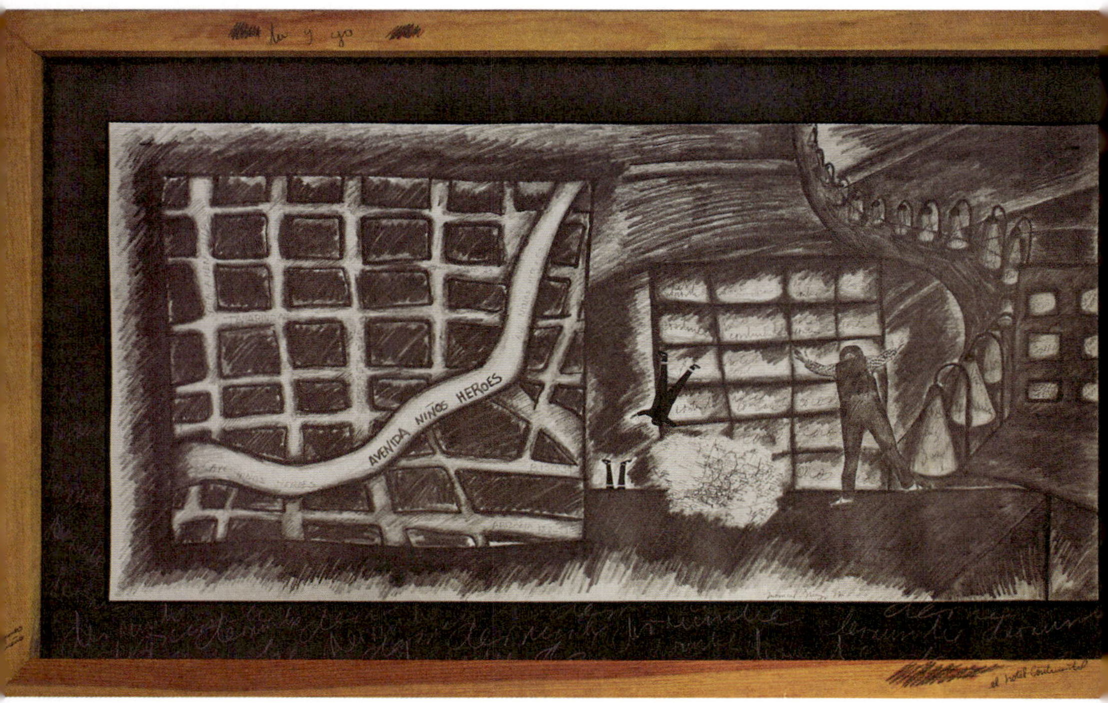

Mónica Mayer, *Derrumbe—Collapse*. De la serie *Mapas*—From the series *Maps*. Del proyecto *Novela rosa o me agarró el arquetipo*—From the Project *Romance Novel, or, the Archetype Got Me*, 1986 [Cat. 43]

Al observar la obra de Mónica Mayer vemos imágenes interminables de la artista: Mayer embarazada; en traje de baño; en sus labores como activista; vestida como la Virgen; como gatita sexual; como novia el día de su boda. Aunque no siempre es el foco de estas imágenes pictóricas, Mayer aparece tan a menudo en su obra que lleva al espectador a leer estas imágenes como retratos. Y si bien es una presencia poderosa y recurrente, que re/presenta detalles extraídos directamente de su vida personal, Mayer no lee estas imágenes como autorretratos. Para conciliar esta presencia y ausencia abrumadoras de la artista en su obra, podríamos leer el uso que Mayer da al autorretrato como una subversión feminista de la identidad. Se pueden establecer paralelismos obvios con la célebre autorretratista mexicana Frida Kahlo. Conocida por el estudio prolífico de su propia efigie, es bien sabido que Kahlo señaló que se centró en los autorretratos "porque soy el tema que mejor conozco".[1] Al hablar de sus propias obras, Mayer se hizo eco de este sentimiento:

> En términos prácticos, Frida lo dijo porque es lo que tenía más cerca. Para mí no es autobiografía, sino hablar en primera persona... obviamente tienen un montón de mis propias experiencias personales, y si nos fijamos en ellas podemos encontrar todos los secretos de mi vida... pero no, no las pienso como autorretratos.[2]

Esta estrecha relación entre la vida de los artistas y sus obras se ha traducido en una tendencia en la que el análisis crítico de las obras de arte se ve eclipsado por la escritura centrada en lo biográfico. Mayer trabaja para anular este análisis habitual, y quizás perezoso, de las obras realizadas por mujeres artistas, al negarse a aceptar la representación de sí misma en sus piezas como ella misma. Al utilizar su propia imagen y experiencias, pero al mismo tiempo distanciar su obra de la categorización biográfica, Mayer representa estrategias feministas que deconstruyen la tradición del autorretrato.

—

1— Ebenda, "Una pintora extraordinaria", en *Así*, México, 17 de marzo de 1945.

2— Entrevista con la artista, 20 de abril de 2015.

La participación de Mayer en los grupos de concientización feminista a finales de la década de 1970 influyó profundamente en su proceso de creación artística. Estos grupos a menudo funcionaban como un primer paso hacia la articulación de las experiencias, traumas, temores y ansiedades de las mujeres en la sociedad patriarcal —compartidos a menudo, pero siempre ubicados. En estos grupos, Mayer descubrió que cuanto más a fondo hablaba de su propia experiencia, en primera persona, más fácilmente se podía comunicar con otras personas atravesando sus múltiples diferencias.[3] Utilizar su propia imagen y experiencias íntimas le funcionó como estrategia para hablar con su público de una manera que comunicara a través de límites y llamara la atención acerca de distintas preocupaciones feministas. La ansiedad respecto a la maternidad y la domesticidad ocupa un lugar central en gran parte de su obra bidimensional. En la serie *De niñas y pesadillas* (1989) se invita al espectador al mundo privado, interior de Mayer. Los dibujos están llenos de una profunda sensación de malestar que se puede vincular con su propia identidad cambiante —como mujer ahora casada, madre primeriza, que, al mismo tiempo, seguía siendo una artista y feminista activa. Al situar estas tensiones en el centro del escenario, la obra de Mayer complica las nociones de género tradicionales de la experiencia emocional de la maternidad, al ir más allá de sus particularidades para referirse a las realidades compartidas de esta identidad común. Acordes a los objetivos clave del movimiento feminista en México, que trabajó para desmantelar el mito de la maternidad en México, los retratos interiores de Mayer rompen las expectativas culturales y sociales de la maternidad. A los espectadores se les hace creer que se les muestra la vida privada de Mayer en su propia presentación en estos entornos domésticos, y sin embargo están participando simultáneamente en un encuentro con las luchas feministas cotidianas.

Mayer, aunque proporciona la sensación de que tenemos una mirada íntima a los detalles de su vida, al mismo tiempo se disfraza, jugando con su identidad, soltándola. Mayer afirma con humor que sus "secretos" se

—

3— *Ibid.*

ocultan en los dibujos, y sin embargo se nos presenta a menudo como personaje. A veces la vemos actuar tropos relacionados con identidades canónicas de género, mostrando estos papeles como fluidos, relacionales y performativos. El género es tanto reflexión como autorrepresentación —una relación entre las realidades internas y las acciones exteriores que son producto de diversos discursos sociales, culturales y políticos. Al transformar con frecuencia los momentos íntimos en proyectos artísticos, Mayer despliega la autorrepresentación como una táctica para perturbar las normas y prácticas culturales. En *Las bodas y el divorcio* (1980-2015), Mayer relata su matrimonio y "divorcio" de Víctor Lerma, y subvierte la tradición de tomar el nombre de su marido. Durante el performance, Mayer preguntó a los invitados a la boda qué características debía tener su nueva identidad como "Sra. Lerma". Más tarde, en diferentes momentos de su vida diaria, asumiría y ejercería esta identidad construida de forma colectiva. Este aspecto quizá mundano del matrimonio, tan intrínsecamente ligado a las identidades cambiantes de las mujeres en la sociedad patriarcal en México y más allá, se transforma en un acto colectivo feminista de construcción de la identidad. Mayer no rechaza ingenuamente las identidades culturalmente impuestas, sino que resiste su neutralidad normativa y sugiere de qué formas podrían ser revolucionadas. Esto es parte de la cualidad positiva de su proyecto artístico en su conjunto: el reconocimiento y, en ocasiones, la aceptación de estos papeles, sólo para desmantelarlos, deconstruyendo de manera productiva el yo por medio de la autorrepresentación.

Dis/Appearance: Self-Portraiture in the Work of Mónica Mayer

ERIN L. McCUTCHEON

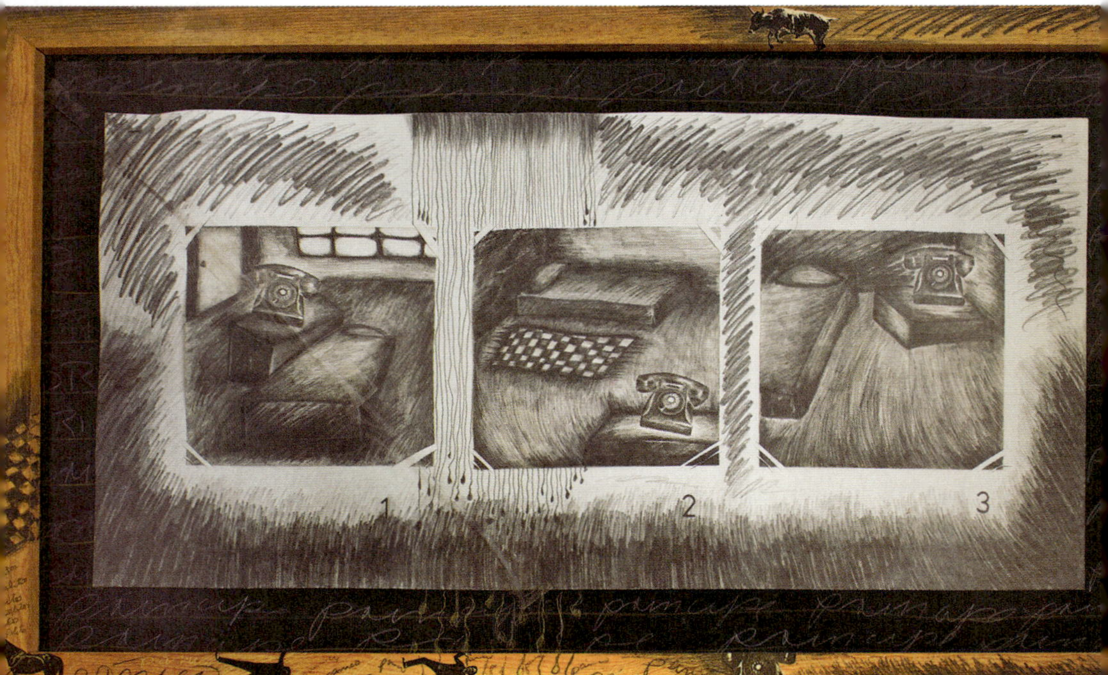

Mónica Mayer, *Príncipe—Prince*. De la serie *Reina y príncipe*—From the series *Queen and Prince.* Del proyecto *Novela rosa o me agarró el arquetipo*—From the project *Romance Novel, or, the Archetype Got Me*, 1986 [Cat. 52]

When looking at Mónica Mayer's work we see interminable images of the artist: here is Mayer pregnant; in her bathing costume; at work as an activist; dressed up as the Virgin; as a sex kitten; as a bride on her wedding day. While not always the central focus of these pictorial images, Mayer appears so often in her work that it leads the viewer to read these images as portraits. While she is a powerful and recurring presence, re/presenting details drawn directly from her personal life, Mayer does not, however, read these images as self-portraits. To reconcile this overwhelming presence and absence of the artist in her work, we might read Mayer's use of self-portraiture as a feminist subversion of identity. Obvious parallels can be drawn to the notorious Mexican self-portraitist, Frida Kahlo. Known for her prolific examination of her own likeness, Kahlo famously stated she focused on self-portraits "because I am the subject I know best."[1] When speaking of her own work, Mayer echoed this sentiment:

> In practical terms, Frida said it, it is because that is what she had closest. For me it is not autobiographical, but talking in *primera persona* [the first person]… obviously they have a lot of my own personal experiences, and if you look into them you can find out all my secrets in life… but no, I do not think of them as self portraits.[2]

This close relationship between artists' lives and their works has resulted in a tendency for critical analysis of the artworks to be overshadowed by writing centered on the biographical. Mayer works to undo this common, and perhaps lazy, analysis of artworks made by artists who are women by refusing to accept the representation of herself in her artworks, as herself. By utilizing her own image and experiences, but at the same time distancing her work from biographical categorization, Mayer enacts feminist strategies that deconstruct the tradition of self-portraiture.

Mayer's participation in feminist consciousness-raising groups during the late 1970s profoundly influenced her art-making process. These groups often functioned as a first

—

1— Ebenda, "Una pintora extraordinaria," *Así*, México, D.F., 17 March 1945.

2— Interview with the artist, April 20, 2015.

step towards articulating the often shared, but always situated, experiences, traumas, fears and anxieties of women living in patriarchal society. Inside these groups, Mayer discovered that the more closely she spoke to her own experience, in *primera persona*, the more easily she could communicate with others across their varied differences.[3] Utilizing her own image and intimate experiences functioned as a strategy for Mayer to speak to her audience in ways that communicated across boundaries, and called attention to a variety of feminist concerns. Anxieties regarding motherhood and domesticity take center stage in much of her two-dimensional work. In the series *De niñas y pesadillas* (1989) the viewer is invited into Mayer's private, interior world. The drawings are filled with a profound sense of unease that can be linked to her own shifting identity—as a now married, new mother who, at the same time, remained a working artist and active feminist. Placing these tensions at center stage, Mayer's work complicates traditional gendered notions of the emotional experience of motherhood, reaching beyond her particularities in order to touch upon shared realities of this common identity. In line with key goals of the feminist movement in Mexico, which worked towards dismantling the myth of motherhood in Mexico, Mayer's interior portraits disrupt cultural and social expectations of maternity. Viewers are led to believe they are being shown Mayer's private life through her own self presentation in these domestic settings, yet they are in simultaneously engaged in an encounter with common feminist struggles.

While providing the sense that we have an intimate look at the details of her life, Mayer at the same time disguises herself, playing with and unfixing her identity. Mayer humorously asserts that her "secrets" are hidden within the drawings, and yet she so often appears before us as a character. At times we see her acting out tropes related to canonical gender identities, demonstrating these roles as fluid, relational and performative. Gender is both reflection and self-representation—a relationship between internal realities and external actions that are the product of a variety of social, cultural and political discourses. Often transforming

—

3— Ibid.

intimate moments into artistic projects, Mayer deploys self-representation as a tactic towards disrupting cultural norms and practices. Chronicling her marriage to and "divorce" from Victor Lerma in *Las bodas y el divorcio [The Weddings and the Divorce]* (1980–2015), Mayer subverts the tradition of taking on her husband's name. During the performance, Mayer solicited responses from wedding guests as to what characteristics her new identity as "Mrs. Lerma" should have. She would later take on and exercise this collectively constructed identity at different times in her daily life. This perhaps mundane aspect of marriage, so intrinsically linked to shifting identities for women within patriarchal society in Mexico and beyond, is transformed into a collective feminist act of identity construction. Mayer does not naively reject culturally imposed identities, but rather resists their normative neutrality, suggesting ways they might be revolutionized. This is part of the positive quality of her artistic project as a whole—acknowledging and, at times, accepting these roles, only to dismantle them, productively deconstructing the self through self-representation.

Dibujando el tiempo: el performance bidimensional de Mónica Mayer

ERIN L. McCUTCHEON

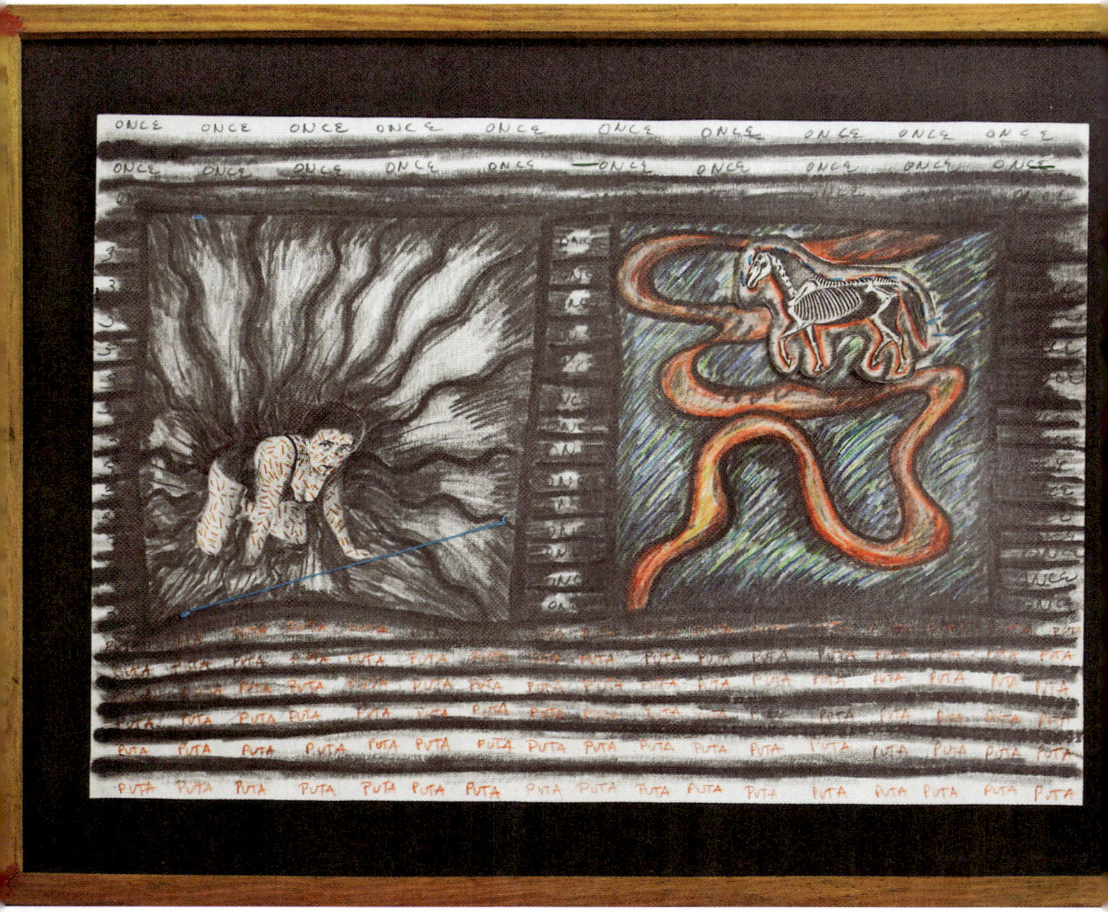

Mónica Mayer, *Puta—Whore*. De la serie *La última*—From the series *The Last One*. Del proyecto *Novela rosa o me agarró el arquetipo*—From the project *Romance Novel, or, the Archetype Got Me*, 1986 [Cat. 53]

La mayoría reconocerá el arte de Mónica Mayer por su gran cantidad de obras performáticas. Sus performances, emprendidos tanto sola como con otros artistas en los colectivos Polvo de Gallina Negra y Pinto mi Raya, siguen siendo fundamentales para comprender su práctica artística, pero tienden a eclipsar su vasta obra en medios bidimensionales. Los historiadores del arte y curadores a menudo tienen dificultades para conciliar las prácticas de una artista como Mayer, quien desafía la categorización fácil gracias a su carrera multidimensional. El montaje de esta exposición en particular supuso pasar muchos y largos días revisando el extenso archivo de obras de Mayer. Esto brindó el espacio para un reencuentro fundamental con su catálogo de dibujos, collages y pinturas junto con los registros de sus muchos performances. Con toda su obra desplegada ante nosotros, pudimos ver vínculos intrínsecos entre sus obras de performance y sus obras bidimensionales —la performatividad en ambas "categorías". Estas obras bidimensionales se realizaron de forma simultánea y como respuesta a preguntas y preocupaciones similares respecto al feminismo, la política y la naturaleza de la práctica artística. Propongo que leamos el inmenso catálogo de Mayer de obras de arte bidimensionales de forma más conceptual, bajo la lente del performance. Este método de análisis funciona para desestabilizar la brecha conceptual entre las prácticas del performance y el dibujo, lo que permite la afirmación de la acción, la agencia y la temporalidad en obras antes encasilladas en el ámbito de lo que tradicionalmente se ha considerado íntimo, distante y pasivo.

A lo largo de su práctica, Mayer ha trabajado en series, produciendo un inmenso número de dibujos combinados con collage en lo que se siente, a veces, como una exploración obsesiva de temas, incluyendo la muerte, el envejecimiento y la maternidad. Mayer afirma que esta forma de trabajar con imágenes recurrentes excesivamente reproducidas en serie podría haber sido su manera de "introducir el tiempo a los dibujos".[1] En el reciclaje, la reconfiguración y la reinvención de fotografías, imágenes, texto y tema, Mayer atrae al espectador hacia un narrativa en curso que

—

1— Entrevista con la artista, 20 de abril de 2015.

se resiste a la definición estática. Podemos ver esto en el tratamiento de las figuras e iconos de la serie *Las serpientes* (1986), estrechamente relacionado con una instalación más grande, *Novela rosa* (1987). Mayer guía al espectador en un viaje de exploración de las ansiedades, miedos e incertidumbres vinculados a la imaginería relacionada con el nacimiento, la maternidad, la muerte y la vida doméstica. Aquí, serpientes ondulantes se transforman en intestinos, sólo para convertirse en las carreteras que conducen a la incertidumbre, siempre retorciéndose, revirtiéndose hacia el interior y sobre sí mismas —serpientes que comen sin parar sus propias colas.

Mayer surge a lo largo de sus dibujos, su cuerpo aparece y desaparece, introducido y extraído de cada escena. A medida que se mueve por este paisaje emocional de tensión y ansiedades, las obras de Mayer estimulan una experiencia prolongada de la mirada, más en línea con el cine o el video que con los dibujos estáticos. Su propia meditación sostenida sobre el tema obliga a un amplio diálogo con el espectador. Siempre interesada en la interacción, sus dibujos se convierten en un método para iniciar la comunicación entre Mayer y el espectador, incluso si ella está ausente. Logra esto, en parte, al permitir que la obra bidimensional sobrepase el sentido del espacio del espectador. Configuradas en una sucesión muy próxima y rápida, cuando se muestran en conjunto, sus obras representan narrativas que sólo pueden comprenderse mediante la experiencia sostenida de la mirada. Mayer explora un número infinito de posibilidades, y los dibujos representan muchas verdades sin permanecer en una simple interpretación. El sentido de lo incompleto de estas narrativas anima al espectador a mirar una y otra vez, extendiendo la representación de estas vulnerabilidades, ansiedades y tensiones. Situado en algún lugar entre el performance y el dibujo, el proyecto de Mayer desafía las convenciones impuestas por las estructuras canónicas euro-estadounidenses, produciendo significado dentro de las categorías asumidas de rebeldía.

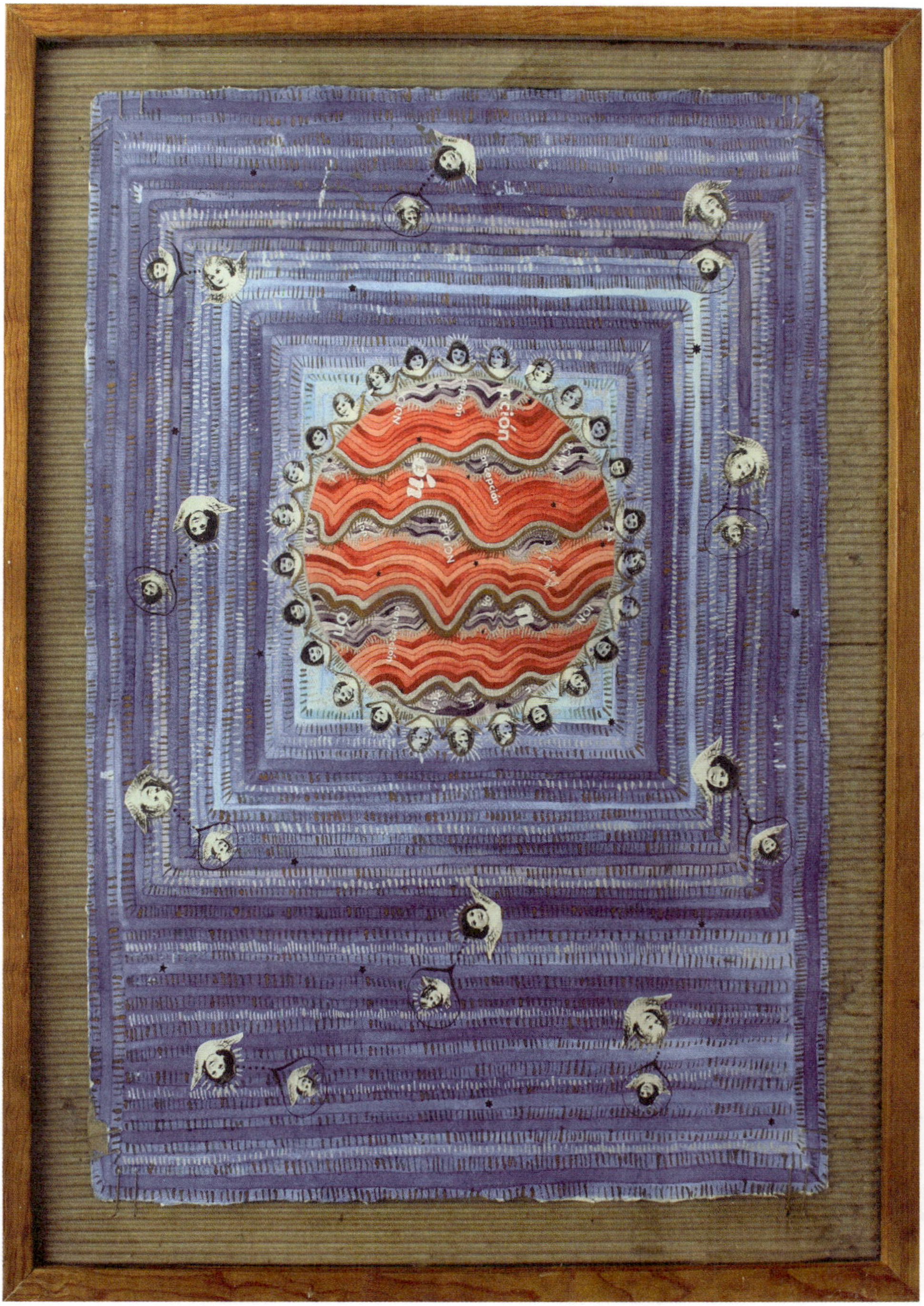

Mónica Mayer, *Concepción—Conception*, 1982 [Cat. 40]

Drawing Time: Mónica Mayer's Two-Dimensional Performance

ERIN L. McCUTCHEON

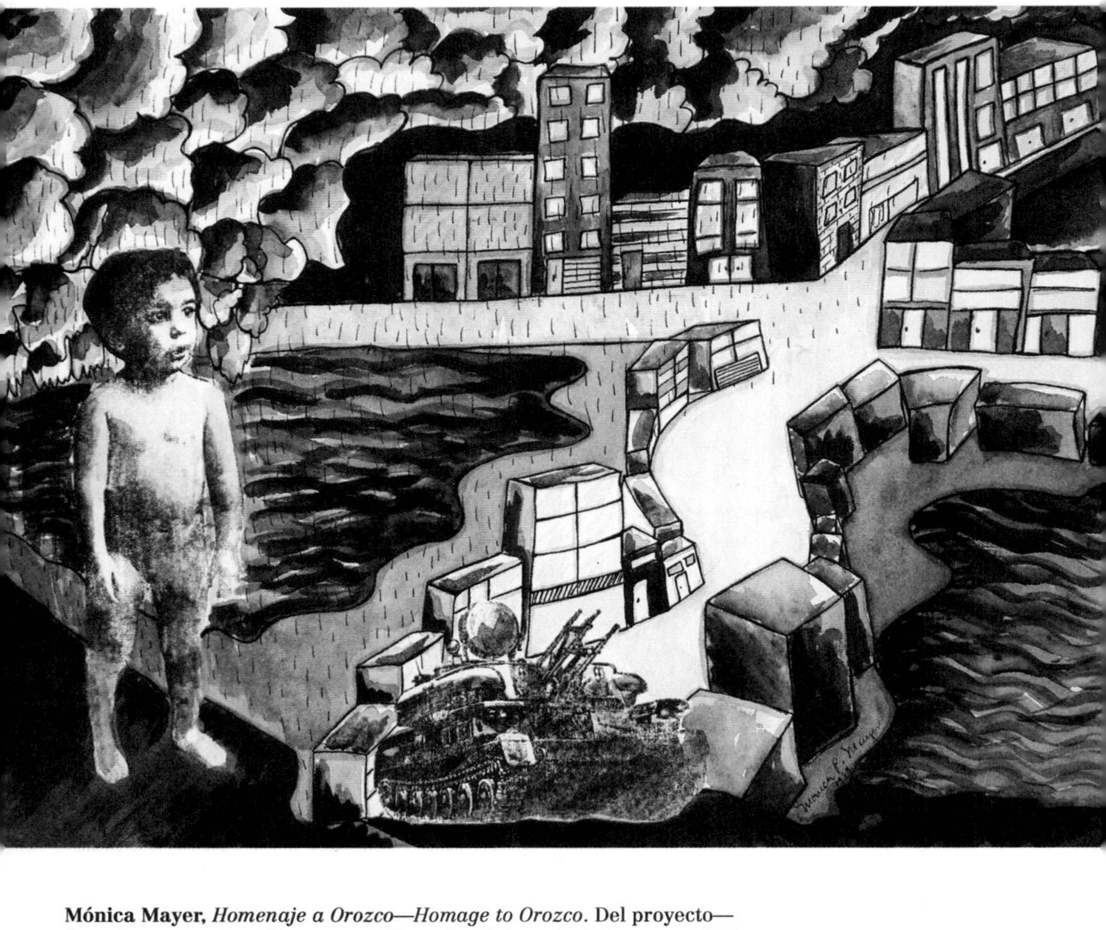

Mónica Mayer, *Homenaje a Orozco—Homage to Orozco*. Del proyecto—from the project *De niñas y pesadillas—On Girls and Nightmares*, 1989.

Most will recognize the art of Mónica Mayer by her multitude of performance works. Her art performances undertaken both alone and collectively with fellow artists in Polvo de Gallina Negra and Pinto mi Raya remain critical to an understanding of her artistic practice, but they tend to overshadow her vast amount of work in two-dimensional media. Art historians and curators often struggle with how to reconcile the practices of an artist like Mayer, who defies easy categorization through her multidimensional career. Assembling this particular exhibition necessarily involved many long days spent combing through Mayer's extensive archive of works. This provided space for a fundamental re-encounter with her catalogue of drawings, collages and paintings alongside records of her many performances. With her entire oeuvre set out before us, we could see intrinsic links between her performance works and her two-dimensional works—performativity in *both* "categories." These two-dimensional works were undertaken simultaneously and in response to similar questions and concerns regarding feminism, politics and the nature of artistic practice. I propose that we read Mayer's immense catalogue of two-dimensional artworks more conceptually, under the lens of performance. This method of analysis works to destabilize the conceptual divide between these practices of performance and drawing, allowing for the assertion of action, agency and duration into works previously caged off in the realm of what has been traditionally considered intimate, distanced and passive.

Throughout Mayer's practice she has worked in series, producing an immense number of drawings combined with collage in what feels, at times, like an obsessive exploration of themes including death, aging and the maternal subject. Mayer states that this manner of working with recurrent images excessively reproduced in series might have been her way of "introducing time to drawing."[1] In the recycling, reconfiguring and reimagining of photographs, images, text and subject matter, Mayer draws the viewer into an ongoing narrative that resists static definition. We can see this in the treatment of figures and icons that run through the series

—

1— Interview with the artist, 20 April 2015.

Las serpientes [The Serpents] (1986), closely connected to a larger installation, *Novela rosa [Romance Novel]* (1987). Mayer takes the viewer along with her on a journey exploring the anxieties, fears and uncertainties attached to imagery connected with birth, motherhood, death and domesticity. Here, undulating snakes transform into intestines, only to become roads that lead to uncertainty, always twisting and turning, reversing inwards and back on themselves—snakes endlessly eating their own tails.

Mayer emerges in the drawings throughout, her body appearing and disappearing, drawn into and cut away from each scene. As she moves through this emotional landscape of tension and anxieties, Mayer's works encourage a prolonged experience of looking more in line with film or video than static drawings. Her own sustained meditation on the subject matter forces an extended dialogue with the viewer. Always interested in interaction, her drawings become a method of initiating communication between herself and the viewer, even in her absence. She achieves this, in part, by allowing the two-dimensional work to overwhelm the viewer's sense of space. Configured in close, rapid succession, when shown as a whole, the works enact narratives only understood through the sustained experience of looking. She explores an infinite number of possibilities, and the drawings perform many truths without resting on one simple interpretation. The sense of incompleteness to these narratives encourages the viewer to look again and again, extending the performance of these vulnerabilities, anxieties and tensions. Located somewhere between performance and drawing, Mayer's project challenges the conventions imposed by Euro-American canonical structures, producing meaning within assumed oppositional categories.

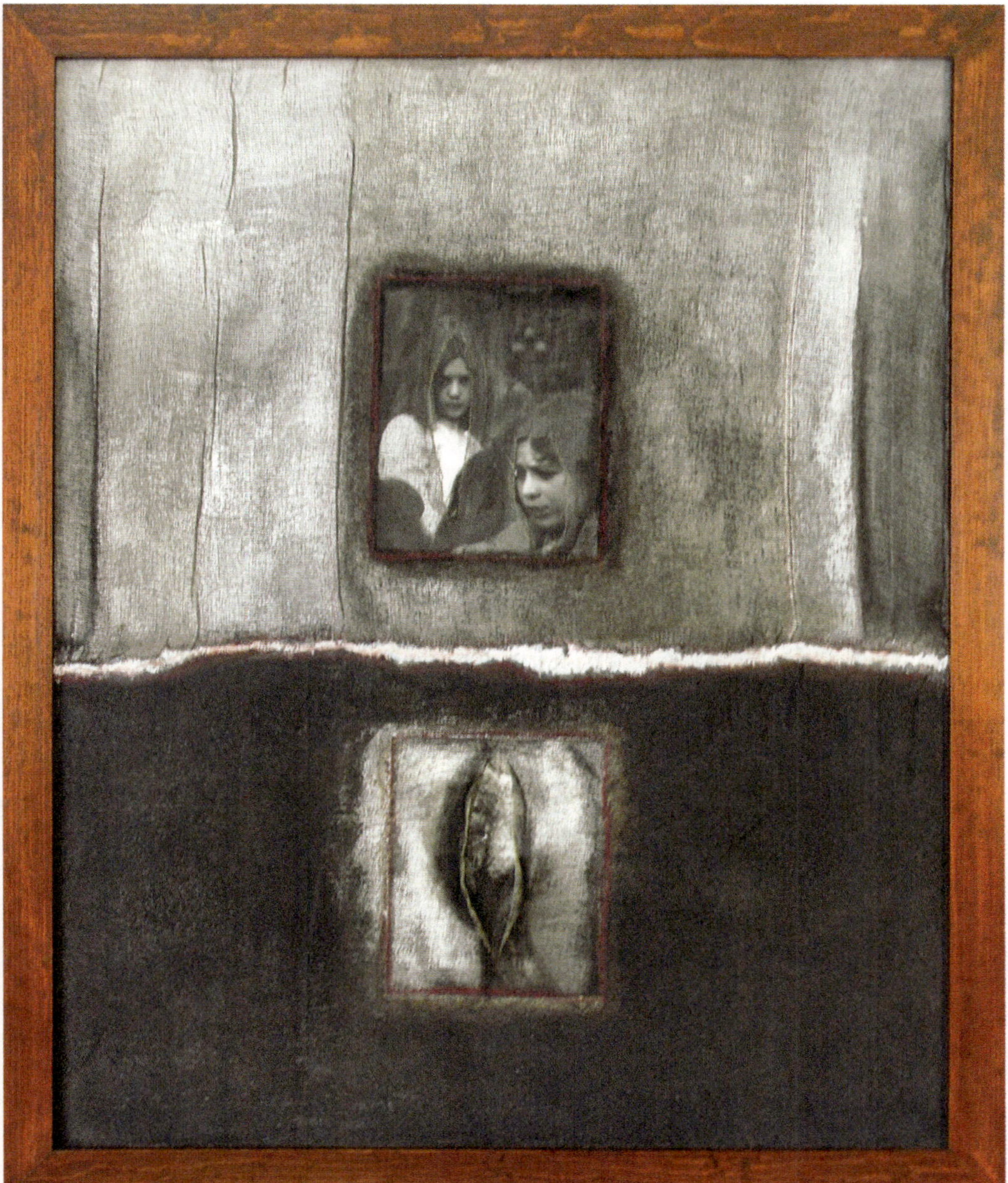

Mónica Mayer, *Paloma—Dove*, 1977. Del proyecto *Collage íntimo*—From the project *Intimate Collage* [Cat. 24]

Núcleo II: Hacia otra erótica: arte, vida, afecto

—

Section II: Toward Another Erotics: Art, Life, Affect

ALGO COMO EL AGUA
—
SOMETHING LIKE WATER

1990

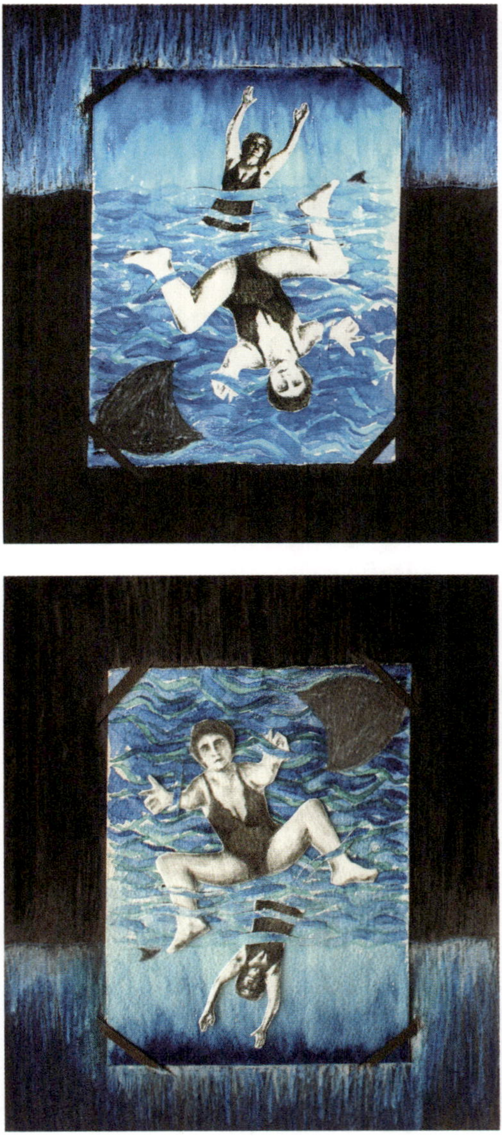

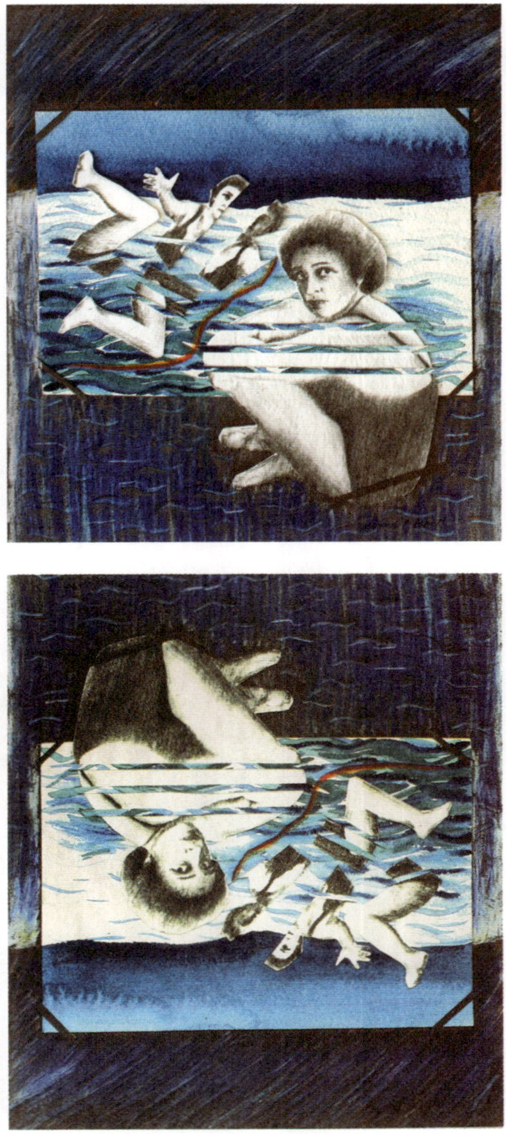

Izquierda—Left: **Mónica Mayer,** ***Tres—Three*****, 1990 [Cat. 58]**
Derecha—Right: **Mónica Mayer,** ***Cuatro—Four*****, 1990 [Cat. 41]**

LAS BODAS Y EL DIVORCIO
—
THE WEDDINGS AND THE DIVORCE

1980-2015

Este proyecto de largo aliento refleja el interés de Mayer y Lerma por dejar que el arte invada sus vidas personales y viceversa. Constituye una desconstrucción performática de la institución *matrimonio* y una celebración de su larga y fructífera relación creativa y personal. Está integrado por obras de performance, arte digital y otros medios, entre ellas: *El nacimiento de la Sra. Lerma* (1980), *Foto falsa a diez años de la boda* (1990), *Dualidad virtual* (2002), *Ni tu título ni el mío* (2005), *El álbum* (2012) y *La cena y la exposición* (2015).

—

This long-lasting project reflects Mayer and Lerma's joint interest in allowing art to invade their personal lives and vice versa. It constitutes a performative deconstruction of the institution of *marriage* and a celebration of their enduring and fruitful creative and personal relationship. It is made up of works of performance, digital art and other media, among them: *The Birth of Mrs. Lerma* (1980), *Fake Photo Ten Years after the Wedding* (1990), *Virtual Duality* (2002), *Neither Your Title nor Mine* (2005), *The Album* (2012) and *The Dinner and the Exhibition* (2015).

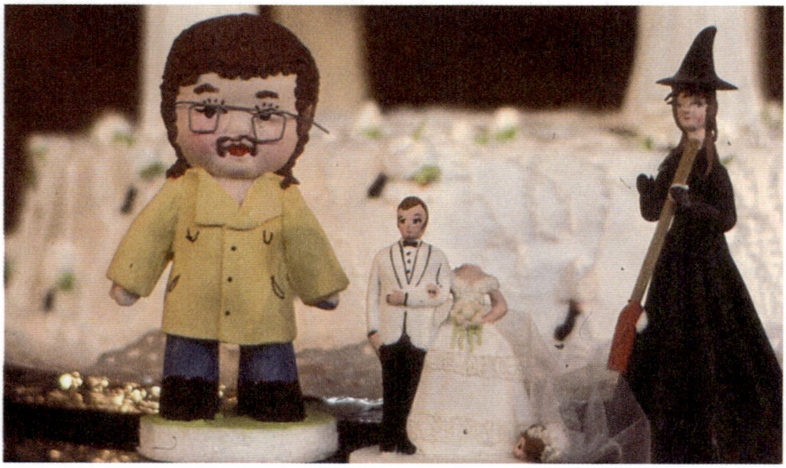

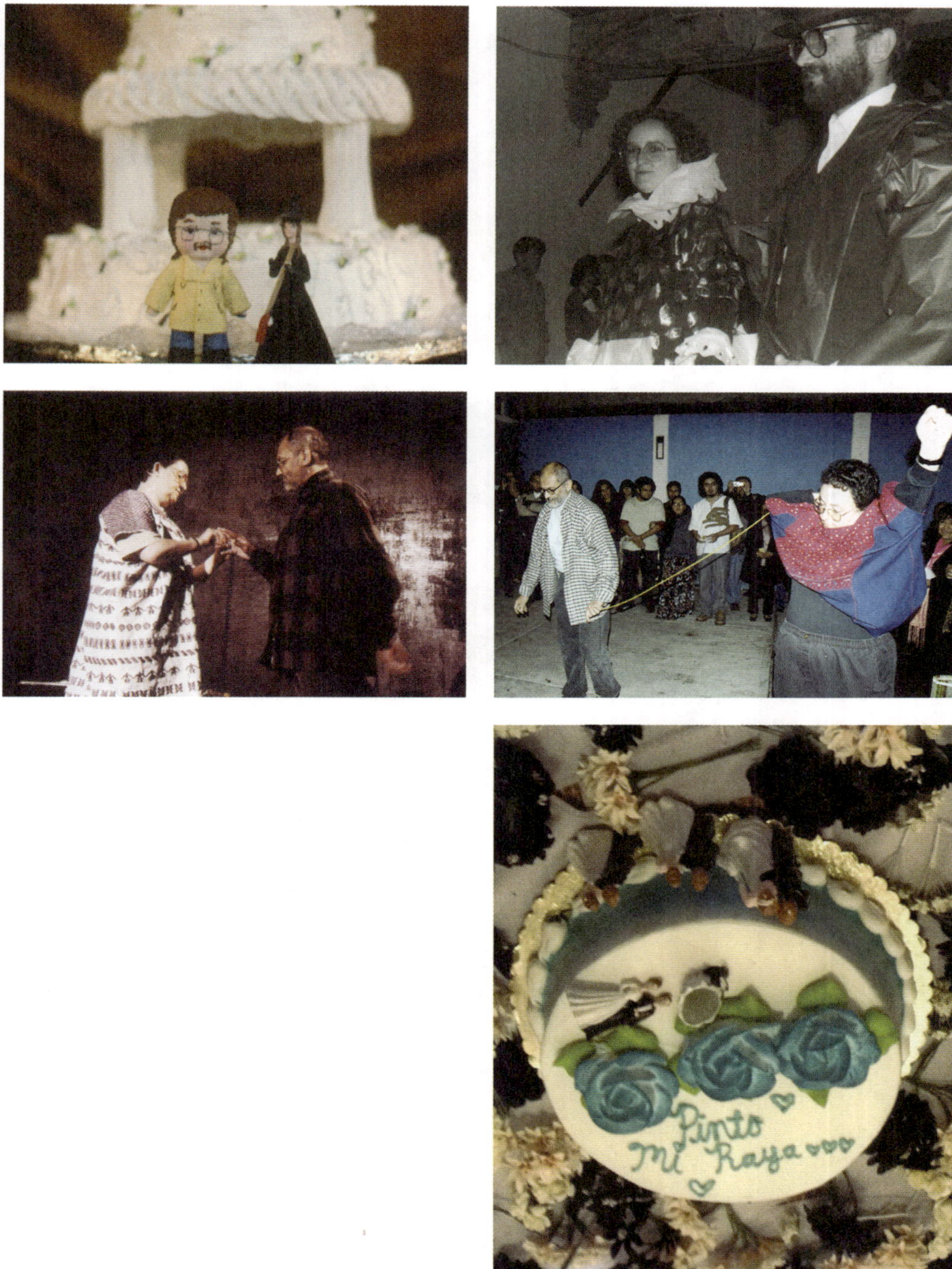

Mónica Mayer y—and Víctor Lerma, *Las bodas y el divorcio—*
The Weddings and the Divorce, 1980–2015 [Cat. 47]

SEPARACIÓN
—
SEPARATION

1982

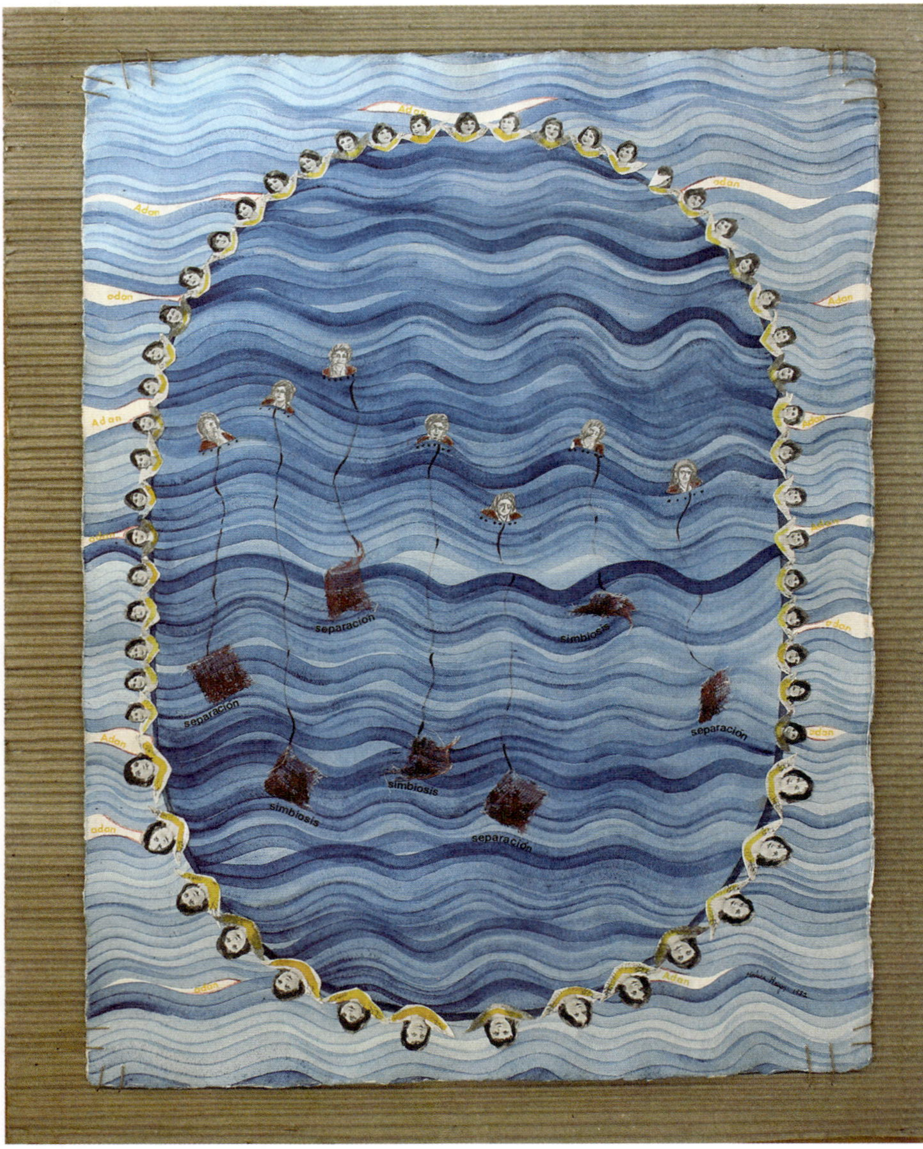

 Mónica Mayer, *Separación—Separation*, 1982 [Cat. 54]

NO

1986

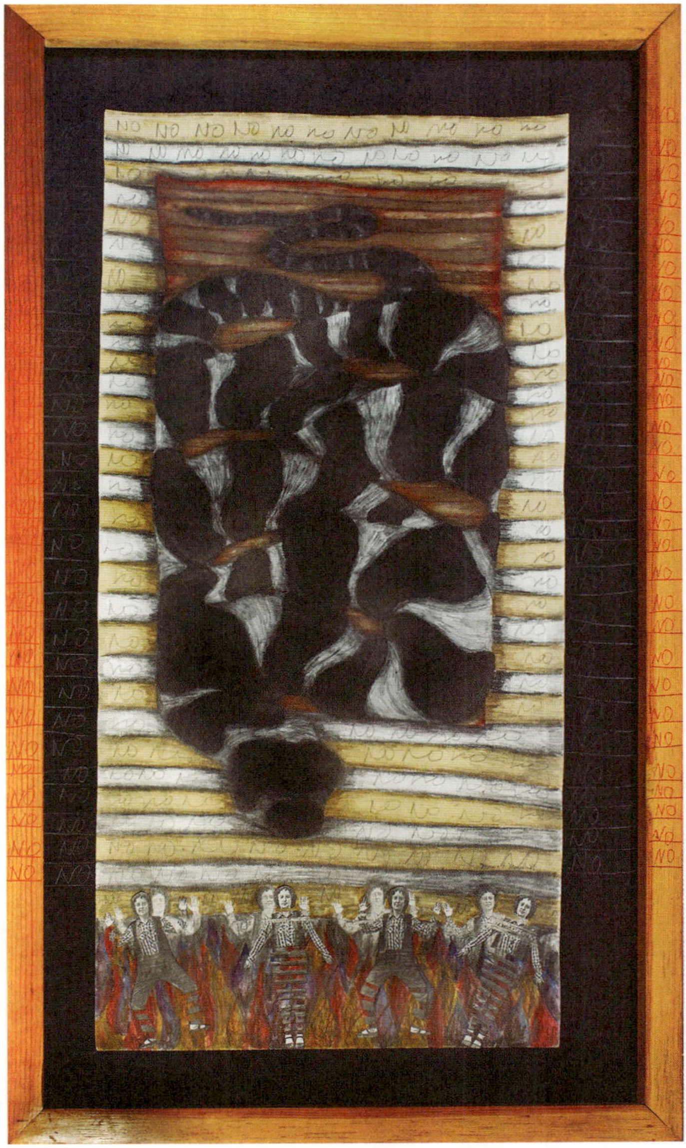

Mónica Mayer, *No*. De la serie *Serpientes*—From the series *Serpents*, 1986 [Cat. 51]

DIARIO DE LAS VIOLENCIAS COTIDIANAS

—

DIARY OF EVERYDAY ACTS OF VIOLENCE

1984

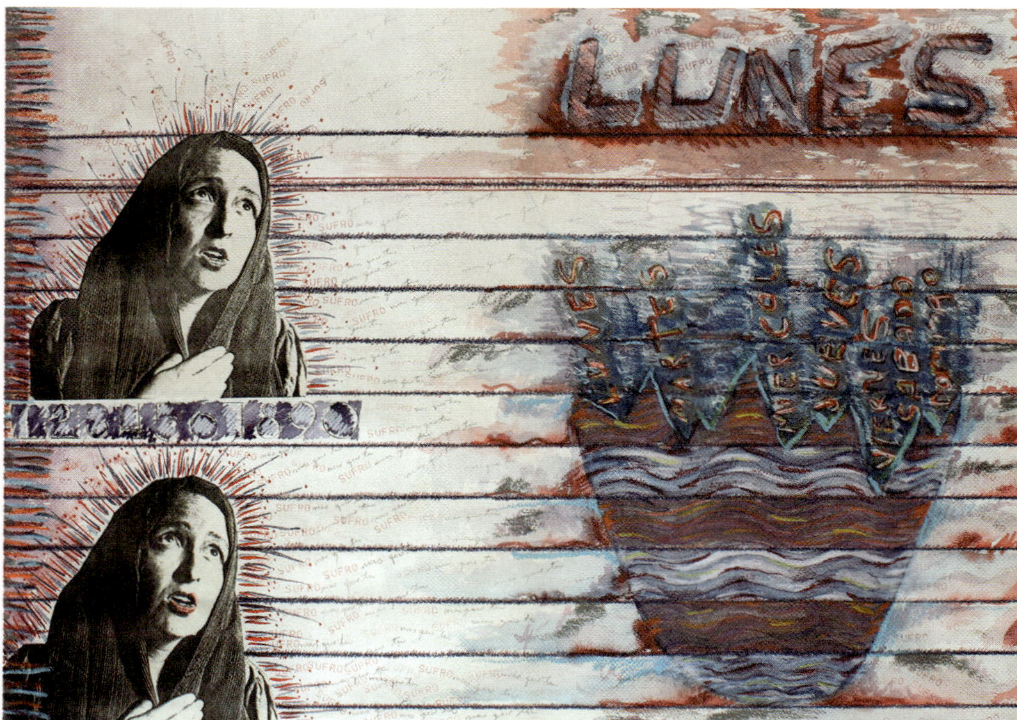

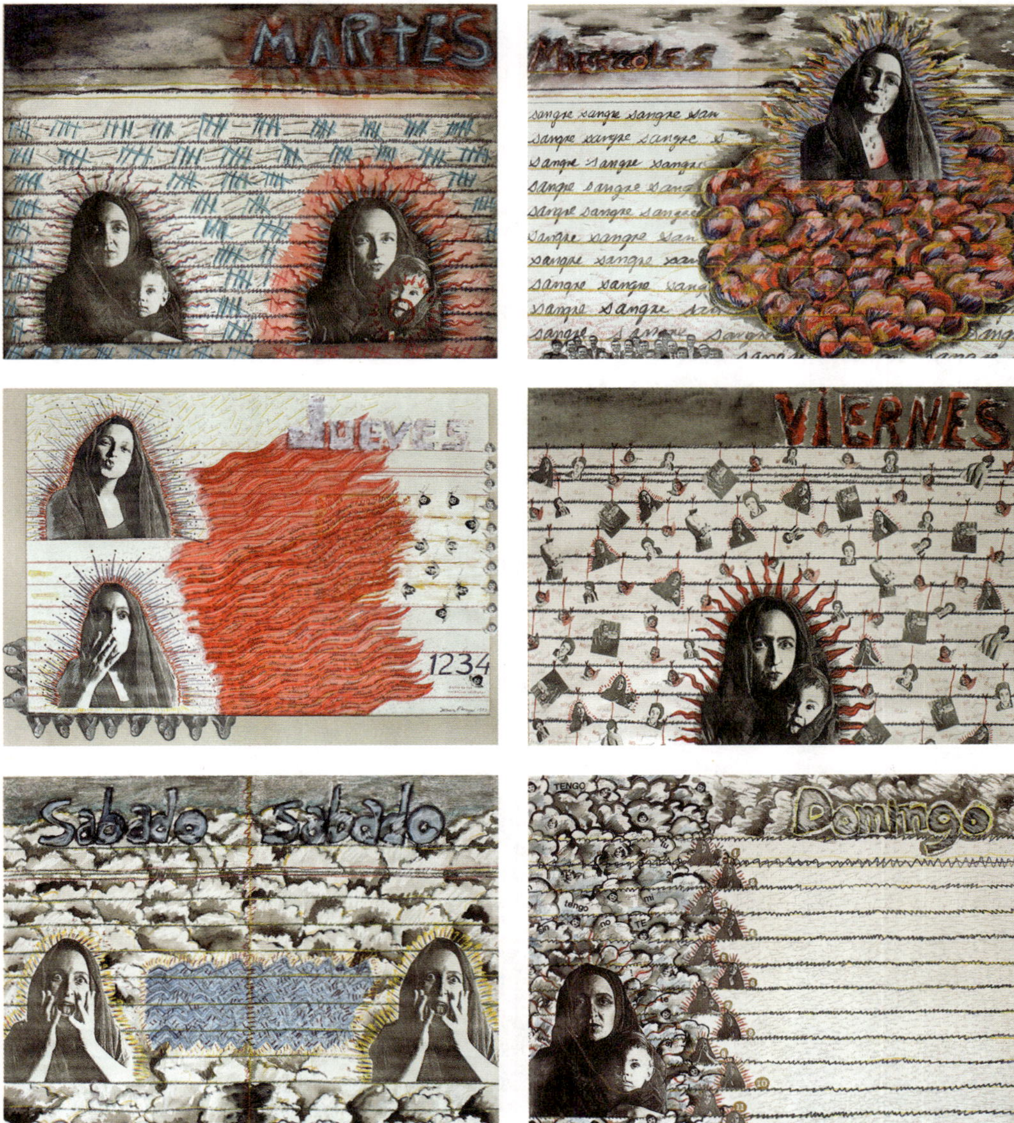

Mónica Mayer, *Diario de las violencias cotidianas* (*Lunes, Martes, Miércoles, Jueves, Viernes, Sábado y Domingo*)—*Diary of Everyday Acts of Violence* (*Monday, Tuesday, Wednesday, Thursday, Friday, Saturday and Sunday*), 1984 [Cat. 44]

LOS NAUFRAGIOS DEL CUERPO

—

THE BODY'S SHIPWRECKS

1990

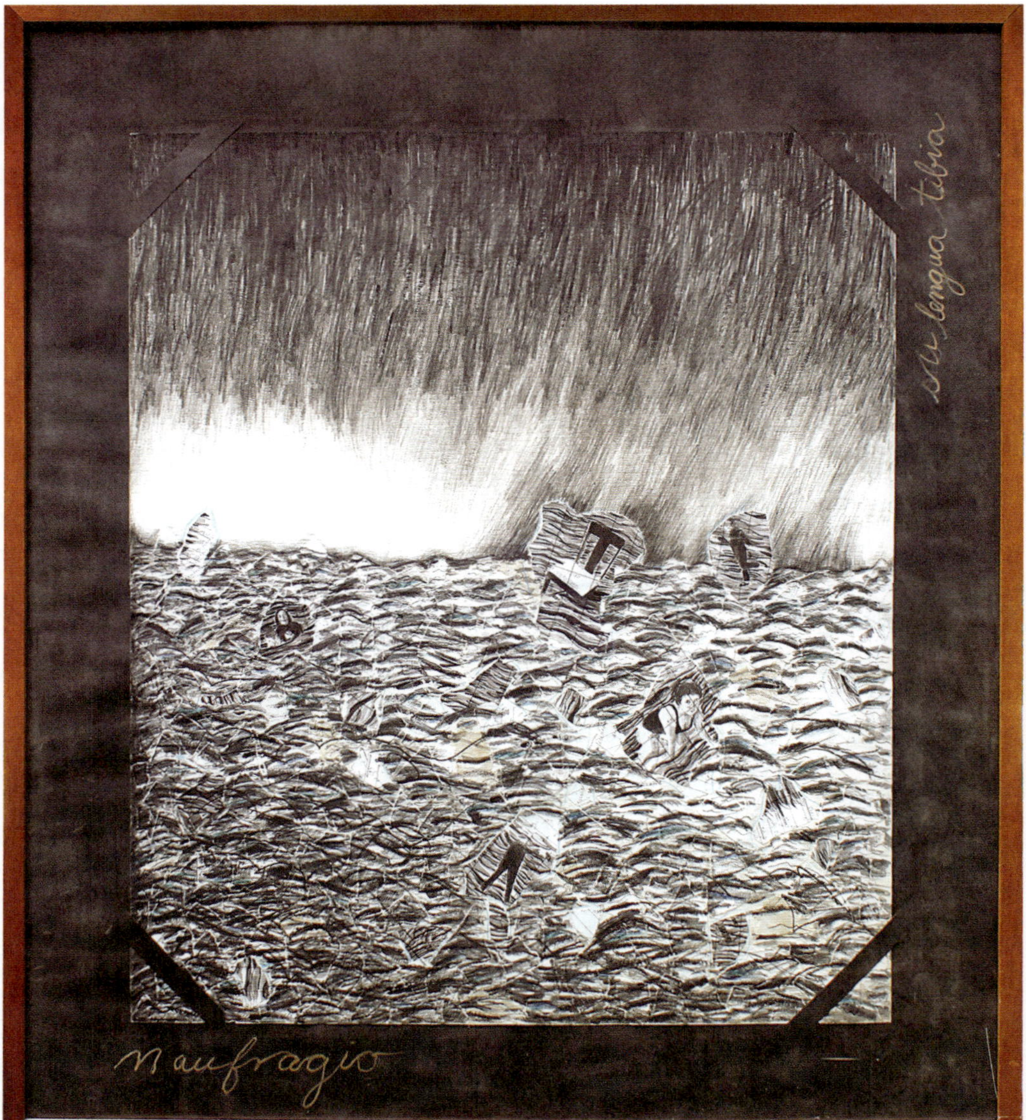

Mónica Mayer, *Su lengua tibia—His Warm Tongue*. De la serie *Los naufragios del cuerpo*—From the series *The Body's Shipwrecks*, 1990 [Cat. 56]

HACHAZO
—
AXE BLOW

1989

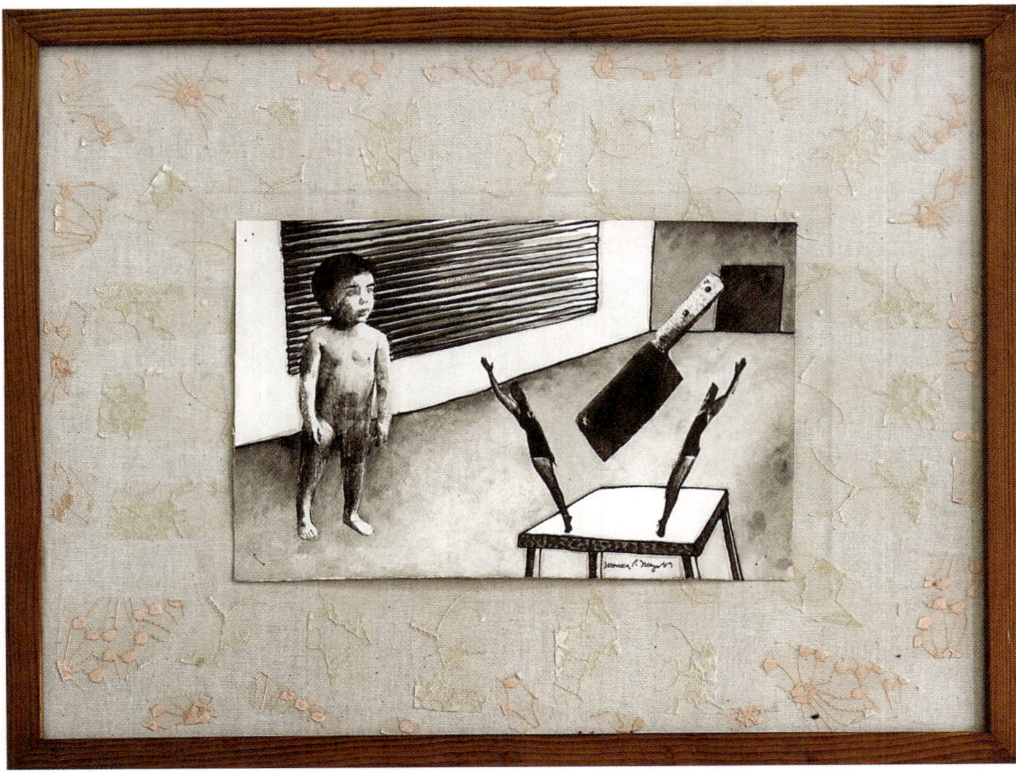

Mónica Mayer, *Hachazo—Axe Blow*. Del proyecto *De niñas y pesadillas—* From the project *On Girls and Nightmares*, 1989 [Cat. 45]

HUESITOS

—

LITTLE BONES

1992-1995

Mayer, después del fallecimiento de su tía Anita, presentó esta pieza en su honor que incluía una instalación, un performance, dibujo y obra gráfica, que coadyuvan a una reflexión sobre la vejez, la muerte y la fragilidad de la memoria. La imagen de la tía en formatos desde monumentales hasta íntimos creó un escenario para que diversas personas participaran en una acción colectiva mientras Mayer leía en un diario ficticio los "recuerdos" de Anita.

—

After the death of her aunt Anita, Mayer presented this piece in her honor. It included an installation, a performance, drawing, and graphic work, which contributed toward a reflection on aging, death, and the fragility of memory. The image of her aunt, in formats ranging from the monumental to the intimate, set the stage for diverse participations in a collective action that took place while Mayer read a fictitious diary of Anita's "memories."

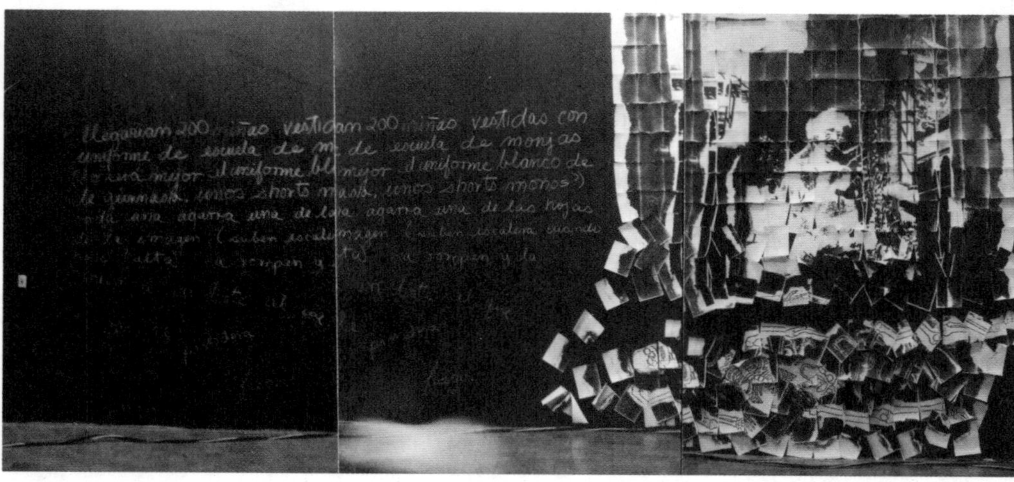

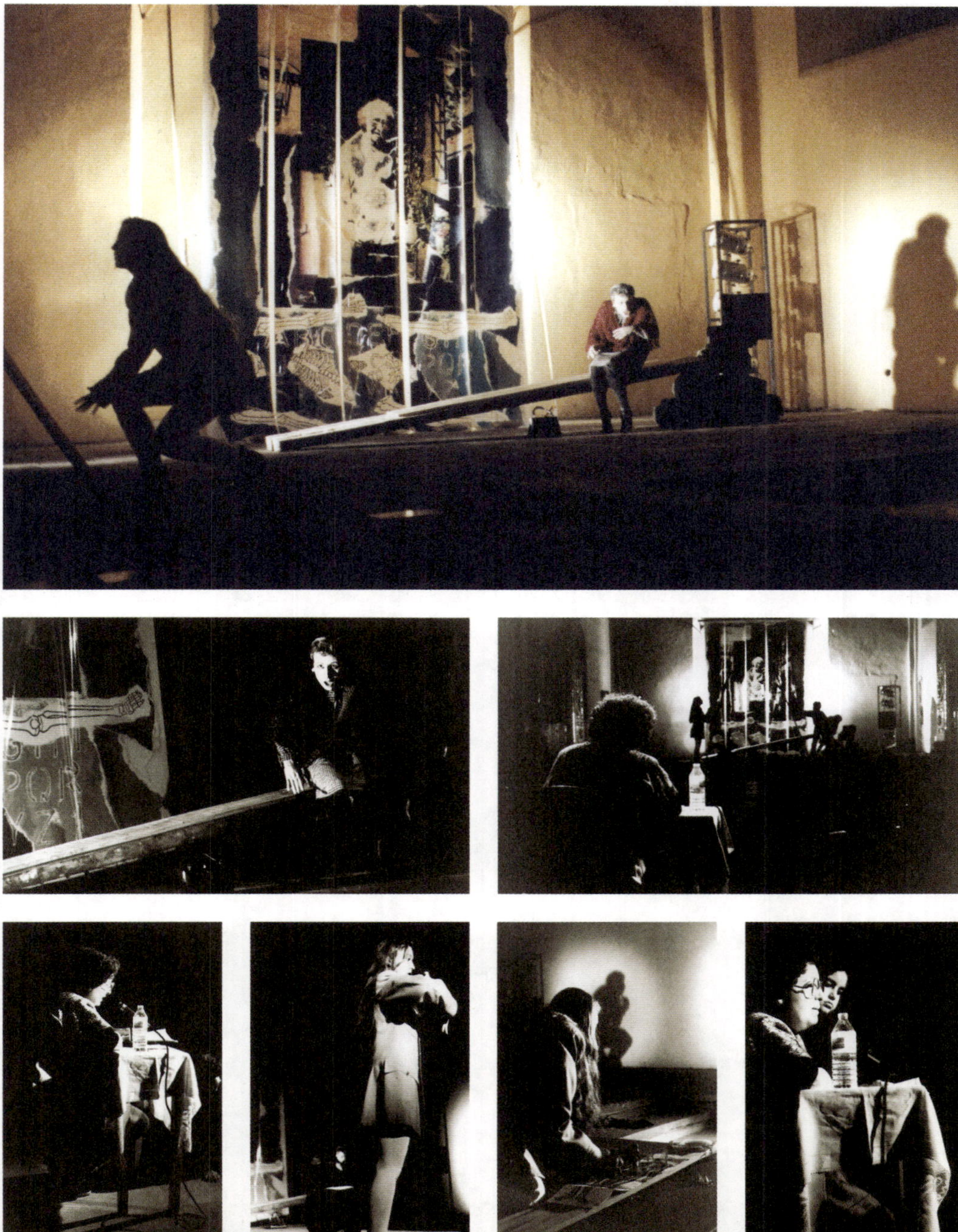

Mónica Mayer, *Huesitos—Little Bones*, 1992-1995. Fotos—Photos: Mónica Naranjo (arriba—above), Víctor Lerma (abajo—below) [Cat. 46]

Tramar complicidades, formar públicos: una conversación con Mónica Mayer sobre arte y práctica social

PABLO HELGUERA

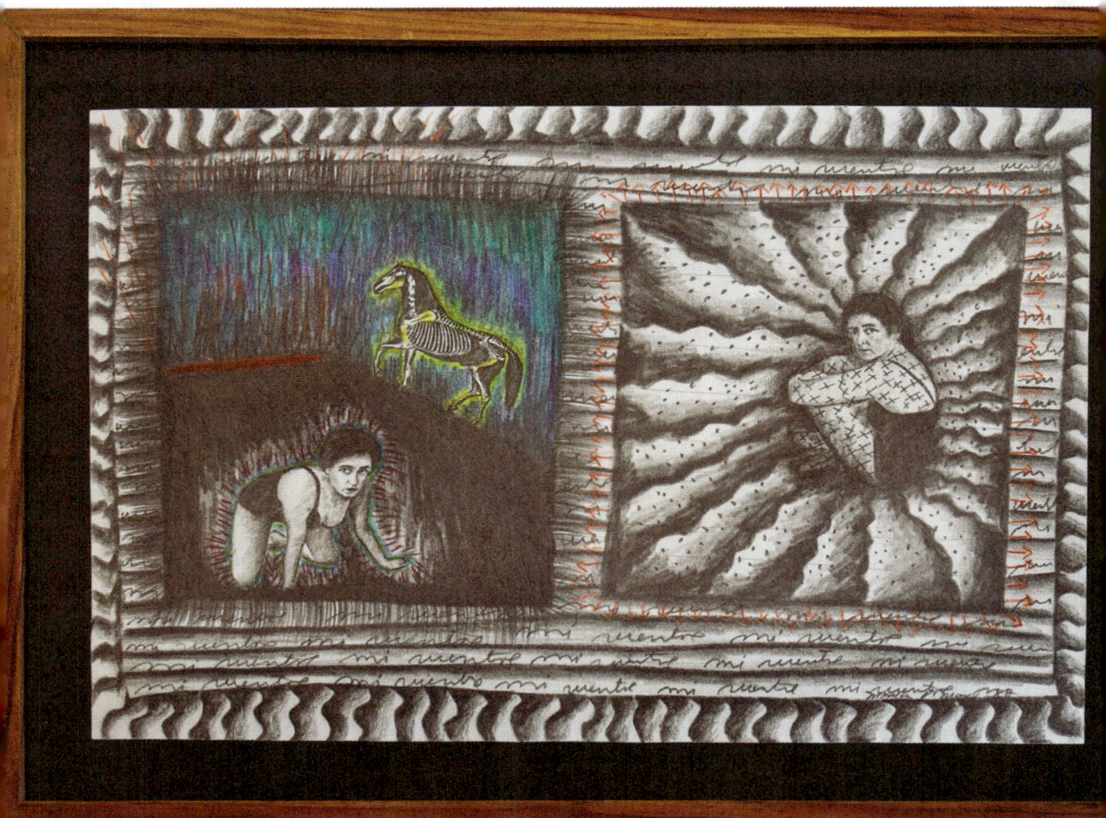

Mónica Mayer, *Mi vientre—My Womb*. De la serie *La última*—From the series *The Last One*. Del proyecto *Novela rosa o me agarró el arquetipo*—From the Project *Romance Novel, or, the Archetype Got Me*, 1986 [Cat. 49]

Pablo Helguera: Hablemos un poco de tus inicios. ¿Qué fue lo que te motivó a ser artista? ¿Qué tipo de artistas te interesaban entonces? ¿Cómo fue que te atrajo el arte procesual?

Por otra parte: al comenzar tu carrera, ¿quiénes eran tus interlocutores? O sea, no sólo aquellos amigos artistas, sino otras personas que te influían o de quienes te interesaba su perspectiva. ¿Qué tan importante, y qué tan fácil, era tener acceso a un publico?

Mónica Mayer: Acabé en el arte por muchos factores. La versión romántica es que mi madre se embarazó de mí mientras estudiaba en "La Esmeralda"; la práctica, que detestaba la escuela y el arte era de las pocas opciones que se me hacía tolerable como carrera. También me gustaba la comunicación, pero fui a que me entrevistaran en una universidad privada y la psicóloga me dijo que si me aceptaban procurara no hablar con las niñas de mi edad para no espantarlas, nada más porque le conté que mi mamá había tratado de suicidarse y mi novio acababa de salir del closet. Decidí irme a San Carlos para que me escandalizaran a mí.

Entré a San Carlos en 1972, por lo que primero me interesó el arte político que el trabajo procesual. Es la mera época de la generación de los Grupos, del trabajo colectivo. Tuve maestros maravillosos, como Juan Acha, que nos enseñó a pensar, y Kati Horna, de quien no aprendí demasiada foto porque prefería que me platicara sobre su vida, pero me enseñó a ver la luz (en el sentido literal) y lo que es la calidad humana. Fui alumna de Sebastián y él me enseñó a gestionar exposiciones, pues siendo alumnos nos jaló a exponer en el Museo de Arte Moderno, en el famoso *Salón 77-78 Nuevas tendencias,* y en Bellas Artes en la expo *Nueva acuarela*, por lo que en ese momento ni siquiera se me ocurrió que fuera difícil acceder a esos espacios.

Sin embargo, mucha de nuestra educación fue autodidacta. Un grupo de amigos, entre ellos Víctor Lerma, Luis Vidal, Esperanza Balderas, Humberto Rodríguez Jardón, Lucila Santiago y Rosalba Huerta, nos juntábamos en el Café Moneda, a veces con maestros, como la historiadora Juana Gutiérrez, discutíamos por horas y nos pasábamos bibliografía de todo tipo de temas, incluyendo educación, feminismo, arte, tecnología y política. Desde Beauvoir y Freire, pasando por Neruda, Siqueiros, Benita Galeana,

Angela Davis y hasta los antipsiquiatras, leía todo lo que pasaba por mis manos.

Mis gustos en arte cambiaron el día que leí el libro *Conceptual Art* de Ursula Meyer. De plano me solté llorando porque transformó mi manera de entender el arte. Pero mi verdadero interés en el performance, el arte feminista y en particular el arte procesual surgió cuando me fui a estudiar a Los Ángeles al Woman's Building y tuve de asesora de tesis de maestría a Suzanne Lacy. Me tocó participar en su proyecto *Take Back the Night* de Lacy y Leslie Labowitz, y después en *Making it Safe*, que fue mi primer encuentro con lo que hoy se llama "práctica social". Desde entonces me quedó claro que si pretendíamos cambiar la cultura, teníamos que transformar lo que se entendía por arte. No se trataba de seguir cánones, sino de crearlos. Mi proyecto final, en 1980, fue "*Traducciones: un diálogo internacional de mujeres artistas*", acción que consistió en traer a México a un grupo de artistas feministas de EU a dar pláticas y talleres, para después llevar información de las artistas mexicanas a California. En ese momento pocos entendían eso como arte.

PH: ¿Qué tipo de participación tuviste en aquellos proyectos? ¿Qué artistas participaron o invitaste para *Making it Safe*?

MM: En *Take Back the Night* ayudé a construir el carro alegórico para la gran manifestación en contra de la violencia hacia las mujeres. Como fue en la zona en la que se vende pornografía en San Francisco, el carro alegórico tenía, por un lado, un carnero desollado vestido de corista de Las Vegas, de cuyo vientre brotaban ríos de pornografía y, por el otro, a la Dolorosa. Me pusieron a trabajar del lado de la Virgen porque asumieron que me sería más fácil por ser mexicana.

En *Making it Safe* fui parte del equipo que llevó a cabo el proyecto de Suzanne. Me tocó desde participar en la planeación hasta repartir volantes como parte de la intervención. Durante el proyecto también presenté mi pieza *El tendedero*. *Making it Safe* fue uno de los casos de estudio en mi tesis *Feminist Art: an Effective Political Tool.*

Las artistas de EU que participaron en *Traducciones* fueron Jo Goodwin, Denise Yarfitz y Florence Rosen y de México: Lilia Lucido (mi mamá), Ana Victoria Jiménez, Yan

Castro, Mónica Kubli, Ester Zavala, Marcela Olabarrieta, Yolanda Andrade, Ana Cristina Zubillaga y Magali Lara.

Para mí, el público siempre ha sido fundamental y lo busco específicamente de proyecto en proyecto, en sus múltiples niveles, desde el público directo que enfrenta la pieza en vivo hasta quienes se van a enterar de la pieza por su documentación o cuando eventualmente llega a un museo.

Por ejemplo, en el caso de piezas para manifestaciones, en un primer nivel están los activistas y los transeúntes. A veces, el público es una comunidad específica como en *Traducciones*, que fue para un público feminista, o *El balcón del Cenidiap*, dirigido a los investigadores de arte del INBA. Me gustan mucho los públicos masivos, como a los que accedimos con los performances para televisión de Polvo de Gallina Negra. Hoy día, proyectos como *De archivos y redes* se difunden por las redes digitales.

El público de arte me interesa cuando quiero hacer valer ciertas temáticas y prácticas artísticas, pero a veces es más satisfactorio sacar el trabajo al metro, como mi exposición *Novela rosa o me agarró el arquetipo* que se presentó en el Museo Carrillo Gil, pero luego fue a la estación Pino Suárez del metro y fue maravilloso porque se detenían a verla miles de personas.

Por último, el público me parece tan importante, que tengo piezas sobre la relación entre el arte y el público, como *Performance parásito* (2005—a la fecha), en la que me paro cerca de otros performanceros con un letrero que dice "Si tiene dudas... pregunte" y los invito a que me cuenten qué están viendo o qué les parece.

PH: El feminismo ha sido por supuesto un tema crucial que has incorporado en tu obra, y que a mi ver, por lo menos en la forma explícita en que lo presentabas, no había tenido presencia en el arte mexicano, ¿o estoy equivocado? ¿Hubo otras artistas en México que te influyeron o inspiraron? Por otra parte, ¿cuál es tu perspectiva de la forma en que el feminismo se ha incorporado en la obra de artistas contemporáneos? Y, ¿qué avances ha tenido el feminismo en México desde la década de los setenta?

MM: Hasta donde sé, en México planteamos la idea del arte feminista en los años setenta, pero Kahlo siempre pintó su experiencia personal, e Izquierdo organizó exposiciones de mujeres artistas en los años treinta. Frida me dio la libertad de usar el humor negro, y de María hay ecos formales (sus perspectivas) y temáticos (el circo) en mis dibujos ochenteros. De hecho, María es mi artista favorita por su producción artística y por ser una artista integral que producía, gestionaba y escribía. Además, aunque Siqueiros y Rivera se lo impidieron, ella se lanzó a conquistar un terreno vetado a las mujeres: el muralismo. Pero mi modelo fue Helen Escobedo, porque a diferencia del estereotipo de la creadora que sufre, se suicida o acaba en el abandono, ella fue una artista exitosa, una funcionaria espectacular y una mujer con una buena vida personal. Yo quería eso.

Ahora bien, en los años setenta había varias artistas trabajando temáticas feministas, como Maris Bustamante y Magali Lara. En los ochenta hubo tres grupos de arte feminista: Polvo de Gallina Negra, Tlacuilas y Retrateras, y Bio-arte, pero nos falta estudiar las propuestas artísticas que surgen desde el feminismo y que en su momento sólo se consideraron como activismo, pero que hoy habría que reivindicar desde el arte.

El feminismo setentero al que me incorporé era muy compacto por lo aguerrido y porque éramos muy pocas. Yo, que soy muy desesperada, a veces siento que no ha cambiado nada y, en cosas como la violencia hacia las mujeres, la situación está peor. Sin embargo, los cambios son enormes. Hoy, las principales universidades tienen programas de género y se han logrado cambios legales importantes. La estructura ahí la lleva, pero falta mucho porque lo más difícil es que los seres humanos desechemos las ideas patriarcales interiorizadas. Según el INEGI, hoy la mayoría aceptamos que debe haber igualdad entre hombres y mujeres, lo cual no es poca cosa. Casi toda la población dio un pasito mental. Ahora falta llevarlo a la práctica, con todo y las profundas implicaciones que esto significará en nuestras formas de percibir, sentir, pensar y actuar.

El feminismo es esencial para el arte contemporáneo, aunque a veces ni siquiera nos damos cuenta. No nada más es un tema, que abarcaría todas las propuestas que tienen que ver con cuestiones de identidad y género, sino una forma de hacer las cosas. El arte feminista es una de las principales raíces del arte procesual, del arte relacional, del *artivismo* y de todo lo que hoy colocamos bajo la etiqueta de práctica social. La forma es el contenido.

En cuanto a las nuevas generaciones, muchas artistas abordan cuestiones de género en su obra, pero también hay un resurgimiento del arte feminista más aguerrido que incorpora los planteamientos *queer* y postfeministas. Algunas trabajan dentro del sistema artístico, otras practican el activismo a partir del arte.

PH: Por favor describe un poco el trabajo que has realizado con Víctor Lerma en Pinto mi Raya. Por muchos años ustedes han realizado una labor excepcional en trazar la actividad artística en México y, hasta donde sé, no hay otro archivo que contenga tal cantidad de información y material de investigación sobre el medio que ustedes tienen. ¿Cómo se originó este proyecto? ¿Cómo ha cambiado con los años? ¿Cuál sería, para ti, el futuro ideal del archivo que ustedes han acumulado? (Pregunto esto dando por hecho que aún no existe un plan para guardar este archivo, pero quizás estoy equivocado).

Y finalmente: en esta revisión que se está haciendo de tu obra, viéndolo todo en perspectiva, ¿qué obras o proyectos consideras que son los más significativos en términos de los nuevos caminos que abrieron en tu desarrollo como artista?

MM: Pinto mi Raya surge como galería de autor que pronto se convierte en un proyecto cuyo objetivo es "lubricar al sistema artístico". Nuestros performances (*El balcón del Cenidiap*, *El mejor amigo de los museos*, etc.) y nuestras acciones (programas de radio y tele, etc.) buscaban reflexionar e incidir sobre el sistema del arte contemporáneo mexicano que apenas empezaba a cuajar cuando fundamos Pinto mi Raya.

Uno de los primeros problemas que notamos fue que se publicaban pocos libros de arte contemporáneo, pero en el D.F. había más de 34 diarios, la mitad de los cuales tenía crítica y reseñas. Nos dimos a la tarea de reunir este material como servicio de prensa especializado para bibliotecas. Pronto se convirtió en archivo. Son aproximadamente 42,000 textos de opinión. Existen copias completas de la colección en el Instituto de Investigaciones Estéticas, Jumex y la Biblioteca Nacional de las Artes y parciales en otras. A los diez años empezamos a hacer compendios de temas como mujeres artistas y performance, mismos que digitalizamos en 2011, para nuestro 20° aniversario. Yo digo que son como investigaciones pre-cocinadas para quienes están haciendo posgrados.

Pero nuestro archivo es mucho más que la colección hemerográfica porque llevamos años de carrera y hemos estado en lugares interesantes. Es un archivo importante para el arte feminista y el performance. Aún no estamos seguros dónde acabará porque en México pocas instituciones cuentan con un marco legal, espacios, presupuestos y personal adecuados para conservar archivos de arte. Pero tenemos que dejar algo establecido porque nuestros hijos ya nos amenazaron que si nos morimos sin dejar todo en orden, lo queman. De hecho, esto quizá resolvería la contradicción de dos personas dedicadas al arte efímero que se empeñan en construir un archivo.

Más que obras significativas, lo que he detectado son estrategias constantes. Mucha de mi producción parte de procesos colectivos, en colaboración o participativos. También he presentado obra en todo tipo de formatos y lugares, incluyendo los espacios convencionales del arte, pero también en los medios de comunicación o la calle. Tengo varios proyectos de muy larga duración. He planteado proyectos autosuficientes, cuya propuesta incluye "la obra", su difusión, distribución y registro. Siempre pienso en el público. Me gusta desdibujar los límites entre arte, escritura, educación, la vida diaria y la política. He centrado mi trabajo en mi propia comunidad, ya sea la de las mujeres —especialmente las artistas o el sistema artístico local. Me sigue divirtiendo el arte.

PH: Una cosa que siempre he admirado de tu generación es la determinación de hacer arte en un momento en el que no existía mercado para ese tipo de obra —es decir, obra que iba más allá de la pintura o escultura convencionales (por ejemplo, lo no objetual), que en muchos casos no importaba si era efímera, si no era "coleccionada", etc. Hoy día muchas de las obras de artistas activos en las décadas de los años setenta y ochenta, y después en la medida en que han sido revaloradas, han sido absorbidas por el mercado y adquiridas por varias instituciones que (afortunadamente, creo) comprenden la importancia de preservar estas obras para generaciones futuras. Por un lado, esto puede ser visto como una reivindicación de la obra que se hizo en ese periodo, pero por otra parte uno se podría preguntar si el tornar una obra conceptual en entidad comercial (por ejemplo, coleccionar un performance) no va paradójicamente en contra de la esencia misma de la obra que era efímera y accesible a todos. ¿Cuál es tu reacción en torno a este fenómeno? Y, en relación con esto mismo: 1. ¿qué importancia tiene para ti el reconocimiento de la autoría en tu obra? Y, disculpa si resulta muy pesada esta pregunta, 2. ¿cómo quieres que tu producción artística sea preservada, difundida, enseñada?

MM: Hay artistas a los que nos divierte meternos por caminos desconocidos y los que prefieren solidificar rutas ya trazadas. Cada uno tiene su utilidad en términos de la generación de conocimiento y sus retos. Nunca he visto el arte como negocio, sino como campo para desarrollar ideas.

Pero además, la falta de mercado es una realidad que seguimos enfrentando la mayoría de los artistas en México. Si trabajas en un país pobre, es ingenuo creer que vas a sobrevivir fácilmente de tu producción artística.

Por otro lado, el mercado no era el único aliciente para trabajar, y menos en el contexto San Carleño setentero que era marcadamente de izquierda. Además de sentir que mi obra tenía un sentido social y que el arte era el campo sobre el que ejercía mi militancia feminista, desde un principio se me abrieron los espacios y tuve fortuna crítica, lo que fue un gran aliento. Por ejemplo, presenté mi pieza *El tendedero* en el *Salón 77-78, Nuevas tendencias* en el Museo de Arte Moderno, siendo aún estudiante. Desde ese momento varios críticos escribieron sobre mi obra. Mi ego siempre ha estado bien alimentado.

Me parece bien que el trabajo de los artistas de mi generación esté entrando a los museos porque eso significa que las instituciones se han transformado. Esto va desde el hecho de entender la importancia del archivo para el arte efímero, hasta desarrollar nuevas formas de pensar la conservación. Puede parecer paradójico que las obras que en su momento fueron contestatarias en lo formal, en lo temático y en sus formas de distribución queden hoy en el museo, pero para mí significa que cumplieron su cometido de abrir nuestras ideas y ahora hay que resguardarlas para entender los procesos del arte.

Pero las batallas no se ganan de manera pareja. En el caso de las artistas feministas de mi generación, entrar a los museos o al mercado se da a cuentagotas. Sigue siendo muy difícil incluso para las estadounidenses, así es que imagínate lo difícil que es para las latinoamericanas. Tener una exposición en el MUAC es un logro personal, pero también es una forma de abrir el campo un poco más.

Aunque gran parte de mi trabajo es colectivo, en colaboración o participativo, el reconocimiento de mi autoría me parece muy importante para combatir la habitual invisibilidad de las artistas. Es mi voz y yo asumo las consecuencias.

Es difícil plantear cómo quiero que sea preservada, difundida y enseñada mi obra porque, como son procesos, el formato exposición suele ser limitado. Hay objetos, textos y documentación, y el reto es encontrar formas de transmitir la esencia de una pieza para no guardar sólo el cascarón. Hasta ahorita, la manera en la que más me gusta presentar mi trabajo es a través de conferencias performanceadas o por medio del *blog*, porque puedo mezclar elementos y hablar del sentido de las piezas y de su contexto: hablar del arte desde el arte.

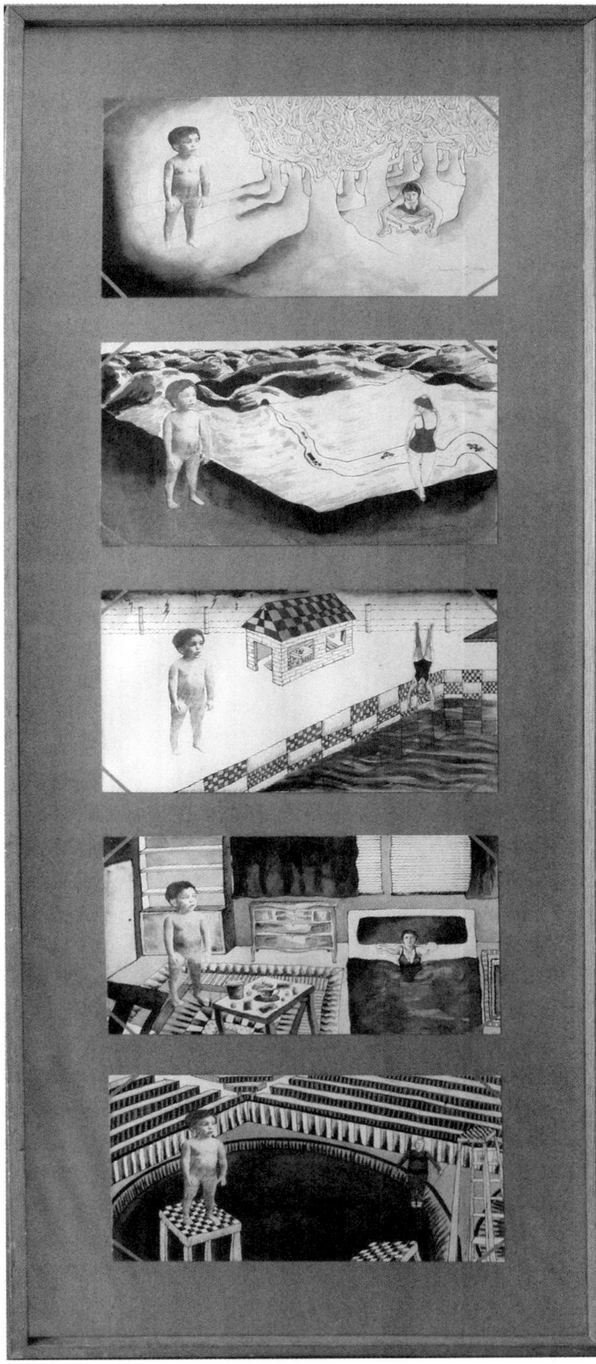

Mónica Mayer, *Cinco viajes—Five Trips.* Del proyecto *De niñas y pesadillas*—From the project *On Girls and Nightmares*, 1989 [Cat. 39]

Weaving Ties of Mutual Understanding, Shaping Publics: A Conversation with Mónica Mayer about Art and Social Practice

PABLO HELGUERA

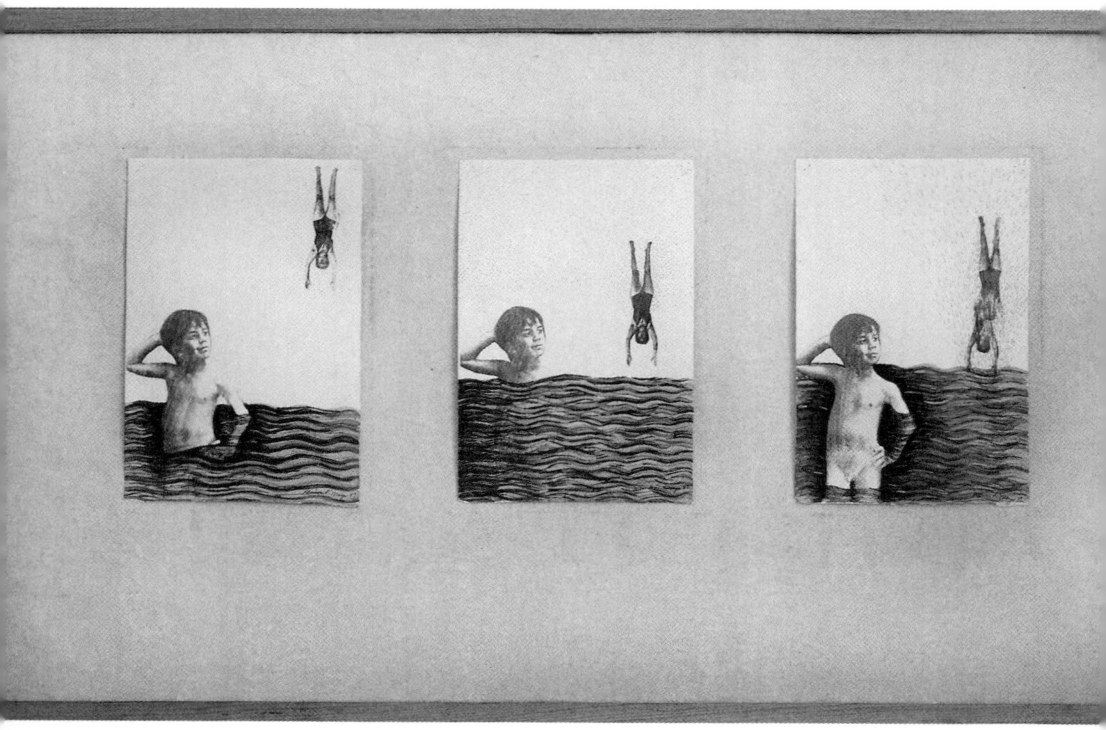

Mónica Mayer, *Te amo—I Love You*. Del proyecto *De niñas y pesadillas*—From the project *On Girls and Nightmares*, 1989 [Cat. 57]

Pablo Helguera: Let's talk a bit about how you got your start. What motivated you to become an artist? What kinds of artists were in you interested in then? What attracted you to process-based art?

Mónica Mayer: I ended up in art for a number of reasons. The romantic version is that my mother was pregnant with me while she was studying at "La Esmeralda". The practical one is that I detested school and art was one of the few options that seemed tolerable to me as a course of study. I also liked communication, but I went to an interview at a private university and the psychologist told me that if they accepted me I would have to make sure not to speak to girls my own age because I would frighten them, just because I had told her that my mother had tried to commit suicide and that my boyfriend had just come out of the closet. I decided to go to San Carlos so that they'd be the ones scandalizing me.

I started at San Carlos in 1972, so the first thing that interested in me was political art over process-based work. It was right in the middle of the generation of the Grupos, of collective work. I had wonderful teachers, like Juan Acha, who taught us to think, and Kati Horna, from whom I didn't learn too much photography because I preferred it when she told me about her life, but she did teach me to see the light (in a literal sense) and what human quality is. I was a student of Sebastián's, and he taught me to organize exhibitions when he invited us, as students, to show at the Museo de Arte Moderno in the famous *1977-1978 Salón, Nuevas tendencias,* and at Bellas Artes in the *Nueva acuarela* show, which is why at the time it didn't even occur to me that it would be hard to get access to those spaces.

Nevertheless, a lot of what we learned was self-taught. A group of friends, including Víctor Lerma, Luis Vidal, Esperanza Balderas, Humberto Rodríguez Jardón, Lucila Santiago and Rosalba Huerta, would get together at Café Moneda, sometimes with teachers like the historian Juana Gutiérrez, and we would argue for hours and pass around bibliographies on all kinds of subjects, including education, feminism, art, technology, and politics, ranging from Beauvoir and Freire to Neruda, Siqueiros, Benita Galeana, Angela Davis, and the antipsychiatrists. I would read everything I could get my hands on.

My taste in art changed the day I read Ursula Meyer's book *Conceptual Art*. Honestly, I started crying because it transformed the way I understood art. But my real interest in performance, feminist art and in particular process-based art arose when I went to study in Los Angeles at Woman's Building, and my adviser on my Master's thesis was Suzanne Lacy. I had the opportunity to participate in her and Leslie Labowitz's project *Take Back the Night* and later in *Making It Safe*, which was my first encounter with what we now call "social practice." Since then it's been clear to me that if we were trying to change culture, we had to transform what was understood by art. It wasn't about following canons, but creating them. My final project, in 1980, was *Translations: An International Dialogue of Women Artists*, a performance that consisted of bringing a group of feminist artists from the US to Mexico to give talks and workshops, so that they could then take information about Mexican artists back to California. At the time few people understood that as art.

PH: How much participation did you get in those projects? Which artists participated in, or did you invite to *Making It Safe*?

MM: In *Take Back the Night* I helped to build the allegorical float for the big protest against violence toward women. Since it was in the part of San Francisco where pornography was sold, one side of the allegorical float had a flayed lamb dressed up as a Las Vegas showgirl from whose gut sprang rivers of pornography, and the other side had Our Lady of Sorrows. They put me to work on the Virgin side because they assumed it would be easier for me as a Mexican woman.

In *Making It Safe* I was part of the team that carried out Suzanne's project. I did everything from participating in the planning process to passing out flyers as part of the intervention. During the project I also presented my piece *The Clothesline*. *Making It Safe* was one of the case studies in my thesis, *Feminist Art: An Effective Political Tool*.

The artists from the US who participated in *Translations* (1979-1980) were Jo Goodwin, Denise Yarfitz, and Florence Rosen, and from Mexico Lilia Lucido (my mom), Ana Victoria Jiménez, Yan Castro, Mónica Kubli, Ester

Zavala, Marcela Olabarrieta, Yolanda Andrade, Ana Cristina Zubillaga and Magali Lara.

For me, the public has also been fundamental, and I specifically look for it from project to project, in its multiple levels, ranging from the direct public that confronts the piece live to those who are going to learn about the piece through its documentation, or when it eventually arrives to a museum.

For example, in the case of pieces for protests, on the first level we have the activists and passersby. Sometimes the public is a specific community, as in *Translations*, which was for a feminist public, or *El balcón del Cenidiap*, directed at the art researchers at the Instituto Nacional de Bellas Artes. I really like mass publics, like the ones to which we had access with Polvo de Gallina Negra's performances for television. Today, projects like *De archivos y redes* [*From Archives and Nets*] are spread via digital networks.

The art public interests me when I want to affirm certain artistic themes and practices, but sometimes it's more satisfying to bring the work to the Metro, like my exhibition *Novela rosa o me agarró el arquetipo [Romance Novel, or the Archetype Got Me]*, which was presented at the Museo Carrillo Gil, but later went to the Pino Suárez Metro station, and it was wonderful because thousands of people stopped to look at it.

Lastly, the public seems so important to me that I have pieces about the relationship between art and the public, like *Performance parasite* [*Parasite Performance*] (2005 – to date), in which I stand near other performers with a sign that says, "When in doubt… ask" and I invite them to tell me what they're seeing or what they think about it.

PH: Feminism has of course been a crucial theme that you've incorporated in your work, and in my view, at least in the explicit way in which you presented it, it hadn't been present in Mexican art. Or am I wrong? Were there other artists in Mexico that influenced or inspired you? On a related note, what is your perspective on the way in which feminism has been incorporated into the work of contemporary artists? And how has feminism advanced in Mexico since the 1970s?

MM: As far as I know, in Mexico we posed the idea of feminist art in the 1970s, but Kahlo always painted her personal experience, and Izquierdo organized exhibitions of women artists in the 1930s. Frida gave me the freedom to use dark humor, and there are formal and thematic echoes of María (her perspectives and the circus, respectively) in my drawings from the 1980s. In fact, María is my favorite artist, because of her artistic production and because she was a total artist who produced, organized, and wrote. And although Siqueiros and Rivera got in the way, she threw herself into conquering a terrain that was forbidden to women: muralism. But my model was Helen Escobedo, because in contrast to the stereotype of the woman artist who suffers, commits suicide, or ends up being neglected, she was a successful artist, a spectacular functionary and a woman with a good personal life. I wanted that.

Now, in the 1970s there were several artists working on feminist themes, like Maris Bustamante and Magali Lara. In the 1980s there were three feminist art groups: Polvo de Gallina Negra, Tlacuilas y Retrateras, and Bio-arte, but we still have yet to study the artistic proposals that were emerging from feminism and that were seen at the time as only being activism, but would now have to be reclaimed as art.

The feminism of the seventies which I joined was very compact, because it was so combative and because there were very few of us. Since I am very impatient, sometimes I feel like nothing has changed, and in things like violence toward women, the situation is worse. But there have been some enormous changes. Today, the main universities have gender programs, and important legal changes have been made. The structure is coming along, but there's a lot left to do because the hardest part is for us human beings to throw out internalized patriarchal ideas. According to INEGI, today the majority of us acknowledge that there should be equality between men and women, which is no small thing. Almost the entire population has taken a little mental step forward. Now what's left is to put it into practice, with all the profound implications that this will mean in our ways of perceiving, feeling, thinking, and acting.

Feminism is essential for contemporary art, even though sometimes we don't even realize it. It's not just a theme that would encompass all the proposals that have to do with questions of identity and gender, but a way of doing things. Feminist art is one of the main roots of process-based art, of relational art, of artivism and of everything that we now place under the label of social practice. Form is content.

As for the new generations, many artists address questions of gender in their work, but there's also a resurgence of the more battle-hardened feminist art that incorporates queer and postfeminist approaches. Some of those artists work within the art system, others practice activism through art.

PH: Please tell me a little bit about the work you've done with Víctor Lerma in Pinto mi Raya. For many years you've done an exceptional job in tracing artistic activity in Mexico, and as far as I know, there's no other archive that as much information and research material about the milieu as you do. How did this project originate? How has it changed over the years? What, for you, would be the ideal future for the archive that you two have accumulated? (I'm assuming that there isn't a plan to preserve the archive yet, but perhaps I'm mistaken.)

And finally, in this survey that's being done of your work, looking at it all in perspective, what works or projects do you consider as being the most significant in terms of the new paths that opened up in your development as an artist?

MM: Pinto mi Raya started as an artists' gallery that quickly became a project whose objective is "to lubricate the art system." Our performances (*El balcón del Cenidiap*, *El mejor amigo de los museos*, etc.) and our actions (radio and TV programs, etc.) sought to reflect on and affect the contemporary art system in Mexico, which was just starting to crystallize when we founded Pinto mi Raya.

One of the first problems we realized was that few books were being published about contemporary art, but in Mexico City there were more than 34 daily newspapers, half of which featured criticism and reviews. We tasked ourselves with pulling this material together as a specialized press service for libraries. It quickly turned into an archive. There are approximately 42,000 interpretive texts. There are complete copies of the collection at the Instituto de Investigaciones Estéticas, Jumex, and the Biblioteca Nacional de las Artes, and partial copies elsewhere. After ten years we started making compendia of themes like women artists and performance, which we digitized in 2011 for our twentieth anniversary. I call them pre-cooked research for people getting graduate degrees.

But our archive is much more than the collection of printed materials, because we've had long careers and we've been in interesting places. It's an important archive for feminist art and performance. We still don't know where it'll end up because few institutions in Mexico have an adequate legal framework, spaces, budgets and personnel to conserve art archives. But we have to leave something established because our children have already threatened us, saying that if we die without leaving everything in order, they'll burn it up. In fact, perhaps this would resolve the contradiction of two people dedicated to ephemeral art who insist on building an archive.

More than significant works, what I've detected are constant strategies. Much of my production is based on collective, collaborative, or participatory processes. I've also presented work in all kinds of formats and places, including the conventional spaces of art, but also in the mass media or on the street. I have several very long-term projects. I've have developed self-sufficient projects, whose proposal includes "the work," its circulation, distribution and documentation. I always think about the public. I like to blur the lines between art, writing, education, daily life and politics. I've focused my work on my own community, be it women—especially artists—or the local art system. I'm still having fun with art.

PH: One thing that I've always admired about your generation is the determination to make art at a time when there was no market for that kind of work—that is, work that went beyond conventional painting or sculpture (i.e., non-object-based), work for which in many cases it didn't matter if it was ephemeral, if it wasn't "collected," etc. Today many of the works by artists who were active in the seventies, eighties and later, insofar as they've been reevaluated, have been absorbed by the market and acquired by various institutions that (fortunately, I think) understand the importance of preserving these works for future generations. On the one hand, this can be seen as a reclaiming of the work that was done during that period, but on the other one could ask whether turning a conceptual work into a commercial entity (for example, collecting a performance) doesn't paradoxically go against the very essence of the work, which was ephemeral and accessible to all. What's your reaction to this phenomenon? On a related note, how important is recognition of authorship in your work? And you'll excuse me if this question is very heavy, but how do you want your artistic production to be preserved, circulated, taught?

MM: There are artists, myself included, who enjoy going down unfamiliar paths, and those who prefer to solidify routes that have already been laid out. Each of these has its usefulness in terms of the generation of knowledge and its challenges. I've never seen art as a business, but rather as a field for developing ideas.

But more than that, the lack of a market is a reality that the majority of artists in Mexico are still facing. If you work in a poor country, it's naïve to believe that it's going to be easy to survive from the work you make.

On the other hand, the market wasn't the only incentive to work, and less so in the context of San Carlos in the seventies, which leaned markedly to the left. In addition to feeling like my work had a social meaning and that art was the field in which my feminist activism was being exercised, spaces were open to me and I was lucky with critics from the beginning, which was a great encouragement. For example, I presented my piece *The Clothesline* at the *1977-78. Salón Nuevas tendencias* at the Museo de Arte Moderno when I was still a student. Even then, several critics wrote about my work. My ego has always been well fed.

I think it's fine that the work of artists from my generation is getting into museums, because that means that the institutions have transformed. This ranges from actually understanding the importance of the archive for ephemeral art, to developing new ways of thinking about conservation. It might seem paradoxical that works that were controversial in their time, whether formally, thematically, or in their forms of distribution, are now in the museum, but to me this means that they fulfilled their mission to open new ideas, and now they have to be preserved in order to understand the processes of art.

But battles aren't won smoothly. In the case of the feminist artists of my generation, getting into museums or the market happens little by little. It's still very difficult even for women in the US, so imagine how difficult it is for Latin American women. To have an exhibition at the MUAC is a personal achievement, but it's also a way of opening the field a bit more.

Even though a lot of my work is collective, collaborative, or participative, the recognition of my authorship seems very important to me in order to combat the habitual invisibility of women artists. It's my voice and I take responsibility for the consequences.

It's difficult to lay out how I want my work to be preserved, circulated, and taught, because they're processes, and in that regard the format of an exhibition tends to be limited. There are objects, texts and documentation, and the challenge is to find ways of transmitting the essence of a piece in order to avoid keeping just the shell. Thus far, the way in which I most like to present my work is through performance lectures or by way of the blog, because I can mix elements and talk about the meaning of the pieces and their context: to talk about art from the standpoint of art.

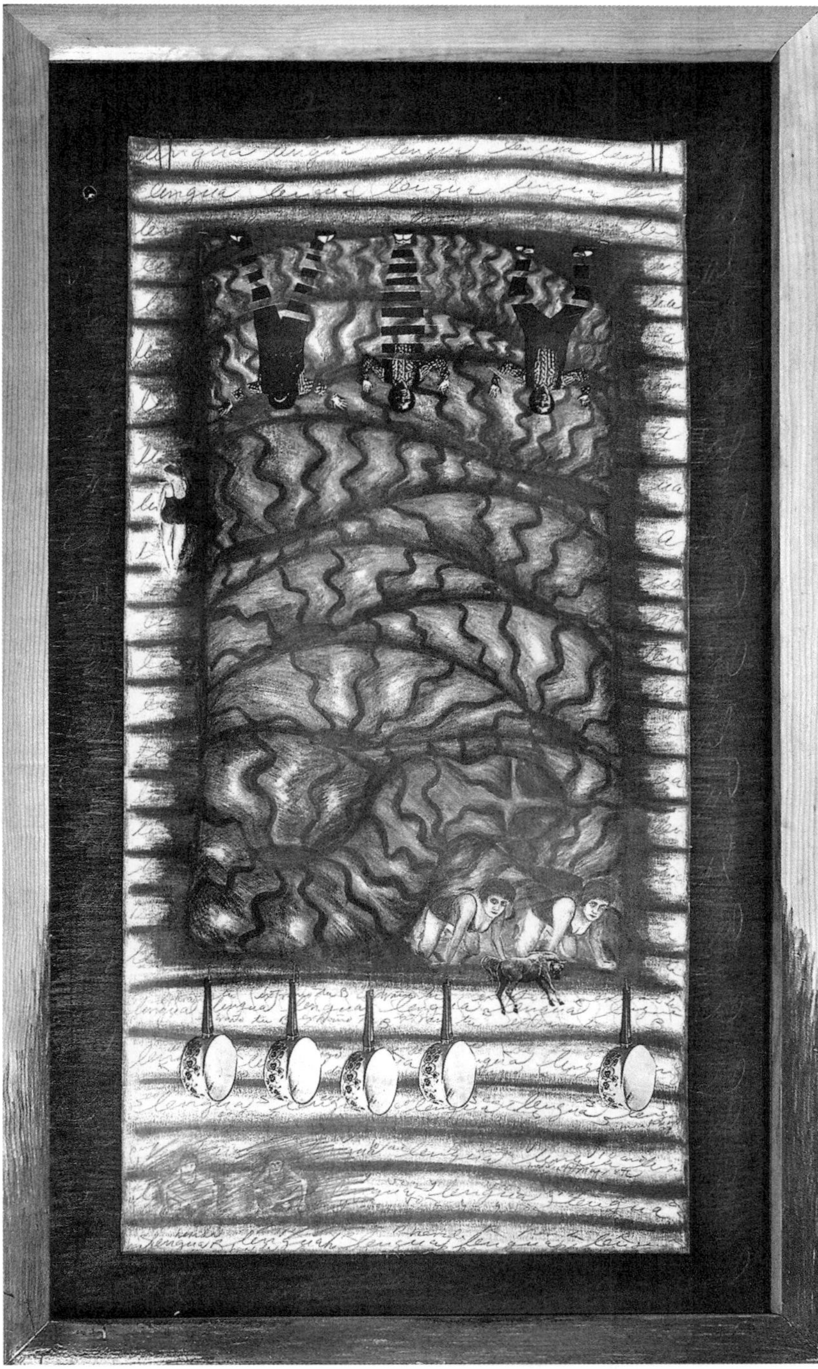

Mónica Mayer, *Lengua—Tongue*. De la serie *Serpientes*—From the series *Serpents.* Del proyecto *Novela rosa o me agarró el arquetipo*—From the Project *Romance Novel, or, the Archetype Got Me*, 1986 [Cat. 48]

Fragmentos de correspondencias. Intercambios entre María Laura Rosa y Mónica Mayer sobre feminismo, cotidianidad y creación

MARÍA LAURA ROSA & MÓNICA MAYER

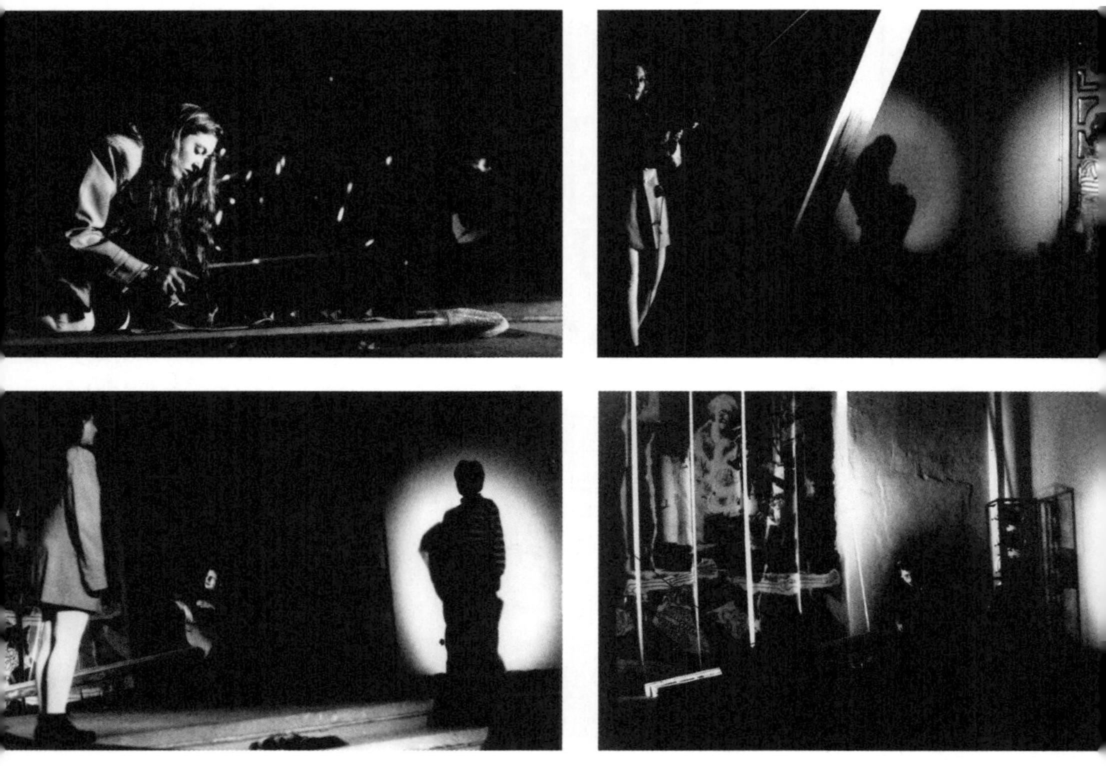

Mónica Mayer, *Huesitos—Little Bones*, 1992-1995. Fotos—Photos: Mónica Naranjo [Cat. 46]

18 de mayo, 2015. Buenos Aires

Querida Mónica:

Me gustaría comenzar por el tema de la preocupación por establecer contactos entre los artistas y los críticos en varios de los proyectos que has realizado con Víctor Lerma.

Me interesa destacar que en *De crítico, artista y loco...* Víctor y vos plantean un cambio de roles —los críticos pasan a ser artistas y los artistas pasan a ser críticos— que termina conformando lo más disruptivo de la obra, lo que lleva a varias reacciones, ¿verdad? Me gustaría que hablemos del proceso creativo de este tipo de obras, o sea, de trabajos colectivos, procesuales, efímeros, los que finalmente llevan a una concepción del arte totalmente integrada con la vida. Imagino que la elección de las diferentes problemáticas de las que van hablando Víctor y vos tiene que ver con los mismos procesos por los que han pasado ambos en vuestras vidas, es ese partir de sí para hablar sin aludir a lo autobiográfico.

Pensaba en ese proceso anterior al proceso... en ese momento colectivo y privado a la vez en que surgen las ideas que disparan los trabajos con Víctor. Me gustaría que me cuentes cómo se da. ¿Comienza como un juego? ¿Con una discusión? En fin... ¿se da de la misma manera que cuando trabajan en sus obras individuales?

Pinto mi Raya creo que es el gran ejemplo de esos proyectos duraderos que han promovido varias performances y trabajos procesuales con Víctor. Entienda Pinto mi Raya como la cereza de la torta de una forma de entender el activismo. Un activismo que continúa, el que comenzaste en los años setenta de mano del feminismo, aunque ahora empleando otra plataforma. Allí se trenzan discusiones en las que se integran el feminismo, con *Archiva* por ejemplo, o la difusión de Polvo de Gallina Negra, o los trabajos más actuales como el de las *Maternidades Secuestradas*.

Todo me lleva al arte, a la vida y al feminismo...

Aquí lo dejo, querida. Besotes,

María Laura

6 de junio de 2015. México

Querida María Laura:

Una de las razones por las que nos interesó la relación entre críticos y artistas es porque yo misma ejercí ambos papeles, lo que nos permitía entender sus broncas. Sin embargo, también hemos hecho proyectos sobre la relación artista-público o los centros de documentación. El proyecto de PMR es una forma de activismo dentro de nuestra propia comunidad.

Es interesante pensar en el proceso de cada trabajo. Mis dibujos son una suerte de pimpón entre el performance y el dibujo, o la gráfica y el dibujo: parto de una imagen (mi foto con rebozo con distintas expresiones), la fotocopio, la transfiero y dibujo sobre esta base. O puede ser un dibujo que escaneo, imprimo y dibujo sobre esta imagen. Construyo la imagen poco a poco. En las piezas más recientes de "visitas" a archivos, el material que consulto me sugiere las acciones. Los performances generalmente son una respuesta al contexto en el que los haremos. Además, como las piezas inevitablemente terminarán en alguna conferencia performanceada, en automático estructuro y documento la pieza en función de cómo la narraré.

En cuanto al trabajo de Pinto mi Raya, los proyectos de gráfica digital como *Mímesis*, *Aquerotipo* y *EMPA* (electrografía monumental sobre papel de algodón) fueron idea de Víctor (o de él con Fernando Gallo o Humberto Jardón) y yo colaboré con ideas, trabajo, difusión, etc. Otros, como el *Performance parásito* o *Yo no celebro ni conmemoro guerras*, se me ocurrieron a mí y Víctor se involucró.

Pero cada proyecto tiene sus peculiaridades. *De crítico, artista y loco...* surgió de una propuesta de la doctora Teresa del Conde para exponer obra de críticos de arte en Pinto mi Raya y nosotros vimos la posibilidad de ampliar el proyecto, llevarlo a un foro grande y convertirlo en este intercambio de roles que mencionas. Víctor siempre se refiere a nuestros proyectos como "travesuras", pero ésta sí lo fue pues era evidente que sería un proyecto taquillero por el morbo de ver trabajos artísticos de los críticos. El proyecto causó muchas reacciones. Los críticos participaron con humor y generosidad, pero muchos artistas se negaron a escribir sobre los críticos y algunos se ofendieron. Es difícil suavizar las relaciones de poder. Después del Woman's Building, en donde había una verdadera complicidad entre historiadoras, críticas, artistas y activistas, estas jerarquías me parecen absurdas. Sin embargo aquí son marcadísimas: crítico = poder. Yo que usaba ambos sombreros lo vivía constantemente. Si llegaba como crítica me trataban muy bien (galerías, funcionarios y artistas), pero cuando me acercaba como artista ponían cara de que les iba a pedir algo. De la misma manera, en 20 años que escribí, sólo una artista me pidió derecho de réplica para responder a lo que publiqué sobre su trabajo. En fin, creo que esperar a que alguien te legitime como artista es como creer en el príncipe azul que te resolverá la vida.

Te mando un enorme abrazo y corro al mercado.

Mónica

13 de junio de 2015

Querida Mónica:

Ya llevamos unos cuántos mails bien jugosos charlando del arte y de los proyectos colectivos que conforman tu recorrido artístico. Ahora me gustaría que nos detuviéramos en los hilos que fueron formando esas redes colectivas.

Pensaba en aquellos primeros encuentros que organizaste luego de tu regreso de los Estados Unidos, en particular "Traducciones. Un diálogo internacional de mujeres artistas", en donde buscabas crear contexto para el arte feminista en México. ¿Cómo fue recibida esa propuesta entre tus colegas artistas?

Aparte de la maternidad, una de las cuestiones fundamentales que se discutieron por entonces fue la de la violación, temática que tu maestra Suzanne Lacy estaba abordando en los Estados Unidos desde la performance. En ese sentido, y en relación con el tema del contexto que vos querías comenzar a organizar en México, ¿cómo fue el trabajo con esta problemática en tu país?

Por último, si hay algo que reunió lo privado con lo público fue Polvo de Gallina Negra, en donde trabajaron vos y Maris con vuestros maridos —aunque no de forma explícita, estaban presentes— y con vuestros embarazos simultáneos. Ahí te pregunto, ¿cómo impactó en la proyección de los trabajos entre vos y Víctor la conformación de Polvo de Gallina Negra? Imagino que en una relación artística tan a largo plazo como la que llevás con él, la integración de uno de sus miembros en otro proyecto pudo demandar de otra organización y de otros tiempos. ¿Cómo se llevaron Mayer-Lerma con Polvo de Gallina Negra?

Bueno, paro con las preguntas querida, prometo que el próximo mail no tendrá tantas...

Besos fríos desde una Buenos Aires ¡helada!

Ma. Laura

24 de junio de 2015

Querida María Laura:

¡En cuántas cosas me haces pensar!

Siempre he afirmado que a nuestro movimiento feminista sólo le importa el arte como entretenimiento o como apoyo gráfico para volantes o carteles. Sin embargo, creo que he sido injusta: jamás nos faltaron cómplices para llevar a cabo proyectos como *Traducciones* o para difundirlos en radio y televisión.

Traducciones se llevó a cabo estando yo todavía en EU, así es que las organizadoras en México fueron Ana Victoria Jiménez y mi mamá, con otras artistas y feministas como Yolanda Andrade, Yan María Castro (ahora Yaoyólotl) y Magali Lara. Pero Elena Urrutia, una de las feministas históricas, nos invitó a su programa de radio y Nancy Cárdenas, la aguerrida dramaturga feminista y fundadora de los movimientos lésbico-gay en México, nos prestó su casa en Cuernavaca para hacer el evento. La red de mujeres era fuerte y solidaria. No teníamos problema colaborando en proyectos puntuales. Sin embargo, cuando Maris y yo convocamos a la creación de un grupo de arte feminista, ninguna de nuestras amigas artistas quiso unirse.

El tema de la violación fue fundamental en los primeros años del feminismo. Me acerqué a toda esta problemática cuando colaboré en el Colectivo Cine Mujer de Rosa Martha Fernández. Me tocó hacer investigación para la película *Rompiendo el silencio*. Una de las experiencias que más me impresionaron fue cuando entrevistamos al médico del ministerio público que recibía a las víctimas y nos dijo que era imposible penetrar a una mujer en contra de su voluntad: acababa de recibir a una señora de 60 años que había sido violada y a su esposo lo habían asesinado. También me tocó ir con ellas a documentar el sonado caso de una joven que mató al tipo que trató de violarla. Logró salir de la cárcel gracias al apoyo feminista. Empezaban a surgir las organizaciones en contra de la violencia hacia las mujeres.

En cuanto a obra, aparte de una escultura bastante fea que según yo representaba una violación tumultuaria con unos penes entre vidrios, nunca abordé directamente el tema. Sin embargo, *El tendedero* se refiere al acoso callejero, que es lo que yo padecía todos los días. Después hice varios dibujos en L.A. planteando que impedirnos disfrutar nuestra sexualidad es también una violación. Estaba enfrentando mi propia represión internalizada.

Algo que noto ahora es que nunca he hecho mi trabajo en función de una agenda feminista externa, sino de experiencias personales vistas desde una perspectiva feminista. Nunca he hecho carteles para el movimiento o piezas sobre problemas específicos, ni siquiera en torno a temas tan duros como los feminicidios en Ciudad Juárez y en tantos otros lugares. En ese sentido, mi trabajo no es una respuesta a las grandes causas, sino a las experiencias cotidianas... con toda la complejidad y contradicciones que eso implica. Es una lucha en contra de un patriarcado interiorizado y el que me rodea.

Cuando empezó Polvo de Gallina Negra, Víctor y yo habíamos hecho un par de proyectos juntos, pero Pinto mi Raya no existía, por lo que no causó conflicto alguno. El caso de Maris podría haber sido distinto porque ella y Rubén sí habían trabajado en el No Grupo y como pareja en *El usurpador de sombras* (1984) y el *Pornochou* (1986), pero, como en nuestro caso, yo observaba un gran apoyo entre ambos en la producción artística y en el cuidado de los hijos. De hecho, casi diría que el arte es el corazón de mi relación con Víctor. Si de repente él deja el arte y abre una tortería, no sabría qué hacer. En cuanto a la logística, Polvo de Gallina Negra fue eficiente porque éramos dos y podíamos resolver todo con una llamada, aunque en ese momento Maris no tenía teléfono en casa. De haber tenido más integrantes, el grupo hubiera durado menos.

En fin, creo que respondí a todo, pero como siempre me quedo con ganas de sentarme un día entero a platicar contigo.

Abrazos a los tres,

Mónica

9 de julio de 2015

Querida Mónica:

Mientras leía tu mail pensaba en esto de trabajar sin seguir una agenda del movimiento de mujeres pero con un compromiso feminista... Se me ocurre que uno de los puntos fuertes en los que has trabajado estos últimos años y en el que se ha cruzado quizás la realidad que se vive en México con tus propias cuestiones es el trabajo de las maternidades secuestradas. Me gustaría que me cuentes cómo surgió este proyecto en el marco del Taller de Arte y Activismo Feminista (TAAF) y en ese sentido cómo se dan los vínculos e intercambios con las artistas y activistas jóvenes de cara a crear tejido social, como bien vos lo indicás.

Me interesa también que me cuentes algunos trabajos significativos que fueron saliendo del TAAF. Tus talleres siempre fueron un territorio fértil de grupos feministas, recuerdo Tlacuilas y Retrateras... Es verdad que hay que tener un carácter especial para respetar los tiempos creativos de cada una y no debe ser nada fácil poder congeniar la obra personal con las actividades de los talleres. ¿Cómo llevás todo eso, Mónica?

Bueno, querida, dejo aquí mis constantes preguntas... parezco mi hija a sus cuatro años, de cada cinco frases cuatro eran ¿por qué...?

Muchos besos a Víctor y uno muy especial a vos por la paciencia en responder tantas preguntas.

Besos,

Ma. Laura

29 de julio de 2015

Querida María Laura:

Creo que voy a contradecirme con lo que escribí en mi carta anterior. El feminismo me entusiasma pues es una lucha por cambiar la cultura que, como algo complejo y en muchos niveles, necesita agendas, tácticas y estrategias muy variadas. Necesita muchos feminismos. Por lo mismo, es importante que existan movimientos de mujeres organizados que pugnen por cuestiones concretas como nuestros derechos reproductivos o en contra de la violencia hacia las mujeres, así como académicas que desarrollen teorías y visibilicen historias ocultas. Nuestra chamba como artistas es importante, aunque abarque un rango de propuestas amplísimo y a veces nebuloso y ambiguo que va desde lo panfletario hasta lo hermético. Para mí, el arte "panfletario" es el que sigue una agenda feminista puntual y el "artístico" (por llamarlo de alguna manera) tiene un anclaje entre la vida de la artista, su realidad política y su contexto (artístico o social) que la inserta de manera más amplia en las discusiones y preocupaciones del feminismo. Lo panfletario es una herramienta (ya sea para lo político o lo artístico) y tiene que cumplir con una función inmediata de comunicación, en tanto que lo artístico es una reflexión que problematiza cuestiones de género desde el arte. Pero los límites entre ambos no son tan claros, ni están peleados.

Dentro de mi propio trabajo te pondría como ejemplo la pequeña pieza que hice para la Marcha de las Putas a la que llegué con una pancarta que decía de un lado "Vieja ¿y?" y del otro "Puta ¿y?" Si bien es panfletaria, dentro del contexto de mi obra se relaciona con acciones como *Si tiene dudas... pregunte* que tiene que ver con la idea de servir como puente de comunicación, pero también con construir la voz colectiva a partir de las individuales, que encuentras en muchas de mis piezas, desde *El tendedero* hasta *La protesta del día después*.

Últimamente muchas participantes del TAAF están realizando acciones en contra de la violencia hacia las mujeres, que cada día es más terrible. Por un lado denuncian casos de muertas o desaparecidas y por otro defienden a las mujeres como Yakiri, la joven que mató a su violador y fue acusada de "exceso de legítima defensa". De entrada, su obra parece panfletaria, pero habría que analizar las ligas con sus experiencias y propuestas individuales. Ahora estoy por echar a andar de nuevo el TAAF para reactivar la pieza *El tendedero*. Me emociona volver a trabajar con ellas.

El trabajo colectivo no es fácil, pero es maravilloso. Cuando todo el mundo aporta sus ideas, experiencia y creatividad, los resultados son proyectos más complejos en todos sentidos. El chiste es que el proceso colectivo fluya, lo cual es el reto como facilitadora. De entrada hay que entender que cada quien puede aportar lo que puede y como puede. Te puedo dar ejemplos de proyectos tanto de arte feminista como de los de Pinto mi Raya en los que todo fluyó espléndidamente bien y otros tantos en los que se llegó a los golpes. Quizá lo más sabroso de los talleres y del trabajo colectivo es que me han permitido crear redes de complicidad y amistades entrañables.

Por último, me preguntas si es difícil empatar la obra personal con los talleres y te diría que no, porque los talleres son parte de mi vida y de mi obra personal.

Abrazos y apapachos,

Mónica

15 de agosto de 2015

Querida Mónica:

Me gusta mucho cuando vos presentás *Archiva* como una selección basada en tu propia experiencia, memoria y que se basa en los materiales del archivo Pinto mi Raya. Justamente estás subvirtiendo esa falacia histórica que presenta el archivo como un depósito neutral de documentos del pasado a partir del cual se trabaja. En *Archiva* vos pudiste creativamente hacer confluir la docencia/taller, la performance, el archivo y tu reflexión sobre cómo difundir y dar a conocer el trabajo de una gran cantidad de artistas. Me gustaría saber cómo fuiste elaborando todo ese recorrido y cómo intervino el archivo de Ana Victoria Jiménez en tu decisión de crear *Archiva*.

En relación con lo que venimos hablando, en tu obra siempre se une lo personal, la familia y lo privado con el trabajo artístico... En ese sentido me gustaría que me comentes tu relación artística o de trabajo con Yuruen, ya que ella tomó las fotos de tu performance *La protesta del día después*, del proyecto *Maternidades Secuestradas*. ¿Cómo es trabajar con la hija? Me preguntaba de qué manera Yuruen ha participado en tus obras.

Besote grande,

Ma. Laura

17 de agosto de 2015

Querida María Laura:

No sabes cómo disfruto tus cartas. Me cuestionan y puedo ver mi trabajo de otra manera. En cuanto a lo que planteas de *Archiva* y de crear una grieta, no sé si se logre, pero es la intención. Hacer archivo es un acto político, de defensa personal en contra de la invisibilidad. La importancia del archivo me quedó clara desde el Woman's Building. El archivo estaba ahí para investigar nuestro pasado, pero también para intervenir el futuro. Crear archivo como en el caso de *Archiva* o asegurarnos de que quede resguardado, como en el de Ana Victoria, son parte de lo mismo.

En cuanto al hacer confluir la docencia, el archivo y otros elementos en una obra, también viene de la misma época. Ya en piezas como *Traducciones: un diálogo internacional de mujeres artistas* lo estaba haciendo. Son estrategias para cambiar la cultura. Tengo que pensar más sobre esto porque desde que estaba en San Carlos el tema de la educación (Freire, Piaget, Montessori, etc.) me era fundamental, y el Woman's Building me hizo cuestionar muchas cosas.

Ahora bien, lo complicado de estas piezas, como de cualquier performance, es después meterlas a un espacio museístico. Es como tratar de meter el pie en un zapato cuatro números más chico. ¿Cómo reflejas experiencias personales y procesos de aprendizaje sobre un muro? ¿Evocas una pieza basándote en su documentación, la reactivas a partir de su esencia aunque tome otra forma, la reinterpretas o presentas sus vestigios? El arte sobre soportes tradicionales como pintura y escultura promovía la idea de la "trascendencia" del arte, pero a partir de las prácticas efímeras, las obras son tan finitas como nosotros. Estas piezas, al igual que los muertos, las podemos recordar por sus fotos o pueden seguir viviendo a través de sus hijos (que serían las activaciones que hace la propia artista) o tener reencarnaciones, que serían las interpretaciones hechas por otras personas. A veces hasta hay zombis artísticos, por ejemplo, cuando los artistas o los conservadores insisten en tratar de mantener viva una pieza que estaba destinada a desaparecer.

También está el problema de cómo presentar exposiciones que no sean colecciones de documentos aburridos que ni se pueden consultar como en un archivo, ni se pueden contemplar como obras artísticas. A ver si lo logramos.

En cuanto a lo que preguntas de Yuruen, hace unas semanas, preparando el programa educativo paralelo a la muestra, pensábamos en hacer una mesa con personas con quienes he trabajado de diferente manera (colectivamente, en colaboración, participación, etc.) y noté que también hay colaboradores involuntarios, entre ellos mis hijos. A Yuruen, Neus y Andrea las incluimos desde un principio como parte de Polvo de Gallina Negra, pues el grupo proclamaba que era endógamo y sólo podían entrar nuestras descendientes si así lo querían. Desde chiquitas participaron en nuestros performances, como el que hicimos como parte de *¡MADRES!* en el programa de televisión de Marta de la Lama al que asistieron Andrea y Yuruen de un año para ejemplificar las dificultades de trabajar y tener hijos. Pero Adán y Yuruen participaron en *Huesitos*, *Boda falsa*, *Ni tu título ni mi título* y otros más. Espero que les haya divertido, porque hacer performance es como jugar, porque si no un buen día nos demandan por explotación infantil. Adán y Yuruen además aparecen en muchos de mis dibujos. Su presencia en mi arte es constante y, afortunadamente, también en mi vida.

En años recientes he trabajado con Yuruen en mis proyectos y en los de Pinto mi Raya, aunque cada vez tiene menos tiempo por la maestría. Me encanta porque además de talentosa y profesional, tiene la confianza de criticar y proponer. No tiene el menor empacho en decirles a sus papás que la están regando y proponer una mejor solución. Generalmente tiene razón.

Por ahora te dejo y te mando un gran abrazo,
Mónica

SERVICIOS DE PRENSA

Sombrerete # 505
Col. Hipódromo Condesa
06170, D.F.

TEL. 2-71-30-82
FAX. 5-15-12-20

Pinto mi Raya

-Lunes · 11 · de · Enero · de · 1993 ·

El Sol de México		La Jornada		unomásuno		EL HERALDO DE MEXICO	
EXCELSIOR		El Nacional		EL DIA		Novedades	
EL FINANCIERO		EL UNIVERSAL	X	PAG.	3	SEC.	cultural

Por MONICA MAYER

¡Viva la reforma del Paseo de la Reforma!

Maquiavélico plan del grupo de arte feminista Polvo de Gallina Negra para modificar el paisaje urbano

¿Será posible que exista una calle sexista? ¿Acaso la ideología patriarcal se ha apoderado de las avenidas? ¿Es factible que a veinte años de iniciado el movimiento feminista ahora no sólo sea necesario tomar la calle, sino también remodelarla? Esta y otras preguntas nos hicimos en el grupo de arte feminista Polvo de Gallina Negra, integrado como ya bien saben por Maris Bustamante y su servidora. Toda esa disertación académica surgió a colación de la propuesta de poner la escultura **Hacia el azul** de Agueda Lozano en la plaza del Ródano en donde anteriormente se encontraba la **Diana**, ya que supuestamente por la oposición de los vecinos de Las Lomas, no pudo colocarse en Palmas y Explanada, lugar para el que fue diseñada. Uno de los argumentos para instalarla en este espacio era que sería apropiado tener una escultura realizada por una mujer en el espacio antes ocupado por la imagen de otra.

Por otro lado, esta propuesta es nuestra manera de unirnos a una larga tradición mexicana de no respetar la decoración urbana, ni las decisiones tomadas por otros funcionarios respecto a la colocación de estatuas, y menos aún el derecho de los artistas de que una vez que su obra ha sido aceptada para ocupar un lugar público esto suceda o que una vez instalada esto signifique su permanencia. Baste recordar que el Zócalo lleva su nombre porque en 1840 se convocó a un concurso para la realización de un monumento que conmemora la Independencia y que ocuparía un sitio privilegiado en la Plaza Mayor frente al Palacio Nacional. El ingenuo ganador del concurso se puso a trabajar y llegó a colocar el zócalo o basamento de la escultura que se quedó ahí plantado tanto tiempo por los vaivenes burocráticos, que el pueblo empezó a llamar burlonamente a la plaza "El Zócalo".

He aquí algunas sugerencias para la remodelación del Paseo de la Reforma, invitando al público a enviar cartas de apoyo y la propuesta a nuestro estimado regente don Manuel Camacho Solís (domicilio conocido) o a los Reyes Magos. No hay que olvidar que la unión hace la fuerza y que la opinión pública mueve estatuas, como en los casos de la **Diana** y el de Lozano.

1.- En primer lugar proponemos que se le cambie el color al Caballote de Sebastián a rosa mexicano y que de ahora en adelante se le reconozca como la Yegua. Así, con los años, incluso podríamos pensar en una serie de potritos que llegaran hasta la Alameda.

2.- Definitivamente habría que cambiar a Cristóbal Colón por una estatua de La Malinche. El proyecto podría abrirse a concurso entre nuestras artistas y, bueno, con la cantidad de magnificas escultoras que tenemos (Elzabeth Catlett, Helen Escobedo, Angela Gurría, Naomí Siegman, Lourdes Cué, Rosa María Robles, Rosalina Cervantes, por mencionar solo unas cuantas) el proyecto promete.

3.- Todas las estatuas de los señores que se encuentran adornando con su gracia los costados del Paseo de la Reforma dejarían sus vestimentas a un lado para que ahora las mujeres pudiéramos echar taco de ojo. ¿No les parece un poco sospechosa la desnudez de las dos únicas mujeres en el Paseo de la Reforma ante tanta ropa masculina?

4.- Respecto a la estatua de Cuauhtémoc, simplemente sugerimos que se ponga un poco más al día su modelito y el peinado. Para apoyar todos los posibles tratados armamentistas en el mundo, proponemos que le cambien la lanza por una garrocha de salto de altura.

5.- Por último quisiéramos cambiar al Angel de la Independencia por una de las cachondas esculturas de ángeles de Noemi Ramírez.

Estamos seguras que siendo ella la artista ya no habría duda sobre la identidad sexual del ángel y se disiparía el misterio de por qué el ángel necesita **brassiere**. A sus pies podrían estar los Indios Verdes a quienes el crecimiento urbano se ha tragado por completo y se ven muy solitos en donde están.

Mónica Mayer, *Viva la reforma del Paseo de la Reforma—Long live the reform of the Paseo de la Reforma*, 11 de enero de—January 11, 1993. Texto publicado en el periódico—Text published in the newspaper *El Universal* [Cat.32]

Fragments of a Correspondence: Exchanges between María Laura Rosa and Mónica Mayer on Feminism, the Everyday, and Creation

MARÍA LAURA ROSA & MÓNICA MAYER

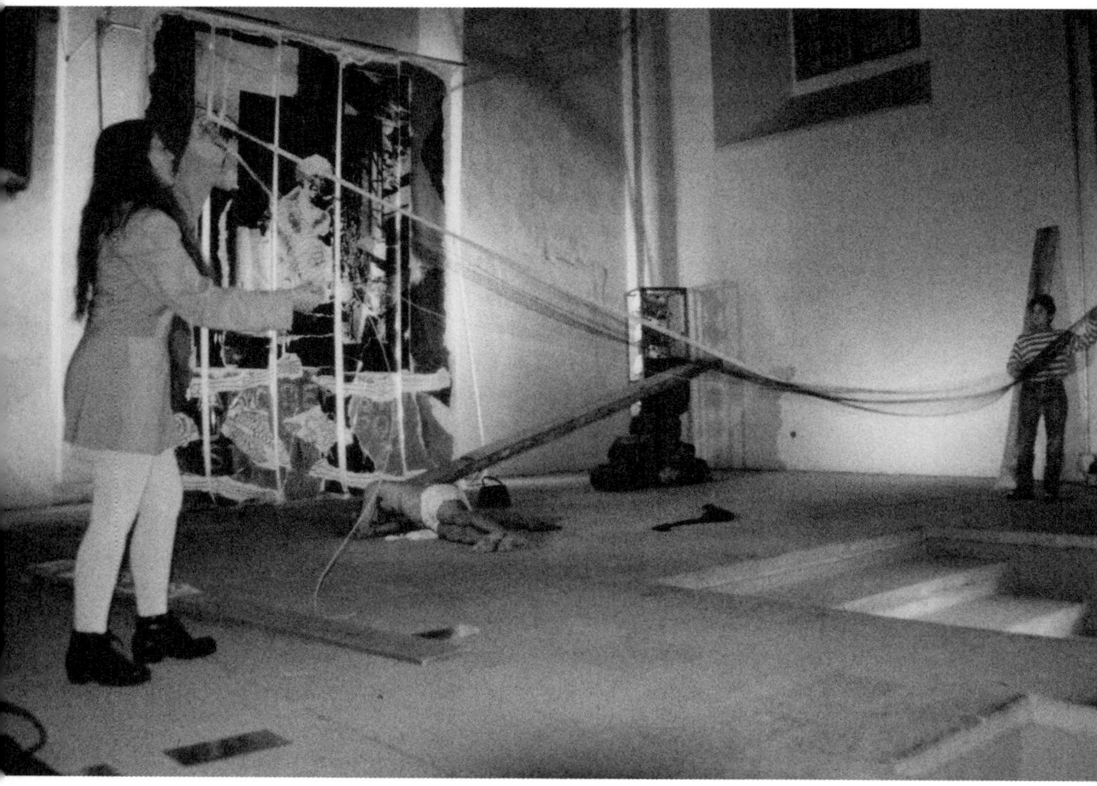

Mónica Mayer, *Huesitos—Little Bones*, 1992-1995. Foto—Photo: Víctor Lerma [Cat. 46]

May 18, 2015. Buenos Aires

Dear Mónica,

I'd like to begin with the subject of your concern to establish contacts between artists and critics in several of the projects that you've carried out with Víctor Lerma.

I'm interested in highlighting that in *De crítico, artista y loco...* you and Víctor propose a role-reversal—critics become artists, and artists become critics—which ended up constituting the most disruptive part of the work, leading to various reactions, right? I'd like us to talk about the creative process behind this kind of work, that is, collective, process-based, ephemeral works, which ultimately lead to a conception of art as being totally integrated into life. I imagine that the choice of the different issues you and Víctor refer to have to do with both of your personal experiences, its taking the personal as a starting point, without alluding to the autobiographical.

I was thinking about the process that precedes the process... about that collective and at the same time private moment when the ideas that trigger your work with Víctor emerge. I'd like you to tell me how it comes about. Does it start with a game? With a discussion? Does it come about the same way when you work on your individual projects?

I think Pinto mi Raya is a great example of those ongoing projects that have fostered various performances and process-based works with Víctor. I understand Pinto mi Raya as the icing on the cake of a way of understanding activism, an activism that continues what you started in the 1970s prompted by feminism, although now using another platform. This weaves in discussions that integrate feminism, with *Archiva*, for example, or the circulation of Polvo de Gallina Negra, or more recent works like *Maternidades Secuestradas.*

All this brings me to art, life, feminism...

I'll stop here, dear.

Kisses,

María Laura

June 6, 2015. Mexico City

Dear María Laura,

One of the reasons why we were interested in the relationship between critics and artists is because I myself played both roles, which enabled us to understand their problems. Nevertheless, we've also done projects about the artist-public relationship or centers of documentation. The PMR project is a form of activism within our own community.

It's interesting to think about the process of each work. My drawings sort of ping pong back and forth between performance and drawing, or graphic art and drawing: I start with an image (a photo of myself wearing a *rebozo* [shawl] with different facial expressions), I photocopy it, I transfer it, and I draw on it. Or it could be a drawing that I scan and print, and then I draw on that image. I build the image bit by bit. In the most recent pieces of "visits" to archives, the material I consult suggests actions to me. The performances are generally a response to the context in which we'll be doing them. Additionally, as the pieces will inevitably end up in some performance lecture [*conferencia performanceada*], I automatically structure and/or document the piece in terms of how I'm going to narrate it.

As for Pinto mi Raya's work, the digital graphic art projects like *Mimesis, Aquerotipo and EMPA* (Monumental Electrography on Cotton Paper) were Víctor's idea (or ideas of his with Fernando Gallo or Humberto Jardón) and I contributed ideas, work, getting the word out, etc. Others, like *Performance parásito* [*Parasite Performance*] or *Yo no celebro ni conmemoro guerras* [*Don't Celebrate or Commemorate Wars*], occurred to me and Víctor got involved.

But each project has its own peculiarities. *De crítico, artista y loco...* came out of Dr. Teresa del Conde's suggestion that we exhibit work by art critics at Pinto mi Raya, and we saw a chance to broaden the project, moving it to a bigger venue and turning it into this role-reversal that you mentioned. Víctor always refers to our projects as "*travesuras*" [mischief], but this one really was since it was clear that it would be a box office project because of people's morbid desire to see artwork by critics. The project did provoke a lot of reactions. The critics participated with good humor and generosity, but many artists refused to write about the critics and some of them were offended. It's difficult to soften power relations. After the Woman's Building, where there was a real mutual understanding between historians, critics, artists and activists, I find these hierarchies to be absurd. Nevertheless, here they're quite marked: critic = power. Since I used to wear both hats I experienced it constantly. If I showed up as a critic, I was treated very well (by galleries, functionaries, and artists), but when I showed up as an artist, they'd look at me like I was there to ask them for something. Similarly, during the twenty years that I was writing, only one artist ever asked for the opportunity to respond to what I published about her work. Anyway, I think that waiting for someone to legitimize you as an artist is like believing that a knight in shining armor will show up to fix your life for you.

I'm sending you an enormous hug, and running off to the market.

Mónica

June 13, 2015

Dear Mónica,

We've already got some substantial emails about art and the collective projects that make up your artistic journey. Now I'd like us to pause over the threads that contributed to the formation of those collective networks.

I was thinking about those first encounters you organized after you came back from the US, particularly *Translations: an International Dialogue of Women Artists*, in which you sought to create a context for feminist art in Mexico. How was that proposal received by your fellow artists?

Apart from motherhood, one of the fundamental issues being discussed around that time was rape, a theme that your teacher Suzanne Lacy was addressing in the US from a performance standpoint. With that in mind, and in relation to the context that you wanted to start organizing in Mexico, what was it like to work on this problem in your country?

Finally, if there's anything that brought together the

private and the public, it was Polvo de Gallina Negra, on which you and Maris worked with your husbands—even though it wasn't explicit, they were present—and while you were both pregnant. So I'll ask you, how did the formation of Polvo de Gallina Negra affect the way you were planning works with Víctor? I imagine that in a long-term artistic relationship like the one you have with him, when one of its members joins another project it might require a different organization and a different sense of timing. How did Mayer-Lerma get along with Polvo de Gallina Negra?

Alright, enough questions, dear. I promise that the next message won't have so many...

Chilly kisses from a freezing Buenos Aires!

Ma. Laura

June 24, 2015

Dear María Laura,

You've given me a lot to think about!

I've always said that art only matters to our feminist movement as entertainment or as a graphic medium for flyers or posters. Still, I think I've been unfair: we never lacked accomplices for carrying out projects like *Translations*, or for getting the word out on the radio and TV.

Translations was completed while I was still in the US, so the organizers in Mexico City were Ana Victoria Jiménez and my mother, with other artists and feminists like Yolanda Andrade, Yan María Castro (now Yaoyólotl) and Magali Lara. But Elena Urrutia, one of the historic feminists, invited us to her radio program and Nancy Cárdenas, the veteran feminist playwright and founder of the lesbian and gay movements in Mexico, lent us her house in Cuernavaca for the event. The network of women was strong and solidary. We didn't have a problem working together on specific projects. Nevertheless, when Maris and I called for the creation of a feminist art group, none of our artist friends wanted to join.

The theme of rape was fundamental in the first years of feminism. I became involved with this issue when I collaborated with Rosa Martha Fernández's Colectivo Cine Mujer. I participated in the research for the film *Rompiendo el silencio*. One of the experiences that most impressed me was when we interviewed the doctor from the public health administration who was receiving the victims, and he told us that it was impossible to penetrate a woman against her will: he had just seen a sixty-year-old woman who had been raped and whose husband had been murdered. I also participated when they documented the famous case of a young woman who killed the guy who tried to rape her. She managed to get out of jail thanks to the support of the feminists. Organizations against violence against women were beginning to emerge.

As for artwork, apart from a rather ugly sculpture that in my view represented a gang rape with some penises among pieces of glass, I never addressed the theme directly. But *The Clothesline* refers to street harassment, which is something I had to endure every day. Later I did a bunch of drawings in L.A., where I claimed that preventing us from enjoying our sexuality is also a kind of rape. I was confronting my own internalized repression.

One thing that I've noticed recently is that I've never made my work in response to an external feminist agenda, but rather in terms of personal experiences seen from a feminist perspective. I've never made posters for the movement or pieces about specific problems, not even around themes as challenging as the femicides in Ciudad Juárez and in so many other places. In that sense, my work doesn't respond to the grand causes, but rather to everyday experiences... with all the complexity and contradiction this implies. It's a struggle against an internalized patriarchy and that which surrounds me.

When Polvo de Gallina Negra started, Víctor and I had done a couple of projects together, but Pinto mi Raya didn't exist yet, so there was no conflict whatsoever. It might have been different in Maris's case because she and Rubén had been working in No Grupo and as a couple in ***El usurpador de sombras*** (1984) and ***Pornochou*** (1986), but, as in our case, I could see a great deal of support between the two of them in their artistic production and in caring for their children. In fact, I would almost say that art is the heart of my relationship with Víctor. If he suddenly left art and opened a sandwich stand, I wouldn't know what to do. As for logistics, Polvo de Gallina Negra was efficient because there were two of us and we could settle everything with a phone call, although at the time Maris didn't have a phone in her house.

If there had been more members, the group wouldn't have lasted as long as it did.

Anyway, I think I've answered everything, but as always I'm left with the urge to sit down and talk with you for a whole day.

Hugs to the three of you,
Mónica

July 9, 2015

Dear Mónica,

As I was reading your email I was thinking about this thing of working without following an agenda from the women's movement, but with a feminist commitment... It occurs to me that one of the powerful points on which you've worked these last years, and which has been a point of intersection between the realities of what people are going through in Mexico and your own questions, is the work on abducted maternities. I'd like it if you could tell me how this project came about in the framework of the Taller de Arte y Activismo Feminista (TAAF, the Feminist Art and Activism Workshop) and with that in mind how your links and exchanges with younger artists and activists come about and lead to the consolidation of social networks, as you have pointed out.

I'm also interested in you telling me about some of the significant works that came out of the TAAF. Your workshops were always a fertile territory for the creation of feminist groups. I remember Tlacuilas y Retrateras... I believe that one has to have a special character to respect the creative timing of each person, and it can't have been at all easy to be able to get your personal work to balance with the activities in the workshops. How do you handle all of that, Mónica?

Alright, dear, here I'll leave off my constant questions... I seem like my daughter when she was four years old, every other thing she said was "How come...?"

Many kisses to Víctor and a very special one to you for your patience in responding to so many questions.

Kisses,
Ma. Laura

July 29, 2015

Dear María Laura,

I think I'm going to contradict something I wrote in my previous letter. Feminism attracts me because it's a struggle to change culture, which, as something very complex and multi-layered, requires a lot of quite varied agendas, tactics, and strategies. It needs many feminisms. For that same reason it's important that there be organized women's movements that fight for concrete questions like our reproductive rights or against violence toward women, as well as academics who develop theories and bring hidden stories to light. Our job as artists is important, even though it encompasses a really broad and sometimes nebulous and ambiguous array of proposals, ranging from the propagandistic to the hermetic. For me, "propagandistic art" follows a specific feminist agenda and "artistic art" (if you will) is anchored between the life of the artist, her political reality, and her context (artistic or social), which inserts her in the broadest way into the discussions and concerns of feminism. The propagandistic approach is a tool (whether for political or artistic ends), and has to fulfill an immediate communicative function, whereas the artistic one is a reflection that problematizes questions of gender from the standpoint of art. But the lines separating the two are not very clear, nor are they opposed..

In my own work I'd mention for example the small piece I did for the Marcha de las Putas [the Slut Walk], to which I arrived with a sign that said on one side "Old, so what?" and on the other "Slut, so what?" Although it's propagandistic, within the context of my work it's related to actions like *When in Doubt... Ask*, which has to do with the idea of serving as a bridge of communication, but also with building a collective voice from individual ones, which you find in a lot of my pieces, from *The Colthesline* to *La protesta del día después* [*The Day after Protest*].

Lately a lot of the participants in the TAAF are carrying out actions against violence toward women, which gets more and more terrible each day. On the one hand they denounce cases of deaths or disappearances, and on the other they defend women like Yakiri, the young woman who killed her rapist and who was accused of "excessive legitimate self-defense." To begin with, their work seems to be propagandistic, but we'd have to analyze the ties with their individual experiences and proposals. Now I'm about to start TAAF up again in order to reactivate the piece *The Clothesline*. I'm excited to be working with them again.

Collective work isn't easy, but it's wonderful. When everyone contributes their ideas, experiences, and creativity, the resulting projects are more complex in every way. The trick is for the collective process to flow, which is the challenge facing the facilitator. To begin with, we have to understand that each person can contribute what she can, and how she can. I could give you examples of projects both of feminist art and those of Pinto mi Raya in which everything flowed splendidly well, and others in which we came to blows. Perhaps the most delightful thing about the workshops and working collectively is that they've enabled me to create networks of mutual understanding and deep friendships.

Lastly, you asked me if it's difficult to coordinate my personal work with the workshops, and I would say no, because the workshops are part of my life and my personal work.

Hugs and cuddles,
Mónica

August 15, 2015

Dear Mónica,

I like it a lot when you present *Archiva* as a selection based on your own experience and memory, and that it's based on the materials in the Pinto mi Raya archive. You're subverting precisely that historical fallacy that presents the archive as a neutral repository of documents from the past that serves as a basis for one's work. In *Archiva* you were able to find a creative way to make teaching/workshopping converge with performance, the archive and your reflection on how to spread knowledge about the work of a great many artists. I'd like to know how you went about elaborating this whole trajectory, and how Ana Victoria Jiménez's archive intervened in your decision to create *Archiva*.

With regard to what we've been talking about, your work always brings together the personal, the family, the private sphere and artistic work… With that in mind, I'd like you to tell me about your artistic or working relationship with Yuruen, since she took the photos of your performance *La protesta del día después*, from the *Maternidades secuestradas* [*Abducted Maternities*] project. What's it like to work with your daughter? I was wondering how Yuruen has participated in your work.

A big kiss,
Ma. Laura

August 17, 2015

Dear María Laura,

I can't tell you how much I enjoy your letters. They raise questions for me, and I'm able to see my work in another way. With regard to what you said about *Archiva* and creating a crack, I don't know if this is what happens, but that's the intention. To make an archive is a political act, an act of self-defense against invisibility. The importance of the archive has been clear to me since the Woman's Building. The archive was there to investigate our past, but also to intervene in the future. To create an archive, as in the case of *Archiva*, or to assure ourselves that it be safeguarded, as in that of Ana Victoria, are part of the same thing.

As for bringing together teaching, the archive, and other elements in a single work, that also comes from the same time period. I was already doing it in pieces like *Translations: An International Dialogue of Women Artists*. They're strategies for changing culture. I have to think more about this because ever since I was at San Carlos the theme of education (Freire, Piaget, Montessori, etc.) has been fundamental to me, and the Woman's Building made me question a lot of things.

Now, the complicated part of these pieces, as in any performance, is putting them in a museum space afterwards. It's like trying to put your foot in a shoe that's four sizes too small. How do you reflect personal experiences and learning processes on a wall? Do you evoke a piece by basing yourself on its documentation? Do you reactivate it by seeking its essence, even though it takes on another form? Do you reinterpret it, or present its vestiges? Art in traditional media like painting and sculpture promoted the idea of art's "transcendence," but in the case of ephemeral practices, the works are as finite as we are. Just like the deceased, these pieces can be recalled through their documentation or they can go on living by means of their offspring which would be the activations made by the artist herself) or their reincarnations (which would be the activations made by the artist herself or the interpretations made by other people). Sometimes there are artistic zombies, for example when artists or conservators insist on trying to keep a piece alive when it was destined to disappear.

There's also the problem of how to present exhibitions that aren't just collections of boring documents that can't even be consulted as if they were in an archive, nor can they be contemplated like works of art. We'll have to see if we manage to achieve it.

As for your question about Yuruen, a few weeks ago, preparing the educational program that'll accompany the show, we were thinking about doing a roundtable with people with whom I've worked in different ways (collectively, collaboratively, through participation, etc.) and I noticed that there have also been involuntary collaborators, including my children. We included Yuruen, Neus and Andrea from the very start as part of Polvo de Gallina Negra, since the group declared itself to be endogamous and only our descendants could join, if they so desired. Since the time they were little girls they participated in our performances, like the one we did as part of *¡MADRES!* on Marta de la Lama's TV show, which Andrea and Yuruen attended when they were a year old, in order to exemplify the difficulties of working and having children. But Adán and Yuruen participated in *Huesitos* [*Little Bones*], *Boda falsa* [*Fake Wedding*], *Ni tu título ni mi título* [*Neither Your Title nor Mine*] and others, too. I hope they had fun because doing performance is like playing, otherwise one of these days we might end up getting prosecuted for child abuse. Adán and Yuruen also appear in a lot of my drawings. Their presence in my art is constant, and in my life, too, fortunately.

In recent years I've worked with Yuruen on my projects, and on those of Pinto mi Raya, even though she has less and less time because of her Master's. I love it because in addition to being talented and professional, she has the familiarity to criticize and make suggestions. She has no qualms about telling her parents that they're blowing it, and proposing a better solution. She's usually right.

But now I'll leave you, and send you a great big hug,
Mónica

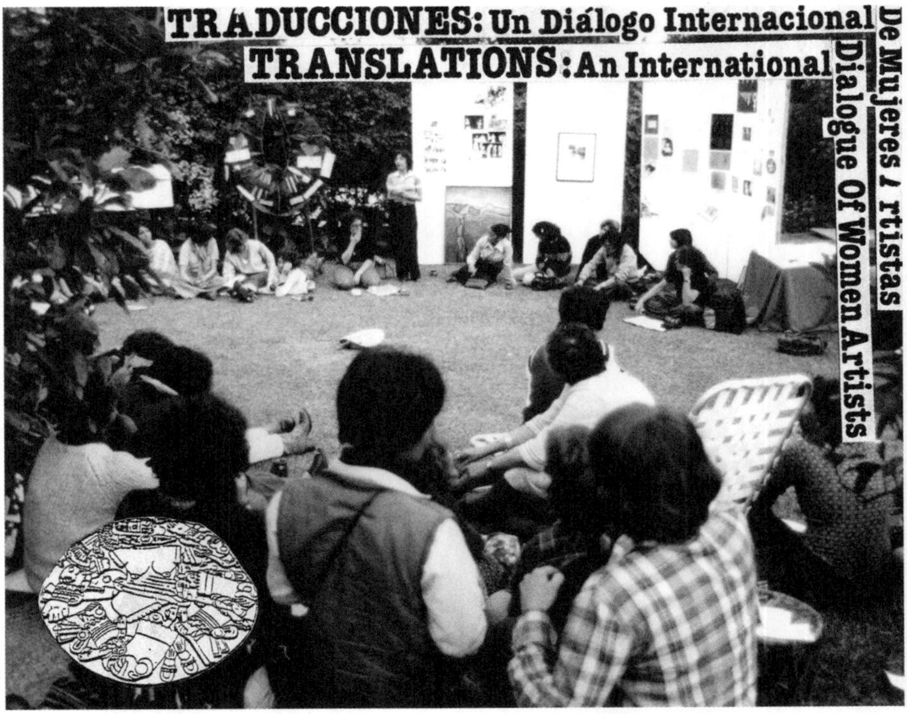

Mónica Mayer (con la participación de—with participation of Yolanda Andrade, Yan Castro, Jo Goodwin, Ana Victoria Jiménez, Mónica Kubli, Magali Lara, Lilia L. de Mayer, Marcela Olabarrieta, Florence Rosen, Denise Yarfitz, Ester Zavala y—and Ana Cristina Zubillaga), *Traducciones: un diálogo internacional de mujeres artistas—Translations: An International Dialogue of Women Artists*, 1979-80 [Cat. 31]

"Lubricar el sistema" y otros dilemas feministas artísticos y curatoriales: Amelia Jones en diálogo con Mónica Mayer

BASADO EN CORREOS ELECTRÓNICOS ENVIADOS ENTRE AMELIA G. JONES (LOS ÁNGELES) Y MÓNICA MAYER (CIUDAD DE MÉXICO), MAYO, JUNIO Y AGOSTO DE 2015

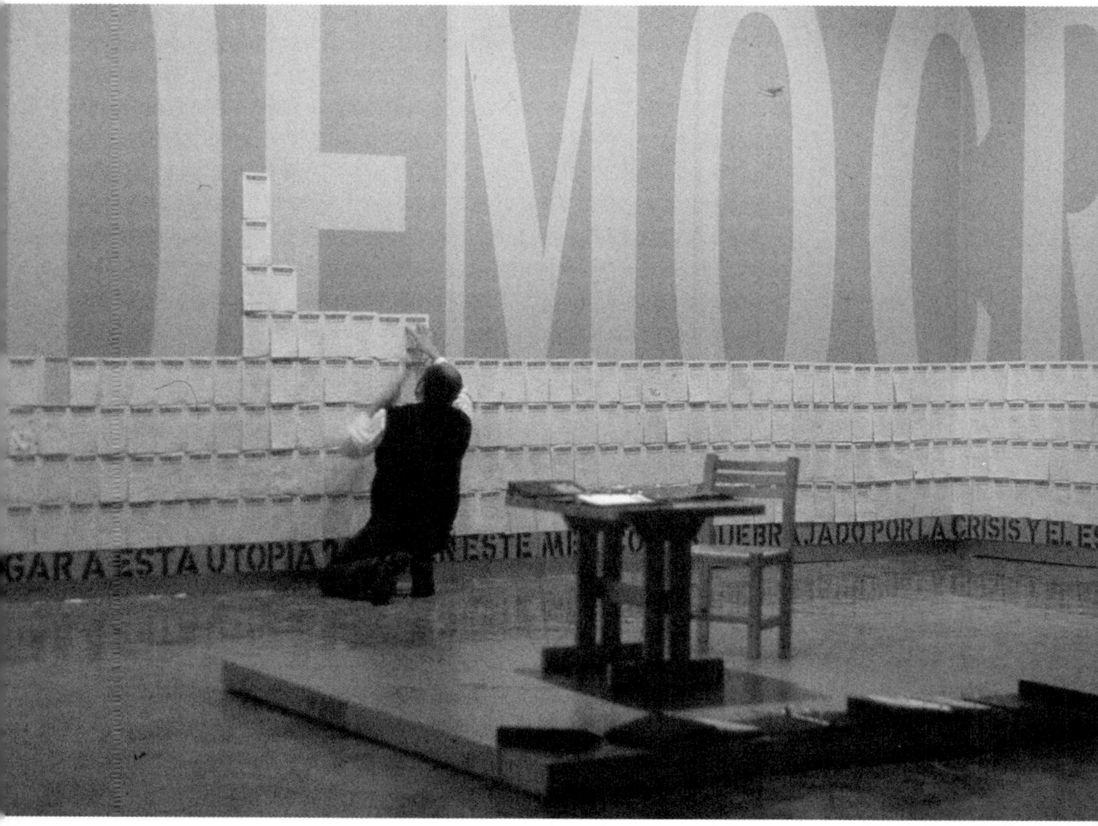

Pinto mi Raya (Víctor Lerma y—and Mónica Mayer), *Justicia y democracia—Justice and Democracy*. Museo de Arte Moderno, 1995 [Cat. 63]

Amelia a Mónica, 8 de mayo de 2015

Cuando hablamos, señalaste que tu objetivo en diversos proyectos con Víctor Lerma es "lubricar el sistema". ¿Puedes extenderte más al respecto y por qué la "lubricación" en el caso del arte y el performance contemporáneos mexicanos es más útil que la mayoría de los enfoques de vanguardia (de disrupción, subversión o crítica)? Me intriga mucho esto. Tengo la sensación de que tu respuesta tendrá algo que ver con la forma en que la cultura mexicana no reconoce las tradiciones y actos performáticos. ¿La "lubricación" trata entonces de crear la posibilidad de que se escriba acerca de éstos, que sean archivados y conocidos? ¿Es útil la lubricación precisamente porque México tiene un sistema democrático incompleto o una estructura de financiación irregular de las artes y la cultura, o un determinado tipo de economía del que nosotros en Estados Unidos podríamos aprender más con el fin de entender el arte y el performance en México?

Mónica a Amelia, 15 de mayo de 2015

Empezamos a usar el término *lubricar* para describir el objetivo del proyecto de Pinto mi Raya porque sentimos que el sistema del arte contemporáneo en México en ese momento era como una pieza de maquinaria que se estaba estructurando y que necesitaba un poco de grasa para funcionar mejor, y también debido a su connotación sexual.[1]

Cuando comenzamos el proyecto en 1989, ya había una larga tradición de arte "experimental" o "alternativo" en México, que estaba siendo institucionalizada: el Fondo Nacional para la Cultura y las Artes (Fonca) se creó en 1989 y poco a poco empezó a apoyar este tipo de obras; Ex Teresa (el centro gubernamental dedicado al performance) se fundó en 1993; varios críticos formaron un grupo independiente llamado Curare y comenzaron a publicar una revista importante (Karen Cordero Reiman era parte de

—

1— Amelia Jones: véase http://www.pintomiraya.com/

éste) en 1991; los artistas mexicanos contemporáneos comenzaron a exponer más en el extranjero con el apoyo del gobierno mexicano; una importante feria de arte contemporáneo se desarrolló en Guadalajara junto con el Foro Internacional de Teoría del Arte Contemporáneo (FITAC), que reunió a los críticos, artistas y curadores de México y el extranjero (creo que allí conocí a Lois Keidan y Katy Deepwell),[2] y el proyecto inSITE, que fue una importante trienal entre Tijuana y San Diego, se inició en 1992.

Las cosas iban bien, pero sentíamos que Pinto mi Raya podía criticar y contribuir a este proceso. Habíamos empezado como una galería de autor, pero rápidamente se convirtió en un proyecto de práctica social dentro de nuestra propia comunidad. Lo llamamos un proyecto de arte conceptual aplicado. Éramos muy críticos con el Fonca, por ejemplo, y formamos un grupo llamado Los Abajofirmantes con otros colegas que cuestionaban cómo se dieron las primeras becas (sin un proyecto, los miembros del jurado se las otorgaron a sí mismos, etc.). La correspondencia del grupo se integró en nuestra pieza *Justicia y democracia* (1995). Sin embargo, también sentíamos que teníamos que construir instituciones alternativas, así empezamos proyectos como el de nuestro archivo.

Por otro lado, teníamos experiencia como artistas, profesores, críticos de arte, curadores, dirigiendo una galería, etc. Conocíamos los problemas que representan estas actividades, así que estábamos en una posición única para facilitar la relación entre los diferentes actores del sistema artístico. Antes de perturbar o subvertir el sistema artístico, teníamos que apuntalarlo.

Construir un sistema siempre ha sido importante para nosotros porque como artistas mexicanos nos sentimos tan excluidos del *mainstream* del arte como las mujeres artistas en todas partes lo están. Cuando vivíamos en Los Ángeles sabíamos que nos iría mejor profesionalmente si radicáramos en Estados Unidos, pero queríamos ser capaces de establecer un diálogo con lo que estaba pasando en el resto del mundo desde nuestro propio país.

—

2— Amelia Jones: Lois Keidan es una activista cultural y escritora, co-fundadora de la muy influyente Live Art Development Agency en Londres; Katy Deepwell es una historiadora feminista del arte, también radicada en Londres.

También entendíamos que las condiciones para los artistas en un país donde más de 40% de la población vive en la pobreza extrema iban a ser difíciles, pero como artistas de los años setenta que empezamos haciendo performance y arte feminista, realmente no teníamos expectativas de vender nuestra obra. No estoy segura de que tuviera claro lo que ello implicaría, pero éramos jóvenes, idealistas y entusiastas, así que nunca nos lo cuestionamos y además contaba con el apoyo financiero de mi familia. (Mi padre nos dio la casa en que vivimos y les pagó la universidad a nuestros hijos).

Amelia a Mónica, 19 de mayo de 2015

Es fantástico, Mónica, dialogar contigo.

Me encanta esta respuesta acerca de la lubricación. ¡Así que la información histórica es una forma de lubricar las máquinas de la cultura y de la historia! Que podemos ver como una especie de interacción corporal sexy/sexual... ¿Puedes contarnos un poco sobre el performance de ocho horas sobre Pinto mi Raya? ¿Dónde lo estás haciendo? ¿Qué vas a hacer durante ocho horas? ¿Cómo abordará la duración del performance la duración del archivo que Víctor y tú han compilado?

Me da mucha curiosidad cómo ves el cuerpo performático (en este caso, el tuyo) en relación con tu historia compilada del performance en revistas de arte y la crítica de arte (Pinto mi Raya).

¿Podemos entonces regresar un poco en el tiempo y dialogar acerca de lo que originalmente motivó tu giro hacia el feminismo, que luego dio lugar a que tomaras el riesgo de venir a Estados Unidos para trabajar en el Woman's Building en 1978? Más concretamente: ¿cuál es tu percepción de la importancia de recopilar la crítica de arte y las reseñas de performance —una especie de archivo permanente para eventos y actos efímeros en México [en Pinto mi Raya]— en relación con tus fuertes motivaciones políticas, que te han llevado a producir tan importante obra feminista?

A continuación me gustaría preguntarle más sobre tu obra feminista reciente, tu colaboración con Víctor en relación con el arte y la vida / el amor, y lo que piensas acerca de otras artistas feministas contemporáneas.

Mónica a Amelia, 3 de junio 2015

¡Qué emoción que estés hablando de mi trabajo!

En cuanto al performance de ocho horas, en los últimos cuatro años he estado haciendo piezas basadas en "visitas" a archivos. Puedes encontrar toda la información en nuestro sitio *web*, aunque desafortunadamente sólo en español.[3] Uno de ellos era el archivo de Ana Victoria Jiménez, una de las primeras feministas, editora y fotógrafa, quien también participó en los grupos de arte feminista en los años ochenta. A partir de una de sus fotografías de la primera manifestación feminista a favor del aborto a la que asistí en 1976, en 2012, con un grupo de artistas y feministas, organicé un perfomance-manifestación que problematizaba la maternidad hoy.

También comencé una "visita" a mi propio archivo y de ahí han surgido varias piezas incluyendo un "tour" por nuestro archivo-casa en el que selecciono cinco documentos sobre un tema y guío a los espectadores a verlos en su propio hábitat. Otra pieza, aún en proceso, consiste en seleccionar documentos de nuestro archivo personal y escribir acerca de ellos en mi blog.

Puesto que he hecho un montón de conferencias performanceadas a lo largo de los años, me pareció que una versión oral de nuestro archivo sería divertida. Me encanta hablar en público. Siempre digo que es una especie de crítica de arte *stand-up*, donde mezclo humor, performance, pedagogía y política. He hecho performance de cuatro horas durante una clase y tanto los estudiantes como yo sobrevivimos bastante bien, así que pensé que para la exposición me gustaría intentar un día completo en el museo. Se revisará el material tanto de los artículos de prensa que hemos recopilado como nuestros documentos personales desde los años setenta. Las personas no tendrán que permanecer a lo largo de toda la pieza. No creo que

—

3— Véase http://pintomiraya.com/redes/

ocho horas sean suficientes para hablar de todo lo que me gustaría y puedo hablar, que sería una mezcla de ideas personales, sociales y artísticas. Hay tantas cosas en nuestro archivo que la duración del performance a duras penas refleja su tamaño. Mi sensación de la pieza es la de vaciar algo (posiblemente mis recuerdos) y de exprimirles a los documentos su significado... Todavía puede cambiar.

En términos de cuerpo y performance, nuestros proyectos aplican tres estrategias. Una es hacer performance frente a un público o con él, como en mi *Performance parásito* o el proyecto *Yo no celebro ni conmemoro guerras*. La segunda es realizar acciones como la creación de nuestro archivo o los diferentes performances de Pinto mi Raya que podrían parecerse más a talleres, programas de radio, etc., que me gustaría pensar más como lo que Suzanne Lacy llama performances "no-orientados al público" y que nosotros concebimos como "acciones", en términos de [Hannah] Arendt, como echar a andar un proceso. Son intervenciones sociales. La tercera estrategia es vivir la vida (con una cierta conciencia de su dirección y sentido) y a partir de esto crear narrativas que la documentan. En ciertos puntos, todas se mezclan. Y sí, mi cuerpo está allí todo el tiempo y por lo general no lo dejo en otro sitio, pero es sólo parte del paquete e interactúa de manera diferente con otros de acuerdo con la situación...

Empecé a oír hablar de feminismo de adolescente, a principios de los años setenta, en Gales, donde estudié por dos años. Cuando regresé a México, mi prima Julia, quien vive en el Reino Unido, me enviaba copias de la revista feminista *Spare Rib* [Costilla de repuesto]. El feminismo también se estaba volviendo más fuerte aquí y las "temáticas de mujeres" se estaban institucionalizando.

Sin embargo, también crecí con ideas feministas. La prima de mi abuela materna fue Amalia Castillo Ledón, una política y escritora que fue determinante para obtener el voto de las mujeres en México en 1953. También fue la primera mujer embajadora de México y fue subsecretaria de Educación cuando el Museo de Antropología y el Museo de Arte Moderno se construyeron. Fue una gran modelo a seguir.

Antes de ir al Woman's Building, ya había un fuerte grupo de mujeres artistas en la escuela de arte donde estudié, la Escuela Nacional de Artes Plásticas (ENAP), entre ellas: Magali Lara, Rowena Morales, Rosalba Huerta y Lucy Santiago. Empezamos a reunirnos y a organizar exposiciones de mujeres artistas. Esto fue hacia el Año Internacional de la Mujer, que tuvo lugar en México, en 1975. Ese año, el Museo de Arte Moderno de la ciudad de México publicó un número de la revista *Artes Visuales* dedicado al arte de las mujeres e incluyó una entrevista de Zora con Judy Chicago y Arlene Raven.[4] Lo leí y fui directamente a ver a Carla Stellweg, editora de la revista, para obtener la dirección del Woman's Building. Tenía que ir allí.

Ir al Woman's Building no era un riesgo. De hecho yo estaba en realidad también huyendo de una situación personal difícil (mi madre era bipolar y finalmente se suicidó) y Víctor había vivido en Los Ángeles durante muchos años, así que no era un territorio desconocido.

Una de las cosas de las que me hice más consciente en el Woman's Building fue la importancia de reescribir y conservar la historia. Judy Chicago estaba terminando *The Dinner Party* y en el Woman's Building había exposiciones como GALAS (The Great American Lesbian Art Show) que enviaban las diapositivas de las obras mostradas a muchas bibliotecas. El archivo era un campo de batalla. Esto tuvo perfecto sentido para mí como mexicana, porque nuestros únicos artistas conocidos en el exterior eran los muralistas. Todo lo demás era invisible.

Cuando empezamos Pinto mi Raya, como artistas de performance que habíamos enfrentado los problemas de registrar eventos efímeros, se hizo evidente que la documentación era un punto débil en nuestro sistema de arte contemporáneo. Hicimos una pieza llamada *El balcón del Cenidiap*. El Cenidiap (Centro Nacional de Investigación, Documentación e Información de Artes Plásticas) es la institución gubernamental encargada de documentar el arte de los siglos XX y XXI. Nosotros los visitamos para ver que estaban haciendo en torno al arte efímero y lo que

—

4— "Zora entrevista a Judy Chicago y Arlene Raven", *Artes Visuales* (1976): 26-29. Véase también el importante artículo sobre la práctica feminista colaborativa de Mayer en México: Gabriela Aceves, "'¿Cosas de Mujeres?': Feminist Networks of Collaboration in 1970s Mexico", *Artelogie* (28 de septiembre de 2013); disponible en: http://cral.in2p3.fr/artelogie/spip.php?article230&afficher_introduction=oui (consultado el 26 de agosto de 2015).

encontramos fue tan patético que decidimos llevarles a una bruja a hacer una limpia, mientras leíamos un documento que explicaba la situación. Parece que siempre estamos luchando contra la invisibilidad, y el performance y el archivo son nuestras herramientas.

Amelia a Mónica, 8 de junio de 2015

He estado en Hong Kong durante unos cinco días gracias a una invitación del Archivo de Arte de Asia.[5] Así que he estado pensando en archivos todos los días y hablando con muchos académicos y artistas chinos, malayos, de Hong Kong. Aquí, los temas son todos acerca de la censura y la represión, pero también está la cuestión de la invisibilidad o la pérdida de conocimiento, que planteas como un problema en México. Ha habido muy pocos estudios sobre el arte y los artistas de Hong Kong, por ejemplo. La historia del arte aquí es débil, y hay pocos repositorios o lugares para el performance y otros tipos de arte. La gente del Archivo, pero también otros estudiosos, sienten la necesidad de simplemente reportar la información sobre el performance y no de teorías elaboradas. Dicho esto, son muy sofisticados e inteligentes respecto a cómo están pensando el archivo y sus límites en relación con el arte y el performance.

Siento que tengo mucho que aprender acerca de lo que la "política" artística (por ejemplo) significa en distintas partes del mundo. Los estadounidenses tenemos tantas instituciones que lo más importante para nosotros es desnaturalizar nuestras creencias y cuestionar nuestras suposiciones. Por lo general, no tenemos que luchar contra la represión (aunque las "guerras culturales" en la década de 1990 fueron un momento muy importante en el que el gobierno de Estados Unidos intentó humillar y condenar al ostracismo a los artistas del performance y recortar los fondos al arte). Somos muy privilegiados en muchos sentidos: pero esto también nos puede hacer muy complacientes, muy superficiales en lo "político", cuando no tenemos

—

5— Véase http://www.aaa.org.hk/

realmente claro qué es lo que está en juego y somos, en algunos casos, muy petulantes acerca de nuestra política.

Otras preguntas que han surgido aquí en Hong Kong incluyen las referentes al cuerpo: ¿qué significa el cuerpo en el performance aquí, en la China continental? ¿Tratan los artistas la sexualidad o el género? (La respuesta a esta última cuestión parece ser sobre todo "no"; todos los artistas cuyas obras me han mostrado, con la excepción de una, son hombres y la mayoría parecen ser heterosexuales o por lo menos no están examinando su sexualidad o su control.)

Así que en ese sentido, voy a repetir el final de mi último correo electrónico como el siguiente punto de discusión:

A continuación me gustaría preguntarte más sobre tu obra feminista reciente, tu colaboración con Víctor en relación con el arte y la vida / el amor, y lo que piensas acerca de otras artistas feministas contemporáneas. Y voy a hacerte una pregunta más al respecto: ¿qué significa el cuerpo en el performance en México en general? ¿Y en la ciudad de México? ¿Y qué significa ahora respecto a cuándo empezaste a hacer obra performativa en las décadas de 1970 y 1980?

Mónica a Amelia, 12 de junio de 2015

Suena como un gran viaje. Es curioso que los países con historias antiguas, complejas y ricas como México y China tengan pocos estudios en arte contemporáneo. Somos como una computadora sobrecargada que no puede funcionar suficientemente rápido como para procesar el presente.

En México, también estamos todavía en el proceso de sacudirnos la mentalidad colonizada impuesta por la conquista española, por lo que es natural que asumamos los relatos, historias y teorías de Estados Unidos y Europa, dando lugar a procesos de auto-invisibilización que más tarde refuerzan las desigualdades económicas y sociales, que verdaderamente nos borran.

Hay un fenómeno que llamo *el gran tour*, en el que para que algo como el arte feminista mexicano o el performance sea aceptado y legitimado aquí, un académico del extranjero tiene que estudiarlo y publicar un libro sobre el tema. Es como si la única manera de aprender sobre nosotros mismos fuera a través de los ojos de otros. Es un problema de empoderamiento. En México se le llama malinchismo, por la Malinche, la mujer que sirvió como traductora para Hernán Cortés durante la conquista y quien, básicamente, ha sido considerada una traidora. El malinchismo es un tipo de racismo autoinfligido que impregna la mayor parte de nuestra sociedad.

Hemos enfrentado este problema mediante diferentes estrategias. Una es escribir nosotros mismos como artistas, que fue mi primera opción. La segunda es convencer a los académicos locales por cualquier medio posible para unirse a nosotros en la creación de nuestras propias narrativas, incluso si esto significa compartir archivos o incluso crearlos. Una tercera estrategia es convertir el problema en una solución, por ejemplo, recurriendo a la complicidad de los académicos del extranjero con intereses similares que han transformado las narrativas en sus propias comunidades.

La escritura ha sido necesaria para hacer una crónica de lo que está pasando y proporcionar una versión alternativa a la oficial, pero sé que no soy académica y lo que produzco es la materia prima para que otros teoricen.

Las académicas que han tratado de teorizar sobre arte feminista o performance aquí han enfrentado una situación muy difícil. Cuando Gladys Villegas estaba haciendo su doctorado en España en los años noventa y quiso estudiar el arte feminista en México, su propio país, pronto descubrió que no se había publicado nada. Estaba a punto de darse por vencida, pero afortunadamente terminó descubriendo mi archivo. Lo mismo les ocurrió a Lorena Zamora y Araceli Barbosa. Finalmente, después de convencer a sus universidades en México para que les permitieran estudiar arte feminista, ambas publicaron sus libros. Ninguno de los dos es fácil de encontrar, ni han sido traducidos. Hace unos años, Karen Cordero Reiman e Inda Sáenz editaron *Crítica feminista en la teoría e historia del arte*, un libro en el que compilaron y tradujeron textos icónicos del arte feminista, sobre todo de Estados Unidos y Gran Bretaña. Trabajaron de forma independiente y tuvieron que conseguir el apoyo de distintas instituciones. Les tomó ocho años y fue el primero en su tipo en América Latina. El siguiente paso tendría que ser la publicación de un libro en inglés con textos sobre arte feminista en México, pero dudo que suceda pronto, pues no hay tanto interés en el tema. Esperemos que cambie después que se inaugure la exposición *Radical Women* en Los Ángeles [*The Political Body: Radical Women in Latin American Art 1960-1985*, en el Hammer Museum de la UCLA], en 2017.

Algo similar sucedió con los que han intentado investigar el performance. Hace unos 15 años, Gabriel Weiss y yo fuimos convocados al CITRU, que es la institución gubernamental dedicada a la investigación teatral,, para explicar por qué era importante permitir a Josefina Alcázar realizar sus investigaciones sobre performance. Hoy día está de moda hablar sobre el performance y la performatividad, pero no siempre ha sido así. De hecho, el Cenidiap aún no tiene un especialista en performance.

Aunque me gustaría pasar a otra etapa, creo que todavía es necesario simplemente brindar información. Por ejemplo, hace poco hice una pieza llamada *Archiva: Obras maestras del arte feminista en México*, que incluye un archivo con información básica sobre 74 artistas y un performance-conferencia que he dado en unos 15 museos y universidades. Ninguno de ellos tenía información sobre artistas feministas mexicanas. Es parte de mi pieza *Visita al archivo de Ana Victoria* que mencioné en mi último correo.

En términos políticos, cada contexto es diferente. México no es abiertamente represivo en términos artísticos, aunque el actual clima de represión ha tocado a varios estudiantes de arte y trabajadores de museos. De vez en cuando sufrimos la censura directa de la iglesia o el gobierno, pero por lo general hay la suficiente autocensura de las personas que trabajan en los museos o centros culturales para que las obras controvertidas ni siquiera sean mostradas. Quizás escuchaste que, recientemente, la Fundación Jumex canceló la exposición de Hermann Nitsch, supuestamente porque era violenta e inapropiada en el actual clima de violencia que estamos viviendo, por lo que la iniciativa privada no resulta tampoco demasiado fiable en términos de libertad de expresión. Pero eso no es nada comparado con China hace unos años, donde nuestros colegas terminaron en la cárcel por un performance o tenían que anunciar sus eventos en un lugar y presentarlos en otro lugar para eludir a la policía.

No estoy segura de qué quieres decir cuando preguntas acerca del cuerpo en el performance en México. ¿Te refieres a ser un artista de performance que utiliza su cuerpo como herramienta, para tratar cuestiones de género mediante el performance, o a cuestiones de performatividad más amplias que tienen que ver con raza, clase, edad, preferencia sexual, género, etc. y están tan asumidas que apenas somos conscientes de ellas?

Voy a empezar con la primera opción y a limitar lo que diga a la ciudad de México, porque no es lo mismo un performance en una megalópolis que en una ciudad pequeña. Para empezar, en la ciudad de México, hemos tenido Ex Teresa, que ha sido un espacio dedicado al performance desde principios de los años noventa. La mayor parte de sus directores han sido artistas y cuenta con un archivo importante. Ex Teresa siempre atrae multitudes, por lo que te da la sensación que la gente en México ama el performance.

Creo que las actitudes de los artistas hacia el performance con el cuerpo han cambiado con los años. Mi generación estaba convencida de que nuestros cuerpos eran nuestras herramientas, pero muchos artistas en los años noventa comenzaron a hacer lo que llamo performances "valet parking", donde hacen que otros realicen las acciones por ellos. Y algunos de nosotros trabajamos con el cuerpo social, en lugar del propio.

En términos del performance en México, las cuestiones de género y sexualidad siempre han sido importantes, tanto para las feministas como para los artistas homosexuales. Entre los tres grupos de arte feminista que teníamos en los años ochenta y los formados por artistas hoy, ha habido un flujo constante de performanceras feministas fuertes y sin pelos en la lengua. Una gran parte del trabajo está documentado, ya sea porque escribí sobre ello o porque Josefina Alcázar lo incluyó en la serie de DVD sobre performanceras que compiló hace unos años. Conozco a muchas de las artistas o por esa serie o porque participaron en mis talleres de arte feminista. Las artistas más jóvenes están más involucradas en la teoría *queer*, en la post-pornografía y en temas transgénero, pero muchas se identifican como feministas. Me están enseñando mucho. La obra de muchas de ellas está en Archiva.[6] Recientemente, Lorena Wolffer y otras artistas comenzaron una red de artistas activistas llamada ra/am (Red de Arte y Activismo de Mujeres). Realmente no puedo comentar en general sobre arte feminista en otros lugares, porque hay mucho y responde a tantos contextos distintos, pero, por ejemplo, me encanta el trabajo de Mujeres Públicas en Argentina.

Hay muchas diferencias entre hacer performance en los años setenta y hoy, comenzando por la terminología. En los años ochenta, incluso la gente del medio artístico no estaba acostumbrada al término performance, no había instituciones, los museos no pagaban ni siquiera la producción de obras y no había becas; nadie estudió performance, no había archivos ni libros sobre performance. Sin embargo, era un buen momento para empezar porque era algo nuevo y atractivo. Podíamos inventarlo. Lo mismo ocurría con los estudios de género y el feminismo. Mi hija está haciendo su maestría en estudios de género y es increíble la cantidad de teoría que tiene que leer. Aunque en los años setenta leí todo lo que llegó a mis manos sobre arte feminista, incluso a Germaine Greer, Judy Chicago, Lucy Lippard y Linda Nochlin, en realidad no había casi nada.

Empecé a colaborar con Víctor en 1980, cuando organizamos una gira por Europa para hablar de arte feminista en Estados Unidos y México, el nuevo arte político en México y la fotografía mexicana. Sin embargo, fue más bien trabajo familiar en equipo que creación artística colaborativa, la cual inició cuando lanzamos Pinto mi Raya, en 1989.

Sigo preguntándome qué te interesa de esta conversación: ¿las obras, el proceso, el contexto? También me da curiosidad tu impresión del arte feminista y el performance en México. ¿Hay información disponible? ¿Somos tan invisibles como nos sentimos? ¿Es diferente (o no) del trabajo que están acostumbrados a ver? Y, en cuanto a la necesidad de brindar información o teorizar (que en mi mente tiene un aspecto creativo más claro), ¿por qué has estado interesada en esto último y qué crees que lo ha hecho posible?

—

6— Véase http://www.pintomiraya.com/redes/images/stories/pdf/archiva.pdf

Amelia a Mónica, 18 de junio de 2015

El concepto de *gran tour* funciona de la misma manera en Hong Kong y en Nueva Zelanda y Australia, donde he estado viajando y dando talleres y conferencias. Hablé con académicos y archivistas en Hong Kong a quienes les preocupaba que ninguno de los historiadores de arte allí escribiera sobre arte contemporáneo y performance en Hong Kong. Allí, se enfocan hacia la parte continental (China) y en los aspectos más predominantes del mundo del arte euro-americano. He intentado en cada lugar pasar la mayor parte del tiempo libre preguntando acerca de en qué punto se encuentran la escena del arte y el performance, en lugar de acerca de los temas de moda del mundo del arte "global" (pero en su mayoría angloparlante y occidental). He aprendido mucho. Escuchar a la gente de culturas de las que no sé lo suficiente es muy, muy importante. Ello te dice algo acerca de por qué me parece tan valiosa nuestra correspondencia.

Esto me lleva a tus preguntas finales. De hecho, conozco muy poco el arte feminista y el performance en México; muy pocas personas en los Estados Unidos, Canadá o el Reino Unido (lugares en los que he trabajado y enseñado) saben algo de esta obra, por desgracia. Hay poca información disponible en inglés. Desde luego, había oído hablar de ti y de tu obra; conozco bien la obra de Guillermo Gómez-Peña y he escrito al respecto. Él es mexicano pero, como reside desde hace tiempo en Estados Unidos, escribe en inglés y su obra es accesible; mi español no sirve para nada. Pero poco más. Las excepciones a esta falta de conocimiento serían los hispanoparlantes que tienen interés por la zona o que son de México y estudian o enseñan en otros países. La lengua tiene un papel mucho más importante de lo que se discute en la determinación de lo que sabemos o no —como señalas por lo general en tus comentarios respecto a algunos de los recursos existentes sólo en español.

En cuanto a "informar" frente a "teorizar", no creo que haya tal cosa como la presentación de informes sin mediación. Todos los reportes se enmarcan en un conjunto de supuestos, se entiendan explícitamente como "teorizar" o no. Prefiero poner mi teorización por delante y al centro para que mi lector pueda decidir cómo participar, en lugar de presentar mis ideas como "verdad". Ésta es también la manera en que enseño.

Voy a hacer una pregunta más. ¿Puedes escribirme acerca de tu creencia en la participación de las audiencias en tus obras performativas? ¿Cómo funciona en sí esta apertura al público como un gesto político?, ¿lo hace? ¿Qué significa la participación de la audiencia en México en relación con la forma en que la ves en lugares como Los Ángeles o Europa?

Mónica a Amelia, 24 de junio de 2015

Es interesante escuchar lo que está sucediendo en otras partes del mundo en términos de documentación del performance, el archivo, etc. Estás en una posición privilegiada, ya que puedes compartir tu amplia perspectiva, lo que nos ayuda a obtener ideas para nuevas estrategias. En cierto modo, tengo una posición similar dentro de mi propio contexto, por lo que parezco, como dices, muy conocedora de la escena del arte mexicano: he sido artista, crítica, docente, curadora, conferencista y galerista. Al haber experimentado todos estos papeles, estoy en una muy buena posición para tratar de construir puentes entre estos diferentes grupos.

También estoy disfrutando esta conversación. Los intercambios personales, informales siempre me permiten entender mejor tanto la obra como los escritos de los demás. Les da densidad y presencia. Ahora, cuando lea tus textos, sentiré que estamos conversando.

Como dices, la lengua es básica. Debería escribir más en inglés o traducir mis textos, pero simplemente no he tenido tiempo. Creo que un proyecto como la lista de tesis de doctorado y maestría de *n. paradoxa* (la revista británica de arte feminista) es muy útil, porque sé que hay varias académicas jóvenes, algunas de México, que apenas terminaron o están en proceso de concluir sus estudios sobre arte feminista mexicano en países de habla inglesa. Una de ellas es *Mujeres que se visualizan: (En)gendering Archives and Regimes of Media and Visuality in post-1968 Mexico* de Gabriela Aceves, que acaba de recibir el Premio

John Bullen a la mejor tesis doctoral en 2014 de la Asociación Histórica de Canadá.

Estoy totalmente de acuerdo contigo en que no hay tal cosa como informar… o teorizar… o enseñar… o la creación artística sin mediación, por lo que intento iniciar todo lo que hago declarando de dónde vengo. Aun así, soy consciente de que lo que soy, digo y hago puede ser considerado "hegemónico" en ciertos contextos. Vivir en una ciudad o proceder de la clase media alta me coloca en el lado del "opresor".

Me gusta involucrar al público en mi obra, pero no sólo a éste. La mayor parte de mi obra es colectiva o de colaboración. Esto se ha extendido a artistas, periodistas, críticos de arte, activistas, académicos y también al público. Es un gesto que se opone a las ideas tradicionales de autoría, pero sobre todo una estrategia para construir redes. El interés en las obras colectivas y de colaboración viene del feminismo, pero también era una práctica común para la generación de los Grupos, que es mi generación. La masacre estudiantil de 1968 en Tlatelolco llevó a la creación de muchos colectivos artísticos en los años siguientes.

En las piezas participativas, he hecho participar el público de diferentes maneras. *El tendedero* o incluso nuestro archivo crean una estructura para que muchas voces sean escuchadas. Supongo que se podría decir que es un formato feminista derivado de los grupos de concientización, que es fundamentalmente democrático. Sin embargo, esa misma estructura se utiliza en las redes sociales para todo tipo de comentarios estúpidos, así que me pregunto si la forma sola es política.

En otras piezas, como *Abrazos*, pedimos a nuestros amigos de Facebook que compartieran un abrazo que recordaran y los compartimos a través de performances en otros países. Éramos un vínculo entre quienes contaban sus historias y quienes recibían los abrazos.

En *Justicia y democracia*, creamos una estructura que utilizamos a menudo, que invita a muchas personas a compartir sus ideas, en este caso sobre cómo llegar a la utopía de la justicia y la democracia, pero también integramos cosas que sucedían en ese momento y lugar. Durante la inauguración, dos hombres jóvenes fueron expulsados del museo por besarse. Publicaron una carta en un periódico cuestionando el hecho de que una imagen en otra exposición del mismo museo retratara a dos hombres abrazándose y, sin embargo, ellos hubieran sido reprimidos. Les escribimos diciéndoles que, aunque había una diferencia entre el arte y la vida, podían pasar a la plataforma en nuestra instalación y, puesto que ése era territorio del arte, el museo tendría que aceptarlos besándose. Muchas parejas invadieron el museo y tuvimos un "kiss-in", una manifestación a partir de besos. Fuimos capaces de tejer un evento de la realidad en nuestra pieza. Para mí, esta interacción con un público involuntario es un gesto político más complejo, ya que requiere escuchar lo que está pasando y perder cierto control sobre la pieza.

Por otro lado, *Performance parásito* se basa por completo en el público. En esta pieza me paro cerca de otros performanceros con el cartel que dice "Si tiene dudas… pregunte", e interactúo con la gente viendo la otra pieza. Estoy interesada en la relación entre el arte del performance y su público. Obviamente, nunca le digo a la gente lo que están viendo o se los interpreto, pero los invito a expresar sus ideas, incluso si no tienen ni idea de lo que es el performance, como suele ser el caso. Esta pieza me ha enseñado mucho. Para empezar, a no ser condescendiente hacia el público ajeno al arte, cuyas opiniones son a menudo muy atinadas.

Sin embargo, el público ha influido en mi obra de otras muchas maneras menos visibles. En una de mis primeras exposiciones en México, mostré los dibujos de las Vírgenes que hice en el Woman's Building y fueron censurados. La exposición era en una escuela de idiomas, y las madres de quienes allí estudiaban se quejaron. Pedí hablar con ellas porque estaba muy sorprendida: los dibujos expresaban la idea de que desear que las mujeres fueran "buenas y puras" era tan malo como una violación. Me dijeron que estaban de acuerdo con mi idea, pero que había utilizado una imagen sagrada. Esto me hizo comprender que para mí, el uso de símbolos, sean religiosos o nacionalistas, es tan sencillo como para un médico trabajar con sangre, ante la cuál muchos se desmayan. Ya que mi propósito no era escandalizar u ofender a la gente, porque creo que esto es a menudo ineficaz y prefiero tratar de desarticular un sistema de creencias que escandalizar, comencé a usar mi propia imagen con un rebozo en la cabeza, cargando a mi hijo: todo el mundo lo entiende como una referencia a la Virgen, pero como no es una pintura reverenciada del Renacimiento, estas obras nunca han sido censuradas.

Amelia a Mónica, 24 de junio de 2015

Más pensamientos hermosamente articulados e importantes. Sí, has contestado todo. ¡Qué maravillosa descripción de la respuesta a tu público!

Respecto a la lengua, por el punto que tocas más adelante, actualmente estoy investigando las cuestiones de "traducción" y "trans-identificación" (temas de sexualidad y género, por el uso actual de "trans", pero también, insisto, cuestiones de raza, origen étnico, nacionalidad, clase, credo religioso, etc., todas las cuales modulan y son moduladas por nuestras identificaciones sexuales o de género).

Al hacer esta investigación me encontré con el proyecto más increíble, que parece resumir algunas de las cuestiones clave que hemos estado discutiendo, entre ellas: la articulación del feminismo en Estados Unidos frente a México; el género, la sexualidad y la "traducción" de éstos a través de distintos modos de personificación y de diferentes idiomas; las historias y legados del feminismo (y del performance, por supuesto, aunque este último no se aborda directamente en la obra); en este caso, el videoarte se utiliza para documentar a importantes feministas hablando de arte y feminismo. La pieza es de Sharon Hayes y Andrea Geyer, y se llama *Cambio de lugar_ Change of Place_ Ortswechsel*, 2000.[7]

Esta obra nos invita a pensar en cómo todas las creencias políticas son de posición, performativas y *traducidas*: mujeres de México, Nueva York, Viena y Berlín son entrevistadas acerca de sus puntos de vista sobre el género, la sexualidad, la teoría *queer* y feminista; una serie de monitores presenta las entrevistas, pero *sólo* muestra al traductor (que está trasladando las respuestas al inglés, el español o el alemán).

—

7— Véase http://www.andreageyer.info/projects/cambio/cambio.html.

Pensé en terminar nuestro diálogo con esta obra, ¿qué piensas de ella? Creo que es una hermosa pieza, y atraviesa las preguntas que hemos discutido, incluyendo brindar un espacio para que las voces sean escuchadas, en este caso presentadas de una manera claramente mediada (con sólo el traductor visible). ¿Crees que éste es un modelo eficaz para la intersección de los intereses y las prácticas del arte, el archivo, el feminismo?

Mónica a Amelia, 27 de junio de 2015

Es difícil comentar una pieza que no he visto. Me gustan las historias contadas por quienes escribieron sobre ello, pero eso es una traducción en sí misma y para mí el aspecto contextual y material de una pieza es muy importante. ¿Cuánto duró? ¿Podías realmente sentarte y escuchar los videos o era una pieza a la que la gente sólo le echaba una mirada? ¿Las artistas consideran la instalación como la pieza o incluyen el proceso de entrevistar a estas mujeres? ¿Dónde se mostró? ¿Estaban todos los idiomas traducidos a los otros idiomas o la pieza está basada en el inglés? ¿Qué tan frecuente es la presencia de las artistas como entrevistadoras? ¿Cambiaron alguna vez el guión? ¿Por qué eligieron esos países? ¿Fue un verdadero acto de traducción o las mujeres hablan el idioma al que están siendo traducidas? (Yo asumiría que la mayoría de las españolas y alemanas hablaban al menos algo de inglés y al parecer la mujer entrevistada en el video está corrigiendo al traductor, por lo que debe hablar un poco de español.)

Sin embargo, con base en la poca información que tengo, te puedo decir que la pieza realmente me hace sentir incómoda, lo cual no es necesariamente malo: me intriga. Me parece muy primermundista. En otras palabras, las artistas son capaces de gastar recursos y tiempo (propios y de otros) en una pieza que se adhiere a lo simbólico. Para mí, esto es un lujo. La pieza se refiere a problemas de comunicación, pero parece cerrar la posibilidad de un intercambio real.

También sentí como algo violento el que las entrevistadas sean invisibles y no pude encontrar su crédito en ninguna parte. Además, me da curiosidad si todas las traductoras eran tan importantes y conocidas como Beatriz Preciado (estoy casi segura de que es ella en el video) y si alguna de ellas tenía experiencia como intérprete. ¿Las traductoras también eran teóricas? Eso lo haría muy interesante, pero frustrante. Estoy impresionada por la generosidad de las personas que participaron.

De vuelta a nuestra conversación sobre la lengua y la traducción (literalmente o en términos de acción política), en cuanto a la comunicación de cualquier cosa, creo que lo primero que se necesita es que la otra persona quiera escuchar. Deseo. Empatía. Tolerancia. Lo que sea necesario para salvar la distancia. Podemos traducir todo, pero si no hay interés en la lectura de lo que estamos compartiendo, nos mantenemos en compartimientos en los diferentes aspectos de nuestras identidades, que casi siempre representan ejes de desigualdad (e iniquidad) que invariablemente nos separan del "otro". Es por esto que siempre digo que el feminismo es (o puede ser) la madre de todas las batallas por la democracia: es la única en la que "el otro" es tu padre, hermano, hijo, amigo, colega, etc., y viceversa, así que nos vemos obligados a tratar de educarnos mutuamente y negociar. Creo que el día que empecemos a pensar en aquellos de otros géneros, razas, clases, sexualidades, religiones, etc., como miembros de nuestras familias y no como algo que tememos, las cosas podrían ser más sencillas.

Abrazos,

Ciudad de México, nueve meses un día después de que 43 alumnos de la escuela normal rural de Ayotzinapa desaparecieran. Un día después de que la Corte Suprema de Estados Unidos garantizara el derecho de las parejas del mismo sexo a contraer matrimonio en los 50 estados.

Amelia a Mónica, 29 de junio de 2015

Mónica, planteas preguntas sorprendentemente pertinentes e importantes. Sí, me gustaría saber más también, pues no he visto la obra instalada.

La traducción de qué, en qué y por quién, en qué contexto: éstas son preguntas clave. En Montreal, donde viví durante cuatro años y medio hasta el verano pasado [2014], cada interacción se traduce abiertamente, y la lengua y los gestos corporales están interrelacionados. Organicé un evento llamado "Trans-Montréal" en septiembre de 2015, con énfasis en estos temas.[8]

Mónica a Amelia, 30 de junio de 2015

Los problemas de traducir de una cultura a otra me parecen importantes [A principios de los años setenta...] Yo estaba estudiando en el Woman's Building en Los Ángeles y me preocupaba mucho cómo podría llevar de vuelta a México las cosas que estaba aprendiendo allí y también cómo transmitir lo que estaba pasando en los movimientos artísticos feministas y feministas en México, con los que yo estaba muy estrechamente involucrada. Terminé haciendo una pieza llamada *Traducciones: un diálogo internacional de mujeres artistas*, que consistía en traer a un grupo de artistas del Woman's Building a la ciudad de México y Oaxaca para hablar sobre arte feminista y para conocer a las mujeres y artistas feministas mexicanas, y luego a llevar esa información con ellas de vuelta a Estados Unidos, donde dimos una serie de charlas. Fue difícil. Las mujeres aquí eran muy renuentes a dialogar con sus colegas de Estados Unidos, a quien consideraban representantes del imperialismo cultural. Y cuando llevamos la información de vuelta a Estados Unidos, no creo que hubiera mucho interés. Esperemos que esto haya cambiado un poco.

Amelia a Mónica, 26 de agosto de 2015

He aprendido mucho de ti, Mónica. Has "lubricado" muchos sistemas y me siento honrada de que me compartas tus ideas respecto a tantos temas de importancia histórica y apremiantemente contemporáneos.

—

8— Lo organicé en conjunto con una serie global de performances, vinculada con Performance Studies International 2015. Véase http://www.fluidstates.org/page.php?loc=61&id=63.

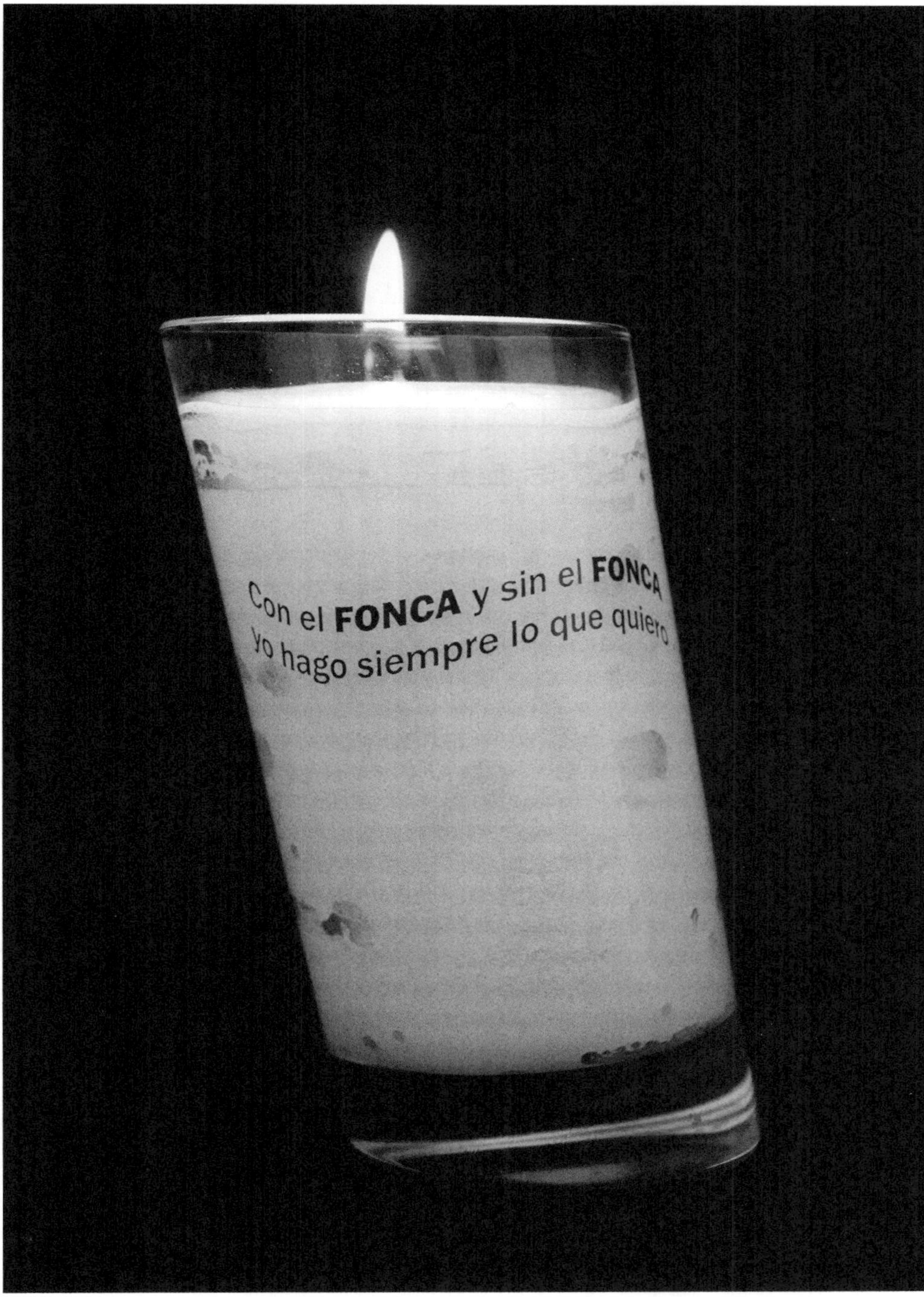

Pinto mi Raya (Víctor Lerma y—and Mónica Mayer), *Con el FONCA y sin el FONCA —With FONCA and Without FONCA*, 2013 [Cat. 61]

"Lubricating the System" and other Feminist Curatorial and Art Dilemmas: Amelia Jones in dialogue with Mónica Mayer

BASED ON EMAILS SENT BETWEEN AMELIA G. JONES (LOS ANGELES) AND MÓNICA MAYER (MEXICO CITY), MAY, JULY, AND AUGUST, 2015

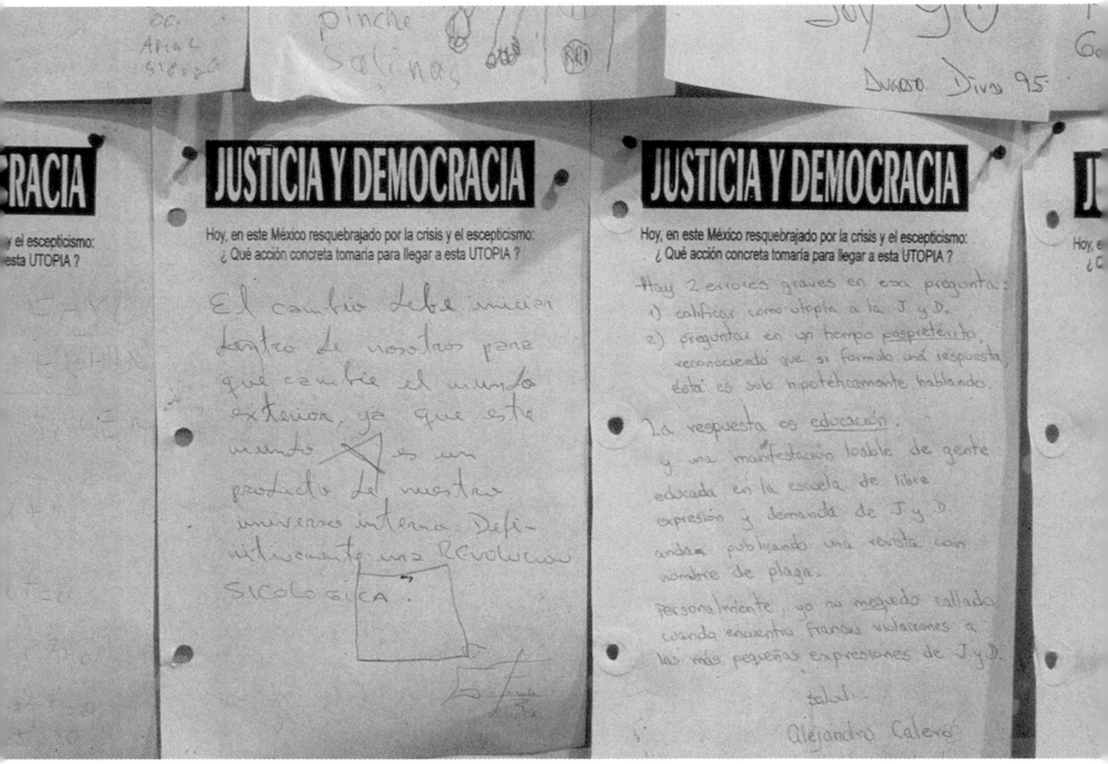

Pinto mi Raya (Víctor Lerma y—and Mónica Mayer), *Justicia y democracia—Justice and Democracy*. Museo de Arte Moderno, 1995 [Cat. 63]

Amelia to Mónica, May 8, 2015:

You noted when we spoke that your objective in your various projects with Victor Lerma is to "lubricate the system." Can you write more about that and why "lubrication" in the case of Mexican contemporary art and performance is more useful than more avant-gardist approaches (of disruption, subversion, or critique)? I'm really intrigued by this. I have a feeling your answer will have something to do with how Mexican culture does not acknowledge art and performance events and traditions. Is "lubrication" then about creating possibilities for practices to be written about, archived, and known? Is lubrication useful precisely because Mexico has an incompletely democratic system, or an uneven funding structure for arts and culture, or a particular kind of economy that those of us in the US could learn more about in order to understand Mexican art and performance?

Mónica to Amelia, May 15, 2015:

We started using the term lubrication to describe the objective of the Pinto mi Raya project because we felt the contemporary art system in Mexico at that time was like a piece of machinery that was being structured and needed a little ointment to work smoothly and because of its sexual connotation.[1]

When we began the project in 1989, there was already a long tradition of "experimental" or "alternative" art in Mexico, which was just becoming institutionalized: the Fonca (National Fund for Culture and Art) began in 1989 and slowly started supporting this kind of work, Ex Teresa (the government center dedicated to performance art) was founded in 1993, several critics formed an independent group called Curare and started publishing an important magazine (Karen Cordero Reiman was part of this) in 1991, contemporary Mexican artists began showing abroad more with support from the Mexican government, an important contemporary art fair took off in Guadalajara along with

—

1— AJ: see http://www.pintomiraya.com/.

FITAC [Foro Internacional de Teoría del Arte Contemporáneo, or the International Contemporary Art Theory Forum] which brought together critics, artists and curators from Mexico and abroad (I think this is where I met Lois Keidan and Katy Deepwell)[2] and the inSITE project, which was an important triennial between Tijuana and San Diego, began in 1992.

Things were going well, but we felt Pinto mi Raya could both critique and facilitate this process. We had started as an artist-run gallery, but quickly turned into a social practice project within our own community. We called it an applied conceptual art project. We were very critical of the Fonca, for example, and formed a group called Los Abajofirmantes with other colleagues that questioned how the first grants were given (without a project, the jurors awarded themselves grants, etc.). The group's correspondence was integrated into our piece *Justicia y Democracia* [*Justice and Democracy*, 1995]. However, we felt we also had to build alternative institutions, so we started projects like our archive.

On the other hand, we had experience as artists, teachers, art critics, curators, running a gallery, etc. We knew the problems these activities entailed, so we were in a unique position to facilitate the relationship between the different actors of the art system. Before disrupting or subverting the art system, we had to reinforce it.

Building a system has always been important to us because we feel as excluded as Mexican artists from mainstream art as women artists are everywhere. When we lived in L.A. we were aware that it would be easier for us to stay in the US professionally, but we wanted to be able to establish a dialogue with what was going on in the rest of the world from our own country. We also knew that the conditions for artists in a country where over 40% of the population lives in extreme poverty were going to be difficult, but as artists from the '70s who started doing performance and feminist art, we really had no expectations about selling our work. I am not sure we were clear on what that would entail, but we were young, idealistic and enthusiastic, so we never

—

2— AJ: Lois Keidan is a cultural activist and writer who co-founded the hugely influential Live Art Development Agency in London; Katy Deepwell is a feminist art historian, also based in London.

questioned it and I did have financial support from my family. (My father gave us the house we live in and paid for our kids to go to university.)

Amelia to Mónica, May 19, 2015

This is fantastic, Mónica. So cool to be in dialogue with you. I love this answer about lubrication so much. So historical information is a way of lubing up the machines of culture and history! Which we can see as a kind of sexy/sexual bodily interaction...

Can you tell me a little about your 8-hour performance on Pinto mi Raya? Where are you doing this? What will you be doing for 8 hours? How will the duration of the performance comment on the duration of the archive you and Victor have compiled?

I'm really curious about how you see the performing body (in this case, yours) relating to your compiled history of performance via art reviews and art critical writing (Pinto mi Raya).

Can we then go back in time a bit and dialogue about what originally motivated your turn to feminism, which then led to your taking the risk of coming to the US to work at the Woman's Building in 1978? More specifically: how is your consciousness of the importance of compiling art criticism and reviews of performance—providing a kind of permanent archive for ephemeral events and acts in Mexico [in Pinto mi Raya]—related to your strong political motivations, which have lead you to produce such important feminist work?

Next I'd like to ask you more about your recent feminist work, your collaboration with Victor in relation to art and life/love, and what you think about other contemporary feminist artists!

Mónica to Amelia, June 3, 2015

How exciting you are talking about my work!

In terms of that 8-hour performance, over the past 4 years I've been doing pieces based on "visits" to archives.

You can find all the information on our website, unfortunately only in Spanish.[3] One of them was Ana Victoria Jiménez's archive; she is an early feminist editor and photographer who was also involved in the feminist art groups in the '80s. On the basis of one of her photographs of the first pro-choice feminist demonstration which I attended in 1976, in 2012, with a group of artists and feminists, I organized a performance/demonstration problematizing motherhood today.

I also started a "visit" to my own archive. Several pieces have come out of that, including a "tour" of our archive/house where I select 5 documents on a topic and guide the audience through them in their own habitat. Another piece, still in process, consists of selecting documents from our personal archive and writing about them on my blog.

Since I've done a lot of performance/lectures over the years, I thought an oral version or our archive would be fun. I love talking in front of an audience. I always say it's a kind of stand-up art criticism, where I mix humor, performance, pedagogy, and politics. I've done 4 hours in a class setting and both the students and I survived quite well, so I figured for the exhibition I'd attempt a full day at the museum. It will review material both from the newspaper articles we have collected and our personal documents since the '70s. People wouldn't have to stay throughout the whole piece. I don't think 8 hours is nearly enough to talk about everything I'd want to and can talk about, which would be a mixture of personal, social, and artistic ideas. There is so much in our archive that the duration of the performance barely reflects its size. My sensation of the piece is that of emptying something out (probably my memories) and of wringing the meaning out of the documents… It may still change.

In terms of body and performance, our projects apply three strategies. One is performing in front of/with an audience as in my *Parasite Performance* or the project *Yo no celebro ni conmemoro guerras* [*I Don't Celebrate or Commemorate Wars*]. The second one is undertaking activities like the archive or the different Pinto mi Raya performances that might look more like workshops, radio programs, etc.,

—

3— See http://pintomiraya.com/redes/.

which I would think of more as what Suzanne Lacy called "non-audience oriented" performances and we like to think of "actions," in [Hannah] Arendt's terms, as starting a process. They are social interventions. The third strategy is living life (with a certain awareness of its direction and meaning) and then creating narratives that document it. At certain points they all blend together. And yes, my body is there all the time and I usually don't leave it anywhere else, but it's just part of the package and interacts differently with others according to the situation...

I started hearing about feminism in the early seventies as a teenager when I studied for two years in Wales. When I returned to Mexico my cousin Julia, who lives in the UK, sent me copies of the feminist magazine *Spare Rib*. Feminism was also becoming stronger here and "women's issues" were becoming institutionalized.

However, I also grew up with feminist ideas. My grandmother's cousin on my mother's side was Amalia Castillo Ledón, a politician and writer who was instrumental in getting the vote for women in Mexico in 1953. She was also the first woman ambassador in Mexico and was Undersecretary of Education when the Museum of Anthropology and the Museum of Modern Art were built. She was a great role model.

Before I went to the Woman's Building, there was already a strong group of women artists at the art school where I studied, the ENAP [Escuela Nacional de Artes Plásticas; National School of Visual Arts], among them Magali Lara, Rowena Morales, Rosalba Huerta, and Lucy Santiago. We started getting together and organizing women artists' exhibitions. This was around the time the International Year of the Woman took place in Mexico, in 1975. That year, the Museum of Modern Art in Mexico City published an issue of the *Artes Visuales* magazine on women's art and included an interview with Judy Chicago and Arlene Raven by Zora.[4] I read it and went straight to see Carla

—

4— "Zora entrevista a Judy Chicago y Arlene Raven," *Artes Visuales* (1976), 26-29. See also the important article on Mayer's collaborative feminist practice in Mexico: Gabriela Aceves, '¿Cosas de Mujeres?': Feminist Networks of Collaboration in 1970s Mexico," *Artelogie* (September 28, 2013); available online at: http://cral.in2p3.fr/artelogie/spip.php?article230&afficher_introduction=oui; accessed August 26, 2015.

Stellweg, the magazine's editor, to get the address of the Woman's Building. I had to go there.

Going to the Woman's Building was not a risk. I was actually also running away from a difficult personal situation (my mother was bipolar and eventually committed suicide) and Victor had lived in L.A. for many years, so it wasn't an unknown territory.

One of the things I became more aware of at the Woman's Building was the importance of rewriting and conserving history. Judy Chicago was finishing *The Dinner Party* and at the Woman's Building there were shows like GALAS (*The Great American Lesbian Art Show*) that were sending slides of the works they were showing to many libraries. The archive was a battleground. This made perfect sense to me as a Mexican, because our only artists known abroad were the muralists. Everything else was invisible.

As performance artists who faced the problems of registering ephemeral events, when we started Pinto mi Raya, it became apparent that documentation was a weak point in our contemporary art system. We did a piece called *El Balcón del Cenidiap / Ratting out the Cenidiap.* The Cenidiap [Centro Nacional de Investigación, Documentación e Información de Artes Plásticas; National Center for Art Research, Documentation and Information] is the government institution in charge of documenting twentieth- and twentyfirst-century art. We visited them to see how they were dealing with live art and what we found was so pathetic that we decided to take a witch to do a ritual cleansing while we read a document explaining this situation. It seems we are always fighting invisibility, and performance and the archive are our tools.

Amelia to Mónica, June 8, 2015

I have been in Hong Kong for about 5 days at [the invitation of] the Asia Art Archive.[5] So I have been thinking about archives every day and talking to many Chinese, Malaysian, Hong Kong scholars and artists. Here, the issues are all

—

5— See http://www.aaa.org.hk.

about censorship and repression, but also the question of invisibility or the loss of knowledge, which you have raised as being a problem in Mexico as well. There has been very little scholarship on Hong Kong art and artists, for example. Art history here is weak, and there are few repositories or venues for performance or other kinds of art. People at the Archive here, but also other scholars, feel the need simply to report information about performance and there isn't much felt need here for elaborate theories. That said, they are very sophisticated and intelligent about how they are thinking about the archive, and the limits of archiving in relation to art and performance.

I feel I have so much to learn about what art "politics" (for example) mean in different parts of the world. For Americans, we have so many institutions that the most important thing for us to do is to denaturalize our beliefs and question assumptions. We don't generally have to fight repression (although the "Culture Wars" in the 1990s were a big moment for the US government attempting to humiliate and ostracize performance artists and to defund art). We are very privileged in many ways: but this can also make us very complacent, very superficially "political" when we are not really clear on what the stakes are, and in some cases very smug about our politics.

Other questions that have come up here in Hong Kong include those of the body: what does it mean to perform the body here? In mainland China? Are any artists dealing with sexuality or gender? (The answer to the latter seems to be mostly "no"; all the artists whose works I've been introduced to, with the exception of one, are men and many seem to be straight, or at least they are not examining their sexuality or their authority.)

So on that note, I'll repeat the end of my last email as the next point of discussion:

Next I'd like to ask you more about your recent feminist work, your collaboration with Victor in relation to art and life/love, and what you think about other contemporary feminist artists! And I'll ask one more related question: what does it mean to perform the body in Mexico in general? In Mexico City? Now versus when you started doing performative work in the 1970s and 1980s?

Mónica to Amelia, June 12, 2015

It sounds like a great trip. It's curious that countries with old, complex and rich histories such as Mexico and China have weak scholarship on contemporary art. We are like an overloaded computer that can't run fast enough to process the present.

In Mexico we're also still in the process of shaking off the colonized mentality imposed by the Spanish conquest, so it's natural for us buy into the stories, histories and theories from the US and Europe, leading to self-invisibilization processes that are later reinforced by economic and social inequalities that truly erase us.

There is a phenomenon I call *the grand tour,* in which for something such as Mexican feminist art or performance to be accepted and legitimized here, an academic from abroad has study it and publish a book about it. It's as though the only way to learn about ourselves is through the eyes of others. It is a problem of empowerment. In Mexico this is called *malinchismo*, from Malinche, the woman who served as translator for Hernán Cortés during the Conquest and who has basically been considered a traitor. *Malinchismo* is a kind of self-inflicted racism that permeates most of our society.

We have attacked this problem through different strategies. One is to write ourselves as artists, which was my first choice. The second is to convince local scholars by any means possible to join us in creating our own narratives, even if this means sharing or even creating archives. A third strategy is to turn the problem into a solution, for example by resorting to the complicity of scholars with similar interests from abroad who have transformed the narratives in their own communities.

Writing has been necessary to chronicle what is going on and to provide an alternate version to the official one, but I know I am not a scholar and what I produce is raw material for others to theorize about.

Scholars trying to theorize about feminist or performance art here have had a rough time. When Gladys Villegas was doing her PhD in Spain in the '90s and wanted to study feminist art in Mexico, her own country, she soon found out that nothing had been published. She was about to give up, but fortunately ended up discovering my archive. The same thing happened with Lorena Zamora and Araceli Barbosa. After finally convincing their universities in Mexico to let them study feminist art, they both published books. Neither one is easy to find, nor have they been translated. A few years ago Karen Cordero Reiman and Inda Sáenz edited *Crítica feminista en la teoría e historia del arte*, a book compiling and translating iconic feminist art texts, mostly from the US and Britain. They worked independently and had to get support from different institutions. It took them 8 years. It was a first of its kind in Latin America. The next step would have to be to publish a book in English with texts on feminist art from Mexico, but I doubt that will happen soon because there isn't all that much interest in the theme. Hopefully this will change after the *Radical Women* exhibition opens in L.A. [*The Political Body: Radical Women in Latin American Art 1960-1985*, at the UCLA Hammer Museum] in 2017.

Something similar happened to those trying to research performance. About 15 years ago, Gabriel Weiss and I were summoned to the CITRU, which is the government institution for research on theater, to explain why it was important to allow Josefina Alcazar to do research on performance. Today it is fashionable to talk about performance and performativity, but that has not always been the case. Actually, the Cenidiap still doesn't have a performance specialist.

Although I would like to move on to another stage, I think it is still necessary to simply report information. For example, I recently did a piece called *Archiva: Masterworks of Mexican Feminist Art,* which includes a file with basic information on 74 artists and a performance/lecture I've given in about 15 museums and universities. None of them had any information on Mexican feminist artists. It is part of my piece *Visit to Ana Victoria's Jiménez Archive* that I mentioned in my last letter.

In terms of politics, each context is different. Mexico is not overtly repressive in terms of art, although the current climate of repression has touched several art students and museum workers. Every now and then we suffer direct censorship from the church or the government, but usually there is enough self-censorship from people working in museums or cultural centers for controversial work never even to get shown. You may have heard that just recently, Jumex Foundation cancelled the Hermann Nitsch exhibition, allegedly because it was violent and inappropriate in the current climate of violence in which we are living, so private enterprise is not too reliable in terms of freedom of speech either. But it's nothing like in China a few years ago where our colleagues ended up in jail for performing or had to announce their events in one place and present them elsewhere to dodge the police.

I'm not sure what you mean when you ask about what it is to perform the body in Mexico. Are you referring to being a performance artists who uses his or her body as a tool, to deal with gender issues through performance art, or to broader performativity issues that have to do with race, class, age, sexual preference, gender, etc. and are so naturalized we are hardly aware of them?

I'll start with the first option, and limit what I say to Mexico City, because it is not the same to perform in a megalopolis as in a small town. To begin with, in Mexico City we've had Ex-Teresa, which has been a performance art venue since the early nineties. Most of its directors have been artists and they have an important archive. Ex-Teresa always attracts crowds, so you get the feeling people in Mexico love performance.

I think artists' attitudes towards performing the body have changed over the years. My generation was convinced that our bodies were our tools, but many artists in the nineties began doing what I call "valet parking" performances, where they get others to perform for them. And some of us work with the social body, rather than our own.

In terms of performance art in Mexico, gender and sexuality issues have always been important, both to feminist and to gay artists. Between the three feminist art groups we had in the '80s and the ones formed by artists now, there has been a constant flow of strong, outspoken feminist performance artists. A lot of the work is documented either because I wrote about it or because Josefina Alcazar included it in the series of DVDs on women performance artists she compiled a few years back. I know many of the artists either from this or because they participated in my feminist art workshops. The younger artists are more involved in queer theory, post-pornography, and transgender issues, but many identify as feminists. They are teaching me a lot. The work of many of them is in *Archiva*.[6] Just recently, Lorena Wolffer and other artists started a network of activist women artists called ra/am [Red de Arte y Activismo de Mujeres; Women's Art and Activism Network]. I can't really comment in general about feminist art elsewhere, because there is so much of it and responding to so many different contexts, but, for example, I love the work of Mujeres Públicas in Argentina.

There are many differences between doing performance in the seventies and today, beginning with the terminology. In the '80s even people in the arts weren't used to the term performance, there were no institutions, museums didn't pay even for the production of works and there weren't any grants; no one studied performance, there were no archives and no books on performance. However, it was a good moment to start because it was something new and attractive. We could invent it. The same goes for feminism and gender studies. My daughter is doing her MA in gender studies and she has to read so much theory it is unbelievable. Although in the '70s I read everything on feminist art I could get my hands on, including by Germaine Greer, Judy Chicago, Lucy Lippard and Linda Nochlin, there really wasn't all that much around.

I started collaborating with Victor in 1980, when we organized a tour in Europe to talk about feminist art in the US and Mexico, new political art in Mexico, and Mexican photography. However, it was more family teamwork than collaborative artmaking; that started when we launched Pinto mi Raya, in 1989.

I keep wondering what interests you about this conversation: the works, the process, the context? I am also curious about your impression of feminist and performance art in Mexico. Is any information available? Are we as invisible as we feel? Is it different (or not) from the work you are used to seeing? And, in terms of the need to report information or to theorize (which in my mind has a clearer creative aspect), why have you been interested in the latter and what do you think has made it possible?

—

6— See http://www.pintomiraya.com/redes/images/stories/pdf/archiva.pdf.

Amelia to Mónica, June 18, 2015

The *grand tour* concept functions the same way in Hong Kong and in New Zealand and Australia, where I have been traveling and giving workshops and lectures. I spoke to scholars and archivists in Hong Kong who were very concerned that none of the art historians in Hong Kong write about contemporary art and performance in Hong Kong. There, they focus towards the mainland (China) and towards the most mainstream aspects of the Euro-American art world. I have tried in each place to spend most of the casual time asking about the art and performance scenes where they are, rather than about hot button issues in the "global" (but mostly Anglophone and Western) art world. I have learned a lot. Listening to people from cultures I don't know enough about is very, very important. This tells you something about why I find our correspondence so valuable!

This brings me to your final questions. I have very little knowledge indeed of feminist and performance art in Mexico; very few people in the US, Canada, or UK (all places I have worked and taught) know anything about this work, unfortunately. There is little information readily available in English. I had of course heard of you and your work; I know Guillermo Gómez-Peña's work well and have written about it. He is from Mexico but, as a longstanding resident of the US, he writes in English and his work is accessible; my Spanish sucks. But little else. The exceptions to this lack of knowledge would be Hispanophones who have an interest in the area or are from Mexico studying or teaching in other countries. Language has a much stronger role in determining what we do and don't know about than is usually discussed—as you point out in your comments on some of the resources existing only in Spanish.

As for "reporting" versus "theorizing," I don't believe there is such a thing as unmediated reporting. All reporting is framed by a set of assumptions, whether they are explicitly understood as "theorizing" or not. I prefer to put my theorizing out front and center so my reader can decide how to engage it, rather than presenting my ideas as "true." This is the way I teach as well.

I will ask one more question. Can you write to me about your belief in involving audiences in your performative works? How does this opening to audience itself work as a political gesture, or does it? What does involving the audience mean in Mexico in relation to how you see it working in places like L.A. or in Europe?

Mónica to Amelia, June 24, 2015

It's interesting to hear about what's happening in other parts of the world in terms of documenting performance art, the archive, etc. You are in a privileged position because you can share your ample perspective, helping us all to get ideas for new strategies. In a way, I have a similar position within my own context, which is why I seem, as you say, very knowledgeable about the Mexican art scene: I have been an artist, a critic, teacher, curator, lecturer, and gallerist. Having experienced all these roles, I am in a great position to try to build bridges between these different groups.

I am also enjoying this conversation. Personal, informal exchanges always allow me to understand both the artwork and the writings of others better. It gives them density and presence. Now, when I read your texts, I'll feel we're talking.

As you say, language is central. I should write more in English, or translate my texts, but I simply haven't had time. I think a project like the *n. paradoxa* [the British feminist art journal] list of PhD and Master's theses is very useful, because I know there are young academics, some from Mexico, who have just finished or are in the process of concluding their degrees on Mexican feminist art in English speaking countries. One of them is "*Mujeres Que Se Visualizan*: (En) Gendering Archives and Regimes of Media and Visuality in post-1968 Mexico" by Gabriela Aceves who just received the "John Bullen Prize" for the best dissertation in 2014 from the Canadian Historical Association.

I totally agree with you that there is no such thing as unmediated reporting... or theorizing... or teaching... or artmaking, which is why I try to start whatever I do by stating where I am coming from. Even so, I am aware that what I am, say and do can be considered "hegemonic" in certain contexts. Living in a city or coming from an upper middle class background sets me on the side of the "oppressor". I like involving the audience in my art work, but not just them. Most of my work is either collective or collaborative. This has extended to artists, journalists, art critics, activists, academics and also to the audience. It is a gesture that contests traditional ideas of authorship, but mostly a strategy to build networks. The interest in collective and collaborative work comes from feminism, but it was also a common practice for the Generación de los Grupos, which is my generation. The 1968 student massacre in Tlatelolco led to the creation of many art collectives over the next few years.

In terms of participatory pieces, I have involved the audience in different ways. *The Clothesline* or even our archive creates a structure for many voices to be heard. I suppose you could say this is a feminist format derived from the consciousness-raising groups, which is fundamentally democratic. However, that same structure is used in social networks for all sorts of stupid comments, so I wonder if the form alone is that political.

In other pieces, like *Abrazos* [*Hugs*], we asked our Facebook friends to share a hug they remembered and we performed them in other countries. We were a link between those telling their stories and those receiving them.

In *Justicia y Democracia* [*Justice and Democracy*], we created a structure we often use, which invites many people to share their ideas, in this case on how to reach the utopia of justice and democracy, but we also integrated things going on there and then. During the opening, two young men were kicked out of the museum for kissing. They published a letter in a newspaper questioning the fact that an image in another show at the museum portrayed two men hugging, yet they were repressed. We wrote back and said although there was a difference between art and life, they could step onto the platform in our installation and, since that was art's territory, the museum would have to accept them kissing. Many couples invaded the museum and we had a "kiss-in". We were able to weave an event from reality into our piece. For me, this interaction with an involuntary audience is a more complex political gesture because it requires listening to what is going on and losing some control of the piece.

On the other hand, *Performance parásito*, is totally audience based. In this piece I stand near other performers with the sign that reads "If you have doubts… ask," and I interact with people watching the other piece. I am interested in the relationship between performance art and its audience. I obviously never tell people what they are seeing or interpret it for them, but I invite them to express their ideas, even if they have no idea what performance is, which is usually the case. This piece has taught me a lot. To begin with, not to be condescending towards non-art audiences, whose opinions are often right on the spot.

However, the audience has influenced my work in many other less visible ways. In one of my early exhibitions in Mexico I showed the drawings of Virgins I did at the Woman's Building and they were censored. The exhibition was at a language school, and the mothers whose children were studying there complained. I asked to talk to them because I was very surprised: the drawings expressed the idea that wanting women to be "good and pure" was as bad as rape. They said they agreed with my idea, but that I had used a sacred image. This made me understand that for me, using symbols, whether religious or nationalist ones, is as easy as for a doctor to deal with blood, which makes many faint at its sight. Since my purpose was not to shock or offend people because I think this is often ineffective and I'd rather try to disarticulate a belief system than scandalize, I started using my own image with a *rebozo* on my head, holding my son: everyone understands it as a reference to the Virgin, but since it is not a revered Renaissance painting, these works have never been censored.

Amelia to Mónica, June 24, 2015

More beautifully articulated and important thoughts. Yes, you have answered everything. What a wonderful description of responding to your audience.

On language, per your point below, I am currently researching the questions of "translation" and "transidentification" (issues of sexuality and gender, per the current use of "trans", but also—I insist—issues of race, ethnicity, nationality, class, religious belief, etc. as these all inflect and are inflected by our sexual/gender identifications).

In doing this research I came across the most amazing project, which seems to sum up some of the key issues we have been discussing, including: the articulation of feminism in US versus Mexico; gender, sexuality, and "translation" of these across modes of embodiment and languages; the histories and legacies of feminism (and of course performance, although the latter isn't directly addressed in the work)—in this case, video art is used to document important feminists talking about art and feminism. The piece is by Sharon Hayes and Andrea Geyer, and is called *Cambio de lugar_ Change of Place_Ortswechsel*, 2000.[7]

This work asks us to think about how all political beliefs are positional, performative, and *translated*: women from Mexico, New York, Vienna, and Berlin are interviewed about their views on gender, sexuality, queer and feminist theory; a series of monitors plays interviews but shows *only* the translator (who is rendering their answers into English or Spanish or German).

I thought I'd end our dialogue with this work—do you have any thoughts on it? I think it's a beautiful piece, and crosses over the questions we have discussed, including providing a space for voices to be heard, in this case presented in a clearly mediated fashion (with only the translator made visible). Do you think this is an effective model for the intersecting interests and practices of art, archiving, feminism?

Mónica to Amelia, June 27, 2015

It is difficult to comment on a piece I haven't seen. I like the stories told by those who wrote about it, but that's a translation in itself and for me the material and contextual aspects of a piece are very important. How long did it last? Could you actually sit down and listen to the videos or was it a piece people would only glance at? Do the artists consider the installation as the whole piece or do they include the process of interviewing these women? Where was it shown? Were all languages translated into the other languages or is the piece English-based? How prevalent is the presence of the artists as interviewers and did they ever change the script? Why were those countries chosen? Was it a real act of translation or did the women speak the

—

7— See http://www.andreageyer.info/projects/cambio/cambio.html

language they were being translated into? (I would assume most Spanish and German women spoke at least some English and it seems as though the woman interviewed in the video is correcting the translator, so she must speak some Spanish.)

However, based on the little information I have, I can tell you the piece actually makes me uncomfortable, which is not necessarily bad: it intrigues me. I find it very first worldly. In other words, the artist is able to spend resources and time (her own and that of others) on a piece that sticks to the symbolic. To me this feels like a luxury. The piece refers to communication problems, but seems to close the possibility of a real exchange.

I also I felt that it was somewhat violent that the women interviewed were invisible and I couldn't find their credit anywhere. I was also curious as to whether all the translators were as important and well known as Beatriz Preciado (I'm pretty sure it's her in the video) and if any of them had experience as interpreters. Were the translators theorists? That would make it very interesting, but frustrating. I'm impressed by the generosity of the people who participated.

Back to the conversation on language and translation (literally or in terms of political action), as far as communicating anything goes, I find the first thing needed is for the person on the other side is to want to listen. Desire. Empathy. Tolerance. Whatever it takes to bridge the distance. We can translate everything, but if there is no interest in reading what we are sharing, we remain compartmentalized in the different aspects of our identities, which almost always represent axes of inequality (and iniquity) which invariably divide us from "the other." This is why I always say that feminism is (or can be) the mother of all battles for democracy: it is the only one where "the other" is your father, brother, son, friend, colleague, etc. and vice versa, so we are forced to try to educate each other and negotiate. I think the day we start thinking of those of other genders, races, classes, sexualities, religions, etc. as members of our families and not something we fear, things might be easier.

Abrazos,

Mexico City 9 months 1 day after the 43 students from the Ayotzinapa rural school for teachers disappeared. 1 day after the US Supreme Court guaranteed the right for same-sex couples to marry in all 50 states.

Amelia to Mónica, June 29, 2015

Mónica, you ask such strikingly pertinent and important questions. Yes, I want to know more, too, as I have not seen the work installed.

Translation from what into what, and by whom in what context?: these are such key issues. In Montréal, where I lived for 4 1/2 years until last summer [2014], every interaction is overtly translated, and language and bodily gestures are interrelated. I ran an event called "Trans-Montréal" in September 2015, with an emphasis on these issues.[8]

Mónica to Amelia, June 30, 2015

The problems of translating from one culture to another are important to me. [In the early 70s...] I was studying at the Woman's Building in Los Angeles and was very concerned about how I would be able to bring back to Mexico the things I was learning there and also how to convey what was going on in the feminist and feminist art movements in Mexico with which I was very closely involved. I ended up doing a piece called *Translations: An International Dialogue of Women Artists*, which consisted in bringing a group of artists from the Woman's Building to Mexico City and Oaxaca to talk about feminist art and to meet Mexican women and feminist artists, and then to take information on them back to the US where we gave a series of talks. It was hard. Women here were very resistant to dialoguing with their colleagues from the US, whom they considered representatives of cultural imperialism. And when we took the information back to the US, I don't think there was a lot of interest. Hopefully this has changed a little bit.

—

8— I have organized the event in tandem with a series of global performance events, all connected to Performance Studies International 2015. See http://www.fluidstates.org/page.php?loc=61&id=63.

Amelia to Mónica, August 26, 2015

I have learned so much from you, Mónica. You have "lubricated" many systems and I am honored to get your thoughts on so many topics of historical and very pressing contemporary import.

Núcleo III:
Lo personal es político, performático y público

—

Section III:
The Personal is Political, Performative and Public

EL ARCHIVO

—

THE ARCHIVE

1991-2015

El proyecto de arte conceptual aplicado *Pinto mi Raya: crítica, crónica y debate en las artes visuales* inició en respuesta a la poca bibliografía existente sobre arte contemporáneo en México. Ha recopilado más de 300,000 textos publicados en periódicos mexicanos entre 1991 y 2015. A partir de este archivo, Pinto mi Raya ha hecho recopilaciones quincenales para instituciones y compilaciones temáticas sobre performance, mujeres artistas, educación artística y políticas culturales, entre otros. En 2011 produjo el *Archivo activo*, una caja de CD con la digitalización del material correspondiente a diez de los temas de mayor interés.

—

The applied conceptual art project *Pinto mi Raya: Criticism, Chronicle and Debate in the Visual Arts* began in response to the paucity of bibliographic resources on contemporary art in Mexico. It has amassed over 300,000 texts published in Mexican periodicals between 1991 and 2015. On the basis of this archive, Pinto mi Raya has created biweekly compilations for institutions, and thematic compilations on performance, women artists, art education and cultural policies, among others. In 2011 the collective produced *Active Archive*, a box of CDs with digitized material corresponding to ten of the themes of greatest interest.

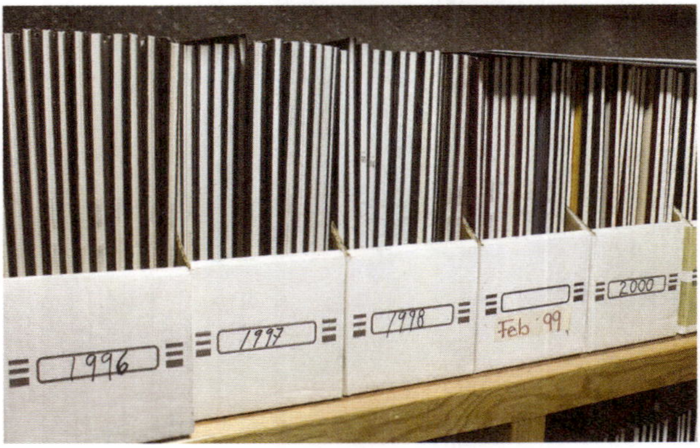

Pinto mi Raya (Víctor Lerma y—and Mónica Mayer),
El archivo—The Archive, 1991–2015 [Cat. 62]

ABRAZOS

—

HUGS

2008, 2009

Este performance participativo fue realizado para el I Festival de Performance México-Transilvania en Rumanía en 2008, y para el Festival ZAZ en Israel en 2009. Mayer y Lerma invitaron a conocidos y amigos en las redes sociales a compartir el recuerdo de un abrazo especial en su vida; la respuesta fue inmediata y generosa. Durante el performance uno leía el recuento del abrazo y el otro lo compartía con alguien del público.

—

This participatory performance was carried out at the First Mexico-Transylvania Performance Festival in Romania in 2008, and at the ZAZ Festival in Israel in 2009. Mayer and Lerma invited friends and acquaintances from their social network to share their memories of special hugs that they had experienced; the response was immediate and abundant. During the performance, as one of them read the account of a hug, the other would share it with someone from the audience.

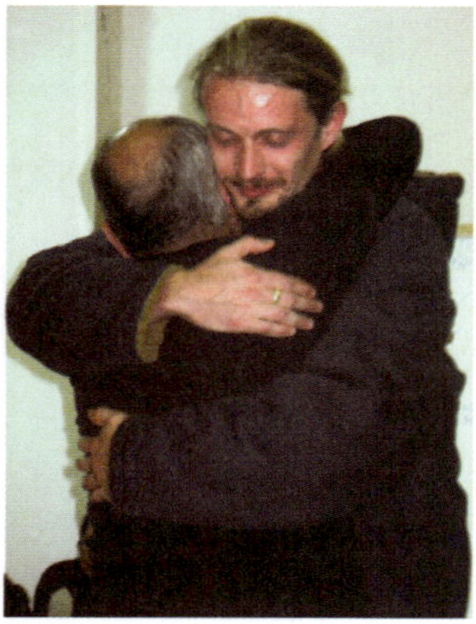

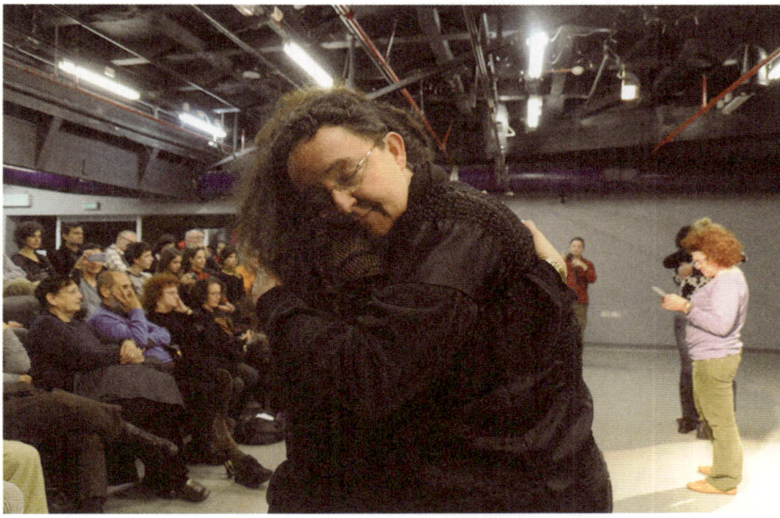

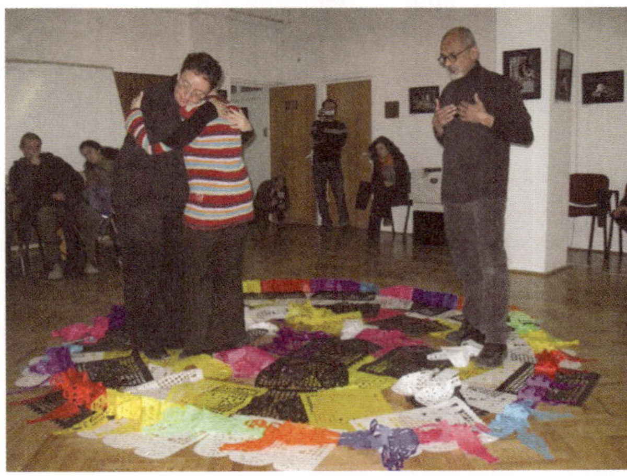

Mónica Mayer, *Abrazos—Hugs*. Fotografías de—Photographs by Nimrod Gershoni y—and Attila Kispa, 2008-2009 [Cat. 59]

NUESTRAS BANDERAS

—

OUR FLAGS

2015

Esta instalación vincula dos piezas: *Nuestra bandera*, realizada en 2003 en el festival *Acciones en ruta*, organizado en la ciudad de México por Víctor Muñoz y Elvira Santamaría, y la acción *Yo no celebro ni conmemoro guerras: la bandera*, realizada en 2015 en la Casa del Lago en el contexto del proyecto *Batiente*. En la primera, Mayer y Lerma llevaron una bandera mexicana que habían colgado frente a su casa durante 15 años en distintos lugares emblemáticos de la ciudad de México y pidieron al público participar en remendarla. En la segunda, alzaron una bandera con el lema *Yo no celebro ni conmemoro guerras* (de un proyecto visual iniciado en 2008), mientras el público dialogaba en pequeños grupos sobre las implicaciones de la frase, y desarrollando propuestas de saludos a esta bandera.

—

This installation links two works: *Our Flag*, carried out in 2003 as part of the *Acciones en ruta* [Actions in Transit] festival, organized in Mexico City by Víctor Muñoz and Elvira Santamaría, and the action *I Neither Celebrate Nor Commemorate Wars: The Flag*, carried out in 2015 at the Casa del Lago in the context of the project *Batiente*. In the first piece, Mayer and Lerma carried a Mexican flag that had hung in front of their house for 15 years to different emblematic places in Mexico City, and asked the public to participate in mending it. In the second piece, they raised a flag with the slogan *I Neither Celebrate Nor Commemorate Wars* (from a visual project begun in 2008), while the public met in small groups to discuss the implications of the phrase, and developed proposals for salutes to this flag.

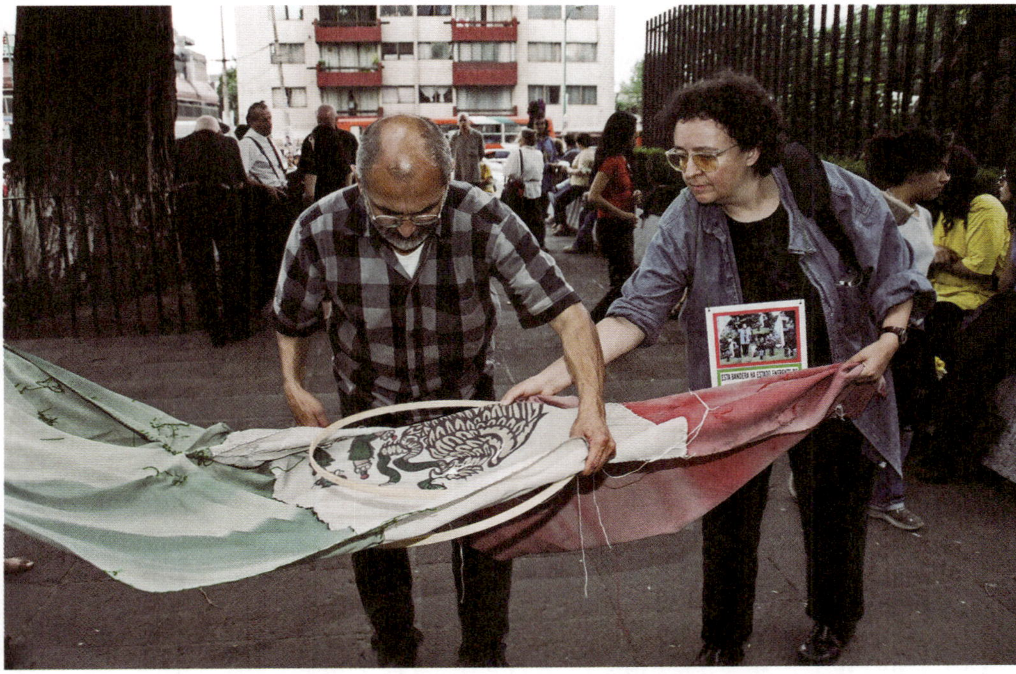

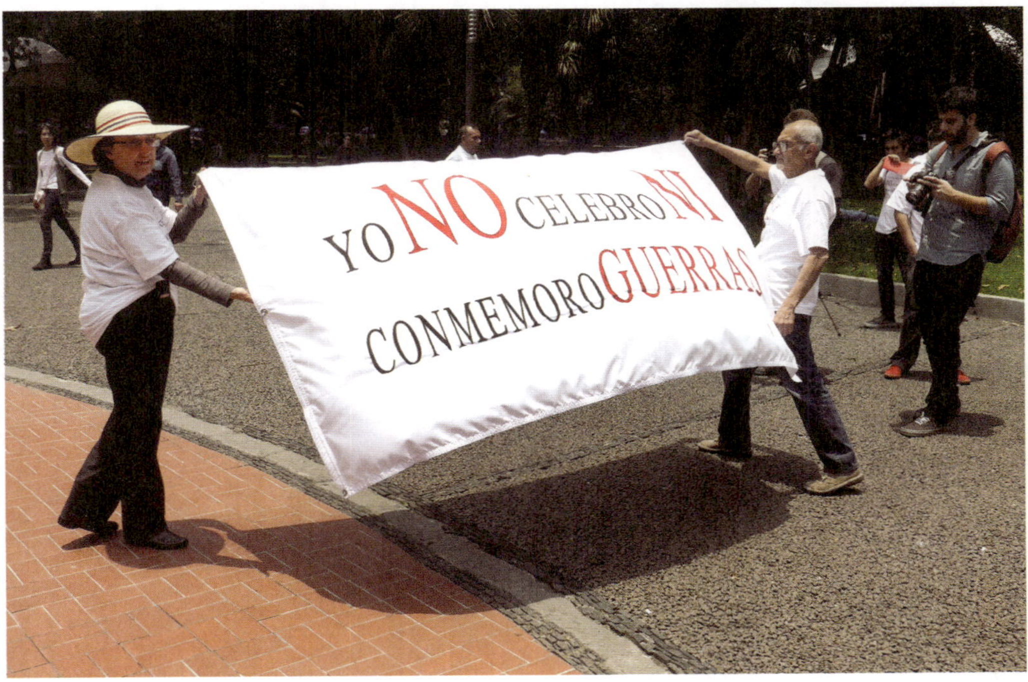

Pinto mi Raya (Víctor Lerma y—and **Mónica Mayer en colaboración con**—in collaboration with **Antonio Juárez, fotógrafo**—photographer), *Nuestras banderas—Our Flags*, 2015 [Cat. 65]

JUSTICIA Y DEMOCRACIA
—
JUSTICE AND DEMOCRACY

1995, 2016

Creada en el contexto de la exposición colectiva *Fuego, masa y poder: alrededor de Elías Canetti* en el Museo de Arte Moderno de la ciudad de México, esta instalación participativa plasmó en la pared las palabras "Justicia y democracia", y la interrogante "Hoy, en este México resquebrajado por la crisis y el escepticismo, ¿qué acción concreta tomarías para llegar a esta utopía?" En una tarima dorada en el centro del espacio, el público podría revisar carpetas con el diario de Mayer del proyecto, textos de Canetti alterados por Lerma, y cartas y artículos sobre debates de políticas culturales en México, y escribir sus respuestas a la pregunta.

—

Created in the context of the group exhibition *Fuego, masa y poder: Alrededor de Elías Canetti* [*Fire, Mass and Power: About Elias Cannetti*] at the Museo de Arte Moderno in Mexico City, this participatory installation located the words "Justice and democracy" on the wall, together with the question "Today, in this Mexico undermined by crisis and skepticism, what concrete action would you take in order to reach this utopia?" On a gilded dais in the center of the space, members of the public could review bindings containing Mayer's diary of the project, and texts by Cannetti that had been altered by Lerma, and letters and articles recording polemics surrounding cultural politics in Mexico, and could also write their own responses to the question posed.

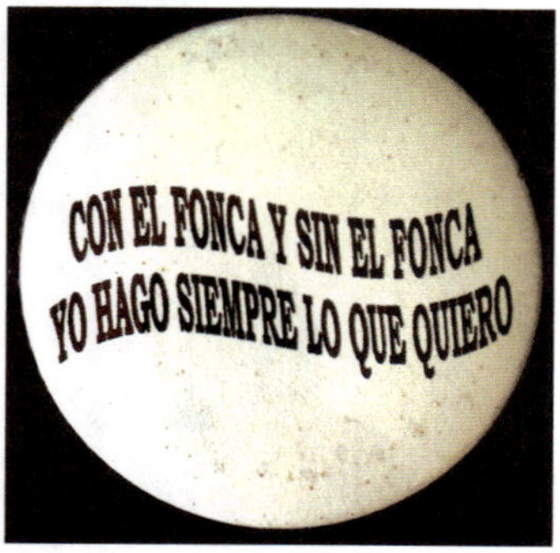

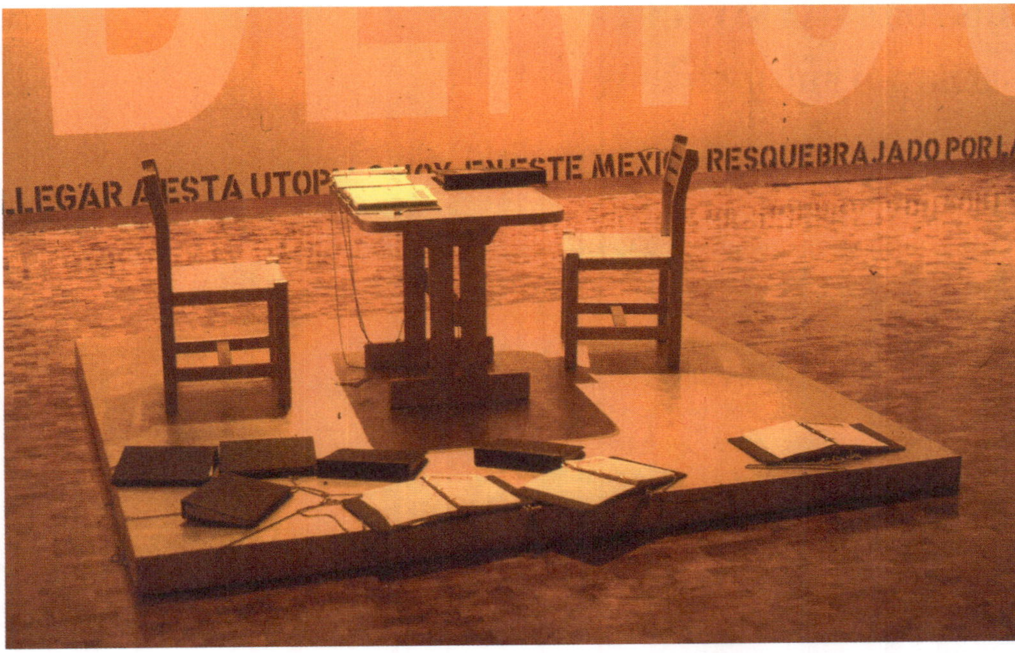

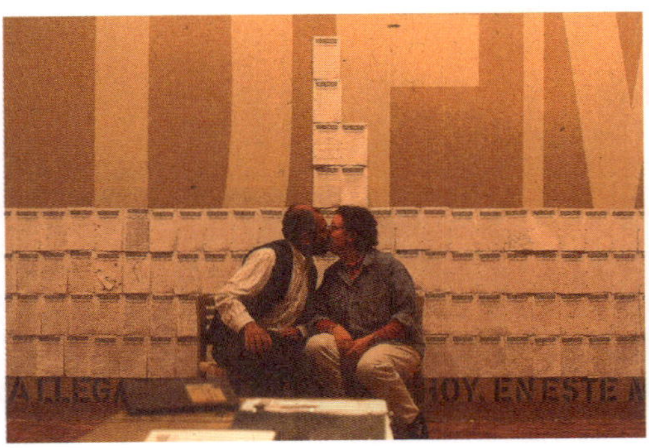

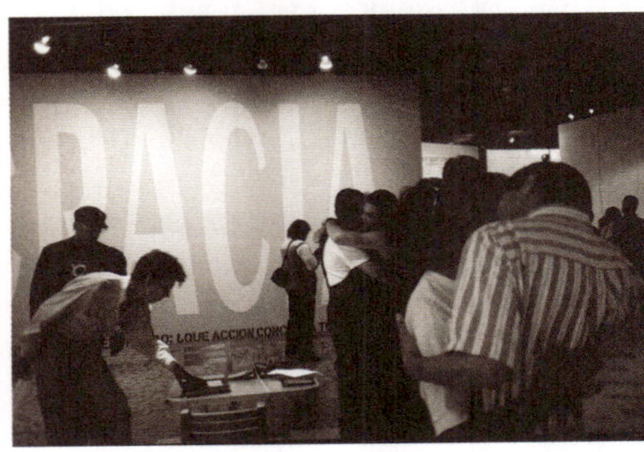

Pinto mi Raya (Víctor Lerma y—and Mónica Mayer), *Justicia y democracia—Justice and Democracy*, 1995 [Cat. 64]

BIBLIOGRAFÍA SELECTA
—
SELECTED BIBLIOGRAPHY

Abreviaturas de las fuentes—Abbreviations of sources:

· Centro Nacional de Investigación, Documentación e Información de Artes Plásticas: Cenidiap
· Consejo Nacional para la Cultura y las Artes: Conaculta
· Fondo Nacional para la Cultura y las Artes: Fonca
· Instituto Nacional de Bellas Artes: INBA
· Programa Universitario de Estudios de Género: PUEG
· The Museum of Contemporary Art: MOCA
· Universidad Nacional Autónoma de México: UNAM

TEXTOS DE MÓNICA MAYER—TEXTS BY MÓNICA MAYER

MAYER, Mónica. "De la vida y el arte como feminista". En—In: Karen Cordero Reiman e Inda Sáenz (compiladoras), *Crítica feminista en la teoría e historia del arte*. México: Universidad Iberoamericana / PUEG-UNAM / Conaculta-Fonca / Curare, 2007, pp. 401-413.

———. *Escandalario: los artistas y la distribución del arte*. México: avj Ediciones, 2006.

———. "Feminist Art: An Effective Political Tool. Tesis de Maestría en Sociología del Arte, inédita—Master's degree in Art Sociology, unpublished. Plainfield, Vermont: Goddard College, 1980.

———. "Macular Degeneration: Some Peculiar Aspects of Performance Art Documentation". En—In: Amelia Jones y Adrian Heathfield (compiladores), *Perform, Repeat, Record. Live Art in History*. Bristol / Chicago: Intellect, 2012, pp. 105-119.

———. *Rosa chillante: mujeres y performance en México*. México: avj Ediciones / Conaculta-Fonca, 2004.

——— y—and Víctor LERMA. *Pinto mi Raya*. Ilustraciones—Illustrations by Iker Vicente. México: Santillana, 2003.

——— y—and Juan Carlos REYES GARCÍA. *Las mujeres que no se fueron*. Oaxaca: Instituto de la Mujer Oaxaqueña, 2003.

CATÁLOGOS—CATALOGUES

Fuego, masa y poder. Alrededor de Elías Canetti. México: Museo de Arte Moderno, 1995.

Mónica Mayer. Novela rosa o me agarró el arquetipo. México: Museo de Arte Carrillo Gil, 1987.

Wack! Art and the Feminist Revolution. Los Ángeles: The Geffen Contemporary at MOCA, 2007.

SOBRE MÓNICA MÁYER—ABOUT MÓNICA MAYER

ACEVES SEPÚLVEDA, Gabriela, "'¿Cosas de Mujeres?': Feminist Networks of Collaboration in 1970's Mexico". *Artelogie*, núm. 5, otoño—autumn, 2013, http://cral.in2p3.fr/artelogie/spip.php?article230.

BARBOSA, Araceli. *Arte feminista en los ochenta en México. Una perspectiva de género*. Cuernavaca: Casa Juan Pablos y Universidad Autónoma del Estado de Morelos, 2008.

GIUNTA, Andrea. "Feminist Disruptions in Mexican Art, 1975-1987". *Artelogie*, núm. 5, otoño—autumn, 2013, http://cral.in2p3.fr/artelogie/spip.php?article271.

MCCUTCHEON, Erin L. "Feminisim Unfolding: Negotiating In/Visibility of Mexican Feminist Aesthetic Practices within Contemporary Exhibitions". *Artelogie*, núm. 5, otoño—autumm, 2013, http://cral.in2p3.fr/artelogie/IMG/article_PDF/article_a229.pdf.

VILLEGAS MORALES, Gladys. *La imagen femenina en artistas mexicanas contemporáneas*. Xalapa: Universidad Veracruzana. 2006.

ZAMORA BETANCOURT, Lorena. *El imaginario femenino en el arte: Mónica Mayer, Rowena Morales y Carla Rippey*. México: Cenidiap-INBA-Conaculta, 2007.

SEMBLANZA

MÓNICA MAYER

(México, 1954) estudió Artes Visuales en la Escuela Nacional de Artes Plásticas de la UNAM y obtuvo una maestría en Sociología del arte en el Goddard College, además de haber participado dos años en el Feminist Studio Workshop en Los Ángeles, California. Ha desarrollado un enfoque integral en el que considera como producción artística: performances y obra plástica, pero también el escribir, enseñar y participar en la comunidad.

Mayer es una de las pioneras de la práctica sistemática del feminismo en el arte en México. Precisamente en 1983 fundó el grupo de arte feminista Polvo de Gallina Negra junto con Maris Bustamante y Herminia Dosal. Más tarde, en 1989, inició Pinto mi Raya con Víctor Lerma, un proyecto de arte conceptual aplicado en el que han desarrollado propuestas en torno al sistema artístico.

Ha publicado varios libros, entre ellos *Rosa chillante: mujeres y performance en México* y *Escandalario: los artistas y la distribución del arte*. Se desempeñó como columnista de *El Universal* durante 20 años.

Ha recibido premios y becas, como el tercer lugar en el Concurso Nacional de Arte Joven de Aguascalientes (1978), el Programa de Fomento a Proyectos y Coinversiones Culturales del Fonca (2003) y la Fundación BBVA Bancomer (2005). En 2006 el Colectivo de Mujeres en el Arte y la Coordinadora Internacional de Mujeres en el Arte le otorgaron el Premio Coyolxauhqui. Es miembro del Sistema Nacional de Creadores de Arte.

www.pintomiraya.com.mx
http://pregunte.pintomiraya.com

BIOGRAPHICAL SKETCH

MÓNICA MAYER

(Mexico City, 1954) studied Visual Arts at the Escuela Nacional de Artes Plásticas at the UNAM, and received her Master's in the Sociology of Art from Goddard College. She spent two years at the Feminist Studio Workshop in Los Angeles. She has developed a holistic approach to artistic production that includes performances and two and three dimensionals works, but also writing, teaching and participation in the community.

Mayer is a pioneer of the systematic practice of feminist art in Mexico. In 1983 she founded the feminist art group Polvo de Gallina Negra with Maris Bustamante and Herminia Dosal. Later, in 1989, she started Pinto mi Raya with Víctor Lerma, an applied conceptual art project through which the two have developed proposals relating to the art system.

Mayer has published several books, including *Rosa chillante: Mujeres y performance en México* and *Escandalario: Los artistas y la distribución del arte*. She was a newspaper columnist at *El Universal* for 20 years.

The prizes and fellowships Mayer has received include third place in the Concurso Nacional de Arte Joven de Aguascalientes (1978), the Programa de Fomento a Proyectos y Coinversiones Culturales del Fonca (2003) and the Fundación BBVA Bancomer (2005). In 2006 the Colectivo de Mujeres en el Arte and the Coordinadora Internacional de Mujeres en el Arte awarded her the Premio Coyolxauhqui, and she is a member of the Sistema Nacional de Creadores de Arte.

www.pintomiraya.com.mx
http://pregunte.pintomiraya.com

CATÁLOGO
—
CATALOGUE

Todas las obras y los documentos, a menos que se indique lo contrario, pertenecen al Archivo Pinto mi Raya (Mónica Mayer y Víctor Lerma).
—
Unless indicated otherwise, all of the works and documents belong to the Archivo Pinto mi Raya (Mónica Mayer and Víctor Lerma).

Introducción—Introduction
TENDIENDO REDES—SETTING UP NETWORKS

1. MÓNICA MAYER
El tendedero—The Clothesline, 1978
Exposición *Salón 77-78. Nuevas tendencias*—From the exhibition *Salon 77-78: New Tendencies*
Museo de Arte Moderno, México, D.F.
Documentación de instalación participativa—Documentation of participatory installation
Medidas variables—Variable dimensions

2. MÓNICA MAYER
El tendedero—The Clothesline, 1979
Proyecto *Making It Safe* de—From the *Making It Safe* project by Suzanne Lacy
Los Ángeles
Documentación de instalación participativa—Documentation of participatory installation
Medidas variables—Variable dimensions

3. MÓNICA MAYER
El tendedero—The Clothesline, 2009
Exposición *Sin centenario ni bicentenario: revoluciones alternas*—From the exhibition *Neither Centennial nor Bicentennial: Alternate Revolutions*
Universidad Iberoamericana, Ciudad de México

Documentación de instalación participativa—Documentation of participatory installation
Medidas variables—Variable dimensions

4. MÓNICA MAYER
El tendedero—The Clothesline, 2015-2016
Instalación participativa—Participatory installation
Medidas variables—Variable dimensions

5. MÓNICA MAYER
Performance parásito—Parasite Performance, 2005 – a la fecha—to date
Documentación de performance y activación a lo largo de la muestra—Documentation of performance and activation over the course of the exhibition
Medidas variables—Variable dimensions

Núcleo I—Section I
FEMINISMO Y FORMACIÓN—FEMINISM AND TRAINING

6. MÓNICA MAYER
A veces me espantan mis fantasías—Sometimes My Fantasies Frighten Me, 1977
Del proyecto *Collage íntimo*—From the project *Intimate Collage*
Fotografía y objetos sobre tela—Photograph and objects on canvas
80.5 × 60.5 × 4.7 cm

7. MÓNICA MAYER
Archiva: obras maestras del arte feminista en México—Archiva: Masterpieces of Feminist Art in Mexico, 2013–2014
Documentación de performance y archivo de artista—Documentation of performance and artist's archive
Foto—Photo: Yuruen Lerma
26 × 35 × 7 cm
Centro de Documentación *Arkheia*, MUAC, UNAM

8. MÓNICA MAYER
Cartel para mesa redonda sobre arte feminista—Poster for a Roundtable on Feminist Art, 1976
Impresión—Print
60.3 × 41.7 cm

9. MÓNICA MAYER (Con la participación de—With participation of Maris Bustamante, Mónica Mayer, Magali Lara, Rowena Morales, Lourdes Grobet, Rita Eder, Jesusa Rodríguez, Carmen Boullosa, Carolia Paniagua, Magali Lara y—and Ana Lara)
Celebración—Celebration, 1983
Performances filmados en Super 8—Performances filmed in Super 8 (selección de obra por—works selection by Mónica Mayer's piece)
1'16"

10. TLACUILAS Y RETRATERAS (Karen Cordero Reiman, Ana Victoria Jiménez, Marcela Ramírez, Patricia Torres y—and Elizabeth Valenzuela)
Creación—Creation, 1984
Biblioteca de México
Documentación de performance—Documentation of performance
Medidas variables—Variable dimensions
Archivo Ana Victoria Jiménez, Biblioteca Francisco Xavier Clavigero, Universidad Iberoamericana

11. MÓNICA MAYER
Docucuento 1—Docustory 1, 2001
Impresión digital intervenida sobre papel—Digital print with intervention on paper
28 × 21.5 cm

12. MÓNICA MAYER
Docucuento 2—Docustory 2, 2001
Impresión digital intervenida sobre papel—Digital print with intervention on paper
28 × 21.5 cm

13. MÓNICA MAYER
Docucuento 3—Docustory 3, 2001
Impresión digital intervenida sobre papel—Digital print with intervention on paper
28 × 21.5 cm

14. MÓNICA MAYER
Genealogías—Genealogies, 1979
Fotocopia y pastel sobre papel—Photocopy and pastel on paper
Tríptico—Triptych
66 × 51.3 cm c/u—ea.

15. MÓNICA MAYER
La Dolorosa—Our Lady of Sorrows, 1978-1979
Fotocopia intervenida—Photocopy with intervention
Políptico de 6 piezas—Polyptych with 6 panels
71 × 56 cm c/u—ea.

16. TLACUILAS Y RETRATERAS (Ruth Albores, Consuelo Almeida, Nicola Coleby, Karen Cordero Reiman, Ana Victoria Jiménez, Lorena Loaiza, Mónica Mayer, Marcela Ramírez, Patricia Torres y—and Elizabeth Valenzuela)
La fiesta de XV años—The Quinceañera Party, 1984
Documentación de proyecto visual—Documentation of visual project (fotografía de—photography by Yolanda Andrade y—and Ana Victoria Jiménez)
Medidas variables—Variable dimensions
Archivo Ana Victoria Jiménez, Biblioteca Francisco Xavier Clavigero, Universidad Iberoamericana; Archivo Yolanda Andrade; Archivo Pinto mi Raya.

17. LIZ MISTERIO
La mítica fiesta de XV años—The Mythical Quinceañera Party, 2011
Video
7' 46"
Cortesía—Courtesy of Liz Misterio

18. MÓNICA MAYER
Lo normal—On Normality, 1978
Impresión intervenida con sellos—Print with intervention by stamps
10 tarjetas—cards
65.5 × 71 cm
MUAC, UNAM

19. POLVO DE GALLINA NEGRA (Maris Bustamante y—and Mónica Mayer)
¡MADRES!,1983-1987
Proyecto visual. Selección de las siguientes piezas—Visual project. Selection of the following pieces:
Carta a mi madre—Letter to My Mother (selección de 15 cartas, diversos tamaños—selection of 15 letters, various sizes)
Madre por un día—Mother for a Day (video 17'27")

Libertad, igualdad, maternidad [*Liberté, egalité, maternité*]—*Liberty, Equality, Maternity* (arte correo—mail art, 7 cartas—letters 28 × 21.5 cm c/u—ea.)
Medidas variables—Variable dimensions
Cortesía de la artista y de—Courtesy of the artist and Maris Bustamante

20. MÓNICA MAYER
Maruca (la mala madre)—Maruca (The Evil Mother), 1987-2005
Muñeca de ventrílocuo intervenida para performances—Ventriloquist's dummy with intervention for performances
84 × 81 × 16 cm

21. MÓNICA MAYER (en colaboración con—in collaboration with Yuruen Lerma, fotografía—photography; Brenda Hernández Novoa, diseño—design; y—and Edith López Ovalle, intervención a delantal—apron intervention)
Maternidades secuestradas—Abducted Maternities, 2012
Instalación documental de proyecto visual—Documentary installation of visual project
Medidas variables—Variable dimensions

22. MÓNICA MAYER
Nuestra señora (*Nuestra señora del patriarcado*, *Nuestra señora cuyos ojos se están abriendo*, *Nuestra señora de sumisión*, *Nuestra señora de la cama tiesa*, *Nuestra señora de la timidez*, *Nuestra señora de la opresión* y *Nuestra señora del viaje*)—*Our Lady* (*Our Patriarcal Lady*, *Our Lady of the Opening Eyes*, *Our Lady of Submission*, *Our Lady of the Stiff Bed*, *Our Shy Lady*, *Our Lady of Oppression* and *Our Lady of the Voyage*), 1977-1978
Grafito y tinta sobre papel de china—Graphite and ink on tissue paper
Políptico de 7 elementos—Polyptych with 7 panels
39.4 × 38.1 cm c/u—ea.
Colección Antonio Mayer

23. MÓNICA MAYER
Orozcomanía, 22 de julio de—July 22, 1992
Texto publicado en el periódico—Text published in the newspaper *El Universal*
28 × 21.6 cm

24. MÓNICA MAYER
Paloma—Dove, 1977
Del proyecto *Collage íntimo*—From the project *Intimate Collage*
Fotografía, gasa y acrílico sobre tela—Photograph, gauze and acrylic on canvas
109 × 80 cm
Universidad Nacional Autónoma de México

25. MÓNICA MAYER
Pareja—Couple, 1977
Del proyecto *Collage íntimo*—From the project *Intimate Collage*
Fotografía, gasa y acrílico sobre tela—Photograph, gauze and acrylic on canvas
100 × 79 cm
Instituto Cultural de Aguascalientes / Colección del Museo de Arte Contemporáneo No. 8

26. MÓNICA MAYER
Primero de diciembre de 1977—December 1, 1977, 1977
Fotografía y acrílico sobre tela—Photograph and acrylic on canvas
60 × 80 × 2.5 cm

27. POLVO DE GALLINA NEGRA (Maris Bustamante, Herminia Dosal y—and Mónica Mayer)
Receta del grupo Polvo de Gallina Negra para hacerle el mal de ojo a los violadores, o el respeto al derecho del cuerpo ajeno es la paz—The Polvo de Gallina Negra Group's Recipe for Giving the Evil Eye to Rapists, or, Peace Means Respecting the Rights of Others' Bodies, 1983
Documentación de performance—Documentation of performance
Medidas variables—Variable dimensions

28. MARÍA RODRÍGUEZ CRUZ
Si Peña fuera mujer—If Peña Were a Woman, 2015
Impresión intervenida con lápiz labial—Print with intervention in lipstick
10 tarjetas—cards
10.8 × 14.2 cm c/u—ea.

29. MÓNICA MAYER
Sospechoso grupo de artistas feministas convoca a la Bienal "Olga Tamayo"—Suspicious group of feminist artists issues call for "Olga Tamayo" Biennial, 8 de febrero de—February 8, 1992
Texto publicado en el periódico—Text published in the newspaper *El Universal*
28 × 21.6 cm

30. MÓNICA MAYER
Tapices (*Tapiz para un amigo*, *Tapiz para un seductor* y *Tapiz para un violador*)—*Tapestries* (*Tapestry for a Friend*, *Tapestry for a Seducer* and *Tapestry for a Rapist*), 1978
Acuarela y gouache sobre papel—Watercolor and gouache on paper
Tríptico—Triptych
76 × 56 cm c/u—ea.

31. MÓNICA MAYER (con la participación de—With participation of Yolanda Andrade, Yan Castro, Jo Goodwin, Ana Victoria Jiménez, Mónica Kubli, Magali Lara, Lilia L. de Mayer, Marcela Olabarrieta, Florence Rosen, Denise Yarfitz, Ester Zavala y—and Ana Cristina Zubillaga)
Traducciones: un diálogo internacional de mujeres artistas—Translations: An International Dialogue of Women Artists, 1979-80
Proyecto visual—Visual project
Medidas variables—Variable dimensions

32. MÓNICA MAYER
Viva la reforma del Paseo de la Reforma—Long Live the Reform of Paseo de la Reforma, 11 de enero de—January 11, 1993
Texto publicado en el periódico—Text published in the newspaper *El Universal*
28 × 21.6 cm

33. JO GOODWIN
Yo digo, ella dice—I Said, She Said, 1980
Impresión—Print
8 tarjetas—cards
14 × 10.9 cm c/u—ea.

Núcleo II—Section II
HACIA OTRA ERÓTICA: ARTE, VIDA, AFECTO—TOWARD ANOTHER EROTICS: ART, LIFE, AFFECT

34. MÓNICA MAYER
Afuera—Outside, 1998
Impresión digital y grafito sobre papel—Digital print and graphite on paper
25 × 17 cm

35. MÓNICA MAYER
Bardeada— Walled in, 1998
Impresión digital y grafito sobre papel—Digital print and graphite on paper
25 × 17 cm

36. MÓNICA MAYER
Casitas 1—Little Houses 1, 1998
Impresión digital y grafito sobre papel—Digital print and graphite on paper
28 × 21.5 cm

37. MÓNICA MAYER
Casitas 2—Little Houses 2, 1998
Impresión digital y grafito sobre papel—Digital print and graphite on paper
28 × 21.5 cm

38. MÓNICA MAYER
Casitas 3—Little Houses 3, 1998
Impresión digital y grafito sobre papel—Digital print and graphite on paper
28 × 21.5 cm

39. MÓNICA MAYER
Cinco viajes—Five Trips, 1989
Del proyecto *De niñas y pesadillas*—From the project *On Girls and Nightmares*
Tinta, gouache y transferencia de fotocopia sobre papel—Ink, gouache and transfer of photocopy on paper
172 × 63 × 4 cm

40. MÓNICA MAYER
Concepción—Conception, 1982
Gouache, letraset y fotocopia sobre papel—Gouache, Letraset and photocopy on paper
89 × 69 cm

41. MÓNICA MAYER
Cuatro—Four, 1990
De la serie *Algo como el agua*—From the series *Something Like Water*
Acuarela, lápices de color, grafito, fotocopia y transferencia de fotocopia sobre papel—Watercolor, color pencil, graphite, photocopy and transfer of photocopy on paper
50 × 19.9 cm

42. MÓNICA MAYER (en colaboración con—in collaboration with Alain Kerriou, Gala Sánchez Renero, Adán Lerma, Yuruen Lerma, Hugo Heredia y—and Javier Bolaños)
Del tiempo, la muerte y los huesitos de la tía Anita—On Time, Death, and Aunt Anita's Little Bones, 1993
Performance
Segundo Festival Mes del Performace—Second Performance Month Festival, Ex Teresa Arte Actual
Registro documental en video—Documentary recording on video (transferencia de VHS a digital—Digital VHS transfer, 2014)
11'55"
Cortesía—Courtesy of the Centro de Documentación Ex Teresa
Edición 2015 (Arturo Guzmán y—and Sachiko Uzeta)

43. MÓNICA MAYER
Del tiempo, la muerte y los huesitos de la tía Anita—On Time, Death, and Aunt Anita's Little Bones, 1993
Performance
Segundo Festival Mes del Performance, Ex Teresa Arte Actual.
Registro fotográfico—Photographic recording by: Mónica Naranjo
10 fotografías B/N—B/W photographs
20 × 12.5 c/u—ea.
Cortesía—Courtesy of Centro de Documentación Ex Teresa

44. MÓNICA MAYER
Derrumbe—Collapse, 1986
De la serie *Mapas*—From the series *Maps*

Del proyecto *Novela rosa o me agarró el arquetipo*—From the Project *Romance Novel, or, the Archetype Got Me*
Grafito, fotocopia y transferencia de fotocopia sobre papel filtro—Graphite, photocopy, and transfer of photocopy on filter paper
85 × 147 cm

45. MÓNICA MAYER
Diario de las violencias cotidianas (*Lunes, Martes, Miércoles, Jueves, Viernes, Sábado* y *Domingo*)—*Diary of Everyday Acts of Violence* (*Monday, Tuesday, Wednesday, Thursday, Friday, Saturday* and *Sunday*), 1984
Gouache, tinta, pastel y fotocopia sobre papel—Gouache, ink, pastel and photocopy on paper
Políptico de 7 elementos—Polyptych with 7 panels
70 × 90 cm c/u—ea.

46. MÓNICA MAYER
Hachazo—Axe Blow, 1989
Del proyecto *De niñas y pesadillas*—From the project *On Girls and Nightmares*
Tinta, gouache, encaje y transferencia de fotocopia sobre papel—Ink, gouache, lace and transfer of photocopy on paper
42 × 52.5 × 2.5 cm

47. MÓNICA MAYER
Huesitos—Little Bones, 1992-1995
Instalación documental. Obra y documentos originales—Documentary installation. Artwork and original documents
Medidas variables—Variable dimensions

48. MÓNICA MAYER Y—AND VÍCTOR LERMA
Las bodas y el divorcio—The Weddings and the Divorce, 1980-2015
Instalación documental de proyecto visual—Documentary installation of visual project
Video
Medidas variables—Variable dimensions
Edición 2015 (Tonantzin Arreola y—and Sachiko Uzeta)

49. MÓNICA MAYER
Lengua—Tongue, 1986
De la serie *Serpientes*—From the series *Serpents*

Del proyecto *Novela rosa o me agarró el arquetipo*—From the Project *Romance Novel, or, the Archetype Got Me*
Grafito, lápices de color, fotocopia y transferencia de fotocopia sobre papel filtro—Graphite, color pencil, photocopy and transfer of photocopy on filter paper
147.5 × 87 × 4.5 cm

50. MÓNICA MAYER
Mi vientre—My Womb, 1986
De la serie *La última*—From the series *The Last One*
Del proyecto *Novela rosa o me agarró el arquetipo*—From the Project *Romance Novel, or, the Archetype Got Me*
Grafito, lápices de color, fotocopia y transferencia de fotocopia sobre papel filtro—Graphite, color pencil, photocopy and transfer of photocopy on filter paper
53.5 × 71.5 × 2.5 cm

51. MÓNICA MAYER
Necesito—I Need, 1997
Impresión digital y grafito sobre papel—Digital print and graphite on paper
32 × 22 cm

52. MÓNICA MAYER
No, 1986
De la serie *Serpientes*—From the series *Serpents*
Del proyecto *Novela rosa o me agarró el arquetipo*—From the Project *Romance Novel, or, the Archetype Got Me*
Grafito, lápices de color, fotocopia y transferencia de fotocopia sobre papel filtro—Graphite, color pencil, photocopy and transfer of photocopy on filter paper
147 × 86 × 4 cm

53. MÓNICA MAYER
Príncipe—Prince, 1986
De la serie *Reina y príncipe*—Fromthe series *Queen and Prince*
Del proyecto *Novela rosa o me agarró el arquetipo*—From the Project *Romance Novel, or, the Archetype Got Me*
Grafito, fotocopia y transferencia de fotocopia sobre papel filtro—Graphite, photocopy, and transfer of photocopy on filter paper
85 × 147 × 5 cm

54. MÓNICA MAYER
Puta—Whore, 1986
De la serie *La última*—From the series *The Last One*
Del proyecto *Novela rosa o me agarró el arquetipo*—From the project *Romance Novel, or, the Archetype Got Me*
Grafito, lápices de color, fotocopia y transferencia de fotocopia sobre papel filtro—Graphite, color pencil, photocopy and transfer of photocopy on filter paper
53.5 × 72.5 × 2.5 cm

55. MÓNICA MAYER
Separación—Separation, 1982
Gouache, letraset y fotocopia sobre papel—Gouache, Letraset and photocopy on paper
86 × 66 cm

56. MÓNICA MAYER
Silla y muro—Chair and Wall, 1998
Impresión digital y grafito sobre papel—Digital print and graphite on paper
25 × 17 cm

57. MÓNICA MAYER
Su lengua tibia—His Tepid Tongue, 1990
De la serie *Los naufragios del cuerpo*—From the series *The Body's Shipwrecks*
Grafito, fotocopia y transferencia de fotocopia sobre papel—Graphite, photocopy and transfer of photocopy on paper
153 × 137.5 × 3.5 cm

58. MÓNICA MAYER
Te amo—I Love You, 1989
Del proyecto *De niñas y pesadillas*—From the project *On Girls and Nightmares*
Tinta, gouache, encaje y transferencia de fotocopia sobre papel—Ink, gouache and transfer of photocopy on paper
62 × 102.5 × 2.5 cm

59. MÓNICA MAYER
Tres—Three, 1990
De la serie *Algo como el agua*—From the series *Something Like Water*

Acuarela, lápices de color, grafito, fotocopia y transferencia de fotocopia sobre papel—Watercolor, color pencil, graphite, photocopy and transfer of photocopy on paper
50 × 20 cm

Núcleo III—Section III
LO PERSONAL ES POLÍTICO, PERFORMÁTICO Y PÚBLICO—THE PERSONAL IS POLITICAL, PERFORMATIVE AND PUBLIC

60. MÓNICA MAYER
Abrazos—Hugs, 2016
Reactivación de performance—Reactivation of a performance
Fotografías de—Photographs by Nimrod Gershoni y—and Attila Kispal. Diseño de gafetes—Badge design: Brenda Hernández Novoa

61. MÓNICA MAYER, DIEGO SEXTO Y LAS BRIGADAS DE BELLEZA ITINERANTE—AND THE ITINERANT BEAUTY BRIGADES (a partir de una propuesta de—based on a proposal by Ignacio Plá y—and Andrea Bravo, Departamento de Programas Públicos, MUAC, UNAM)
Belleza, arte y precariedad—Beauty, Art and Precarity, 22 de mayo de 2016—May 22, 2016
MUAC, UNAM
Performance

62. PINTO MI RAYA (Víctor Lerma y—and Mónica Mayer)
Con el FONCA y sin el FONCA—With FONCA and Without FONCA, 2013
Veladora—Candle. 13 × 7 × 7 cm
Foto—Photo. Medidas variables—Variable dimensions

63. PINTO MI RAYA (Víctor Lerma y—and Mónica Mayer)
El archivo—The Archive, 1991-2015
Instalación con materiales del Archivo Pinto mi Raya—Installation with materials from the Pinto mi Raya Archive
Medidas variables—Variable dimensions

64. PINTO MI RAYA (Víctor Lerma y—and Mónica Mayer)
Justicia y democracia. A fin de cuentas no nos interesa ni la masa ni el poder—Justice and Democracy. At Least the Mass nor

the Power Don't Interest Us, 1995
Museo de Arte Moderno
Instalación documental. Materiales y documentos originales—Documentary installation. Original materials and documents
Medidas variables—Variable dimensions

65. PINTO MI RAYA (Víctor Lerma y—and Mónica Mayer)
Justicia y democracia—Justice and Democracy, 2016
Instalación participativa—Participatory installation
Medidas variables—Variable dimensions

66. PINTO MI RAYA (Víctor Lerma y—and Mónica Mayer en colaboración con—in collaboration with Antonio Juárez, fotógrafo—photographer)
Nuestras banderas—Our Flags, 2015
Instalación documental a partir de dos piezas—Documentary installation based on two pieces: *Nuestra Bandera—Our Flag* (2003) y—and *Yo no celebro ni conmemoro guerras—I Neither Celebrate Nor Commemorate Wars* (2008–a la fecha—to date)
Medidas variables—Variable dimensions

67. MÓNICA MAYER
Si tiene dudas.... pregunte: el blog—When in Doubt... Ask: The Blog, 2015–2016
http://pregunte.pintomiraya.com
Blog

68. MÓNICA MAYER
Una jornada completa—A Full Workday, 31 de julio de—July 31, 2016
Performance de ocho horas—8-hour performance
MUAC, UNAM

CRÉDITOS DE EXPOSICIÓN
—
EXHIBITION CREDITS

Curaduría—Curatorship
Karen Cordero Reiman

Coordinación de la exposición—
Exhibition Coordination
Sol Henaro

Producción museográfica—
Installation Design
Joel Aguilar

Salvador Ávila Velazquillo
Benedeta Monteverde
Cecilia Pardo

Programa pedagógico—
Pedagogical Program
Pilar Ortega

Muna Cann
Ignacio Plá
Luis Vargas Santiago

Colecciones—Registrar
Julia Molinar

Juan Cortés
Claudio Hernández
Elizabeth Herrera

Procuración de fondos—Fundraising
Gabriela Fong

María Teresa de la Concha
Josefina Granados
Alexandra Peeters

Comunicación—Media
Carmen Ruíz

Ekaterina Álvarez
Francisco Domínguez
Ana Cristina Sol

Servicio social—Interns
Arturo Guzmán Pérez
Frida López Vázquez
Ignacio Maldonado

Curador en jefe—Chief Curator
Cuauhtémoc Medina

AGRADECIMIENTOS
—
ACKNOWLEDGEMENTS

El Museo Universitario Arte Contemporáneo, MUAC, agradece a las personas e instituciones cuya generosa colaboración hizo posible la muestra de la exposición *Si tiene dudas… pregunte: Una exposición retrocolectiva de Mónica Mayer.*

—

The Museo Universitario Arte Contemporáneo, MUAC, wishes to thank the people and institutions whose generous assistance made possible the exhibition *When in Doubt… Ask: A Retrocollective Exhibit of Mónica Mayer.*

Agradecimiento especial a—Special thanks to Antonio Mayer (Diestro S. de R.L. de C.V.).

Heriberto Acuña, Yolanda Andrade, Xabier Arakistain, Jorge Alberto Arreola Barraza, Tonantzin Arreola, Katnira Bello, Jessica Berlanga, León Bernal, Azucena Blanco, Maris Bustamante, Orly Cortés, Moisés Cosío, Iván Edeza, Maribel Escobar Varillas, Hilda Saray Gómez González, Brenda Hernández Novoa, Nina Hoechtl, Antonio Juárez, Ana Victoria Jiménez, Suzanne Lacy, Azucena Lara, Josué Lara, Magali Lara, Adán Lerma, Víctor Lerma, Yuruen Lerma, Rian Lozano, Liliana Marín, María Teresa Matabuena, Erin L. McCutcheon, Hena Martínez de Escobar, Liz Misterio, María Elena Muñoz Perezanta, Noah (Claudia Noemí Fuentes Cano), Gerardo Pineda, Selene Preciado, María Rodríguez Cruz, Rodrigo Rosas, Diego Sexto, Sachiko Uzeta, Olga Nidia Valencia, Quetzal Villanueva y Mai Yamaguichi Trovamala.

Archivo Pinto mi Raya, Biblioteca Francisco Xavier Clavigero Universidad Iberoamericana, Centro Nacional de las Artes (Canal 23), Colectivo Nosotrxs: lxs otrxs, Ex Teresa Arte Actual, Fundación Alumnos47, Fundación BBVA Bancomer y el Instituto Cultural de Aguascalientes/Museo de Arte Contemporáneo No. 8.

Mónica Mayer es miembro del—is member of the Sistema Nacional de Creadores del Fondo Nacional para la Cultura y las Artes.

SI TIENE DUDAS... PREGUNTE: UNA EXPOSICIÓN RETRO-COLECTIVA DE MÓNICA MAYER se terminó de imprimir y encuadernar el 4 de febrero de 2016 en los talleres de Offset Rebosán S.A. de C.V., Acueducto 115, col. Huipulco, Tlalpan, ciudad de México. Para su composición se utilizó la familia tipográfica Linotype Centennial, diseñada por Adrian Frutiger. Impreso en Domtar Lynx de 216 g y Bond blanco de 120 g. La supervisión de producción estuvo a cargo de Periferia Taller Gráfico. El tiraje consta de 1,300 ejemplares.

—

WHEN IN DOUBT... ASK: A RETROCOLLECTIVE EXHIBIT OF MÓNICA MAYER was printed and bound on February 4, 2016 in Offset Rebosán S.A. de C.V., Acueducto 115, col. Huipulco, Tlalpan, Mexico City. Typeset in Linotype Centennial, designed by Adrian Frutiger. Printed on 216 g Domtar Lynx and 120 g Bond white paper. Production supervision by Periferia Taller Gráfico. This edition is limited to 1,300 copies.

—

DIESTRO
ASESORIA FINANCIERA
BANCA DE INVERSION

—

FOLIO MUAC 040